공장과
신화

공장과
신화

지은이 ● 이 영 재

기 획 ● 사단법인 민주화운동정신계승국민연대

학민사
Hakmin Publishers

CONTENTS

제 **Ⅱ** 부
공 장 과 신 화

영등포공단 여성노동자 이야기

CONTENTS

제 **III** 부
공 장 과 신 화

왜곡된 신화

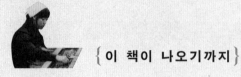

이 책은 1970년대 노동현장의 민주화를 일궈낸 여성노동자들의 이야기이다. 영등포공단에 자리하고 있던 대일화학, 롯데제과, 해태제과 여성노동자들의 이야기가 중심이다. 1970년대 영등포공단에 위치한 세 공장의 여성노동자 이야기를 책으로 묶게 된 데는 사연이 있다. 필자는 2002년 봄부터 2009년 여름까지 민주화보상심의위원회 전문위원으로 일했다. 대일·롯데·해태 여성노동자들과의 첫 만남은 2007년 무렵 명예회복 신청서류들과의 대면이었다. 절차상 민주화운동 관련자 인정을 위한 사건 신청이 각 지역에 접수되면 민주화보상심의위원회는 형식요건에 대한 1차 사실조사를 거쳐 해당 건을 전문위원실로 이첩한다. 위원회 심의는 전문위원들이 신청사건의 사실관계와 민주화운동 해당 요건을 검토한 것을 바탕으로 이루어진다. 이 사건들도 이러한 절차에 따라 필자에게 이첩되었다.

민주화운동 관련 해직 신청사건(대일·롯데·해태)으로 사실관계를 조사해보니 신청인들의 주장이 일관될 뿐만 아니라, 인우보증, 신문기사 등의 내용으로 볼 때 정황상 노동민주화운동으로 인한 해직이 분명해 보이는데 위원회의 심의과정에서 중시하는 실증적 '사실확인서'가 없었다. 국가가 민주화운동을 이유로 한 국민들의 피해를 명예회복 시켜주겠노라고 입법한 것이 '민주화보상법'이다. 그런데 역설적이게도 그 입증 책임이 신청인에게 있었다. 2000년 민주화보상법을 제정할 당시에는 노동민주화운동을 이유로 한 해직사건 심의에서 이런 식으로 사측의 사실관계 확인 여부가 필수 증빙 요건이 되리라고는 아무도 생각하지 못했다. 30여년이 훨씬 지난 사건들이고, 지금 그 회사가 노동기본권을 침해하고 있다는 것도 아닌데, 정작 회사들은 이 여성노동자들의 해직 이유는커녕 언제 해직되었는지 조차 확인해주기 꺼려했다. 위원회가 공문을 통해 공식적으로 질의하자 회사는 "의뢰한 여성노동자들의 관련 기록이 없어서 해직된 이유를 확인해줄 수 없다"고 회신했다. 회사의 확인여부만 놓고 보면, 여성노동자들은 그 회사에 다닌 사실조차 확인되지 않는 투명인간인 셈이다.

명색이 한국 사회를 위한 민주화운동을 이유로 입은 피해에 대해 사회적으로 명예회복 해주겠다고 만든 위원회의 모양새가 우습게 되었다. 필자 역시 당혹스럽기 짝이 없었다. 관련 자료를 찾아 발로 뛰는 수밖에 없었다. 이곳저곳을 수소문했더니 다행히 1970~80년대 노동운동 자료(벌써 이 기록들이 40여년이 넘은 사료가 되었다!)의 생산자이면서 많은 자료를 소지하고 있던 영등포산업선교회를 비롯한 시민단체와 몇몇 노동계 인사들이 민주화기념사업회 사료관에 관련 기록을 기증했다는 사실을 확인했다. 민주화기념 사업회 사료관 자료들을 열람하면서 하나하나 사실관계들을 맞추어 나가기 시작했다. 열심히 자료를 수집하면서도 영등포산업선교회 명의의 자료나 당시 노동조합의 자료들이 대부분이어서 지나치게 사실관계의 강박에 눌려 있던 위원회 심의에서 이 자료들이 편파적 주장으로 경도될 수 있다는 걱정을 떨칠 수 없었다.

그런데 이 자료들의 사실관계를 보강하는 결정적인 기록이 전혀 예상치 못한 곳에서 나왔다. 신청인들은 정부기구인 민주화보상위원회에 명예회복 신청을 해 놓고도 마음을 놓지 못하고 위원회를 자주 찾았다. 신청인들 기억 속의 정부는 한 번도 여성노동자들 편이었던 적이 없었기에 어찌 보면 당연한 수순이었다. 대일화학 해고자였던 주월화 씨가 여느 신청인들과 마찬가지로 자료 하나라도 더 전달하기 위해서 필자가 일하는 전문위원실로 찾아 왔다. 하얀 편지봉투에 두툼하게 신청인들의 사진을 넣어 왔다. 놀랍게도 그 사진들 속에는 대일화학 여성노동자들의 40여 년 전 역사가 고스란히 담겨 있었다. 40여 년이 지났음에도 빛바랜 1970년대 사진 속에는 10대 후반에서 20대 초중반의 '젊음'이 가득했다. 단체로 기념사진을 많이 찍던 시절이었던 만큼, 사진은 어떤 회사가 왜 단체로 산을 올랐는지, 왜 함께 모여 사진을 찍었는지 웅변해주고 있었다. 커다란 글씨로 사진 정중앙에 플래카드가 선명하게 찍혀 있었다. 어떤 사진에는 사장이 가운데 서서 같이 찍기도 했고, 회사 간부들과 회사 유니폼을 입은 노동자들이 함께 찍은 사진도 있었다. 우리 회사에서 근무를 했느니, 안했느니 따질 필요가 없었다. 회사 로고가 선명한 유니폼을 입고 회사간부들과 함께 찍은 사진이면 충분했다.

주월화 씨는 사진 속 인물들을 놓고 한 사람 한 사람을 가리키며, 신청인 누구고, 이 사람은 신청인 누구고⋯ 꼬리를 물고 이야기를 이어갔다. 서류로만 보던 신청인들을, 그것도 활동 당시인 1970년대 사진 속에서 만나는 것은 아주 색다른 경험이었다. 사진을 설명하면서 주월화 씨의 시간도 1970년대로 옮겨진 듯 했다. "애는 이름이 뭐고, 성격이 어땠고, 왜 이 사진을 찍었고 ⋯." 비단 대일화학만이 아니라 다른 사업장 역시 이런저런 우여곡절 끝에 사실관계를 입증할 수 있었고, 다행히 위원회 심의에서 대일·롯데·해태의 신청 사건들이 민주화운동으로 인한 해직으로 인정 결정을 받았다.

그 후 필자는 스스로에게 이런 질문을 던져 보았다. '도대체 1970년대 여성노동자들에게 정부는 어떤 존재였을까?', '한국사회는 이제 여성노동자들의 명예를 회복시켜 준 것인가?' 흔히 학자들은 '민주주의 공고화' 시기를 말해 왔다. 민주화보상법이 제정된 2000년대 이후면 당연히 학자들이 말한 이 공고화가 시작되고 한참 후다. 이 사건들을 검토하면서 확인한 바로는, 1970년대 정부는 그녀들의 호소와 절규에 정부답게 응답한 적이 한 번도 없었다. 1970년대에도 대한민국 헌법에는 버젓이 노동기본권이 보장되어 있었고, 정부는 국민들의 노동기본권을 보장한다는 명목으로 노동청을 비롯한 각종 행정조직을 구비하고 있었지만, 정작 노동자들에게 제대로 작동한 공권력은 중앙정보부와 삼청교육대 식의 공안행정 뿐이었다. 더구나 1970년대 노동집약 산업의 저임금 체제를 바탕으로 그야말로 쥐어 짜이며 한국의 경제부흥을 이끌어낸 여성노동자들에게 정부가 한 일이라고는 '공순이'라는 사회적 낙인과 '빨갱이' 해직자라는 주홍글씨를 새겨 놓은 것이 전부였다. 그리고 40여년이 지난 '공고한' 민주주의 시기에 대한민국 정부는 여성노동자들의 주소지로 달랑 민주화운동 관련자증서 한 장을 우송했다. '사과'나 '감사' 표현은 없었다. 그것도 신청인들이 발이 닳도록 뛰어다니며 사실관계 입증을 대신 해준 자료들 때문에 그나마 가능했던 것이다. 민주화운동으로 고통을 겪고, 그 피해를 안고 40여년을 살아온 신청인들에게 명예회복과 보상을 해주겠다고 만든 위원회에서 일하는 필자 자신이 이렇듯 초라해 보일 수가 없었다.

그녀들의 이야기를 사회에 드러내고 싶어졌다. 일종의 의무감이기도 했다. 민주화운동 관련 신청사건이 인정되었다고 달라진 것이 하나도 없었기 때문이다. 여성노동자들의 이야기를 사회에 알리기 위해서는 위원회의 조사자료만으로는 부족했다. 마땅히 재원을 마련할 수도 없는 상황에서 마음만 앞서 있었다. 그러던 차에 공교롭게 2010년 국사편찬위원회의 구술공모사업 주제로 '1970년대 이촌향도와 노동현장'이라는 주제가 제시되었다. 다행히 국사편찬위원회의 지원을 받을 수 있었고, 1970년대 여성노동자들의 구체적이고 소소한 이야기들을 인터뷰할 수 있게 되었다. 전남대의 정호기 선생과 함께 2010년부터 그 이듬해까지 여성노동자들을 만나면서 2년여 간 약 50시간의 인터뷰를 했다. 위원회 조사과정에서 알 수 없었던 소소한 이야기들이 깨알같이 쏟아졌고, 그 시절을 회상하면서 울음이 터지지 않은 인터뷰가 없었다. 면접자인 필자도 질문을 이어갈 수 없을 만큼 뭉클할 때가 한 두 번이 아니었다. 이 책의 곳곳에 제시된 구술 자료는 이때 채록된 인터뷰 기록들이다.

이 세 사업장의 노동운동 이야기를 한데 묶어 출간해야겠다고 생각한 계기는, 첫째 이 사업장들이 1970년대 '한국여성노동운동사'를 언급할 때면 거의 빠지지 않고 열거되는 사업장이기는 하지만 노동운동사에서 스포트라이트를 받았던 스타급 사업장이 아니었기 때문에 그 활동이 제대로 알려지지 않았기 때문이다. 두 번째 공통점은 이 사업장의 노동민주화 투쟁에서 해직 또는 유죄판결의 피해를 입은 신청자들이 민주화운동 관련자로 인정되었다는 점이다. 그런데 집필을 준비하는 몇 년 동안 대일·롯데·해태 여성노동자들의 이야기들을 살펴보면서 더 중요한 공통분모가 있다는 사실을 알게 되었다. 이 세 사업장의 여성노동자들은 대부분 농촌에서 서울로 올라온 1970년대 이촌향도의 경험을 공유하고 있었다. 1970년대 민초들의 삶, 거기서도 노동현장의 여성노동자들의 삶의 궤적은 빼고 더할 것도 없이 많은 요소들에서 유사한 특성을 가지고 있었다. 그래서 어찌 보면 이 세 사업장의 이야기는 대일·롯데·해태 여성노동자들만의 이야기가 아니라 동시대를 살며 보편적 삶과 경험을 공유하고 있는 1970년대 여성노동자들의 이야기이기도 하다.

시대적 필요에 의해 여성노동자들을 중성적 또는 변형된 남성성으로 채색하고, '전투성'을 강조하던 시절이 있었다. 1980년대 소위 '언더'에서 출간한 노동운동사들이 이런 시대적 의무에 충실했다. 정치권력과 치열한 공방전을 벌여야 할 때에는 영웅적 투사의 상징이 필요했던 것이다. 그러나 이 책은 전투적 투쟁성과 같은 시대적 강박으로부터 상대적으로 자유롭다. 오히려 지금 필요한 것은 극소수의 전설적 투사 전기가 아니라 그동안 배제되었던 여성노동자 개인의 삶의 고민과 우리들과 같은 시대를 호흡했던 여성노동자들의 생활사를 공유하는 것이다.[1] 우리와 함께 부대끼며 생활한 내 옆의 언니들이, 누나들이, 동생들이 왜 노동운동을 시작하게 되었는지, 무시무시한 군사정권과 투쟁할 수 있는 배짱은 어디서 나왔는지 들여다 볼 필요가 있다는 것이다. 민주화는 걸출한 '소수'의 이야기가 아니라 바로 '우리'들의 이야기이기 때문이다.

이러한 배경 하에서 이 책은 미시사적 서사 구성을 바탕에 두고, 다음 물음들을 화두로 삼았다. 첫째, 1970년대 여성노동자들은 누구인가? 둘째, 급격한 자본의 성장이 시작된 1970년대 공장의 모습은 어떠했는가? 셋째, 여성노동자들은 왜 노동운동을 하게 되었는가? 넷째, 해고 이후의 삶에도 영향을 미친 당시 결단에 후회는 없었는가? 그리고 끝으로 여성노동자들의 치열한 삶의 궤적이 왜 한국 사회에 제대로 드러나지 않았는지 살펴보고, 40여년이 지난 지금에라도 그녀들의 이야기에 귀를 기울여 답해 보고자 한다. 이 책은 다른 한편으로 우리 사회에 강하게 똬리 틀고 있는 날조된 신화들을 고발하고, 한참 늦었지만 이제라도 여성노동자들을 향한 사회적 도리를 다하고자 한다.

이 책에서 활용하고 있는 주요 근거들은 여성노동자들이 민주화보상심의위원회에 명예회복 신청을 하면서 준비한 자료들, 2년여 동안 축적한 약 50시간의 구술내용, 대일화학과 해태제과의 노

1　김원의 『여공 1970』(2006, 이매진)은 여성노동자들을 소재로 한 기존 연구자들의 인식을 비판하면서 "여공을 둘러싼 자명하다고 여겨졌던 담론을 뒤집는" 또 다른 서사의 구성을 시도하고 있다.

동수기, 기존 1970년대 노동운동 관련 연구물, 당시 신문기사 등이다. 3개 노동현장을 균형 있게 다루기 위해 시대적 초점을 1970년대 중반부터 1980년까지로 맞추었다. 1980년대 이 세 사업장들에서 다시 한 번 치열한 각축이 전개되었지만 이 사건을 여기서 다 다룰 수 없기 때문에 불가피하게 1980년대 이후 노동운동을 제외했다. 이 책에서 담지 못한 1985년 해태제과 노동조합민주화추진위원회 활동과 1985년 롯데제과의 임금인상 농성투쟁과 같은 굵직한 이야기들은 각 사업장들의 노동운동사를 통해 다루어지길 기대한다. 아울러 이 책의 집필 소식을 듣고 많은 관심을 보여주신 해태제과 1985년 사건 관련자분들께 죄송한 마음을 전한다.

막상 집필을 시작하면 금방 끝낼 것 같았는데 필자의 역량 부족으로 최종 탈고까지 꽤 오랜 시간이 흘렀다. 이제야 오랜 약속을 지키게 되어 마음의 묵직한 짐을 내려놓을 수 있게 되었다. 그러나 홀가분함과 더불어 또 다른 걱정이 앞선다. 정부가 하지 못한 사회적 명예회복을 하겠다고 나선 것이 1970년대 여성노동자분들께 또 다른 누를 끼치는 것은 아닌지 모르겠다.

이 책을 기획한 민주화운동정신계승국민연대 관계자들과 책의 출간까지 묵묵히 기다려 준 대일·롯데·해태의 '젊은 누님'들께 지면을 빌어 감사의 인사를 드린다. 특히 대일·롯데·해태의 '젊은 누님'들은 오래전 기억들임에도 불구하고 인명이나 서술의 오류 등을 꼼꼼하게 검토해 주셨다. 난삽한 원고가 책의 모양새를 갖출 수 있도록 도와주시고, 기꺼이 출판을 맡아 준 학민사 김학민 고문님과 양기원 대표께 감사드린다.

제 I 부

공 장 과 신 화

서울의 꿈

01

공 장 과 신 화

왜곡된 과거

1_사회정의와 과거청산

1979년 12 · 12 쿠데타 이후 1980년 5 · 18민주화운동을 유혈 진압하고, 5공화국은 역설적이게도 '사회정의' 구현을 내걸었다. 사회정의를 구현하겠다고 삼청교육대를 만들어 다짜고짜 국민들을 잡아들이고, 군부대에서는 녹화사업을 진행하였다. 그러나 사회정의는 집권자가 총칼을 동원하여 일방적으로 만들 수 있는 것이 아니다. 사회정의는 사회성원들의 경험적 역사의 반영이자, 축적으로 만들어지는 것이다. 지배자의 강권적 명령으로 사회정의가 유지되는 것이 아니라 사회정의를 지키려는 사회성원들의 자발적 의지의 공감대가 사회정의를 지탱하는 힘이다. 사회정의는 특정한 제정자가 존재하지 않는다. 사회성원 모두가 익명의 제정자들이다.

아담 스미스(Adam Smith)는 『도덕감정론』에서 '정의'는 '합리적 계산'의 산물이 아니라 사회를 이루어 살아가는 '인간의 본성'에 기반하는 것이라고 말한다. 스미스는 정의가 무너지면, 사회가 파괴되는 것이기 때문에 모든 수단을 동원하여 불의를 축출해야 한다고 강조한다.

> 불의는 필연적으로 사회를 파괴한다. 따라서 불의가 나타날 때마다 인간은 놀라고, 그대로 놓아두면 그에게 소중한 모든 것을 급속하게 파괴시켜 버릴 불의한 사건의 진행을 중지시키려 달려든다. 만약 그가 온당하고 공정한 방법으로 그것을 중지시킬 수 없다면, 그는 힘과 폭력에 의지해서라도 그것을 타도해야 한다. 여하튼 그는 불의가 지속되는 것을 중지시켜야 한다.(TMS: 2.2.3.6)[1]

'불의(不義)'의 만연을 차단하기 위한 스미스의 해법은 단호한 '처벌'과 '응징'이다. 스미스는 불의에 대해서는 일말의 타협조차 허용하지 않았다. 핀란드의 철학자 웨스터마크(Westermark)도 스미스처럼 인간본성으로부터 도덕성을 도출한다. 웨스터마크는 '눈에는 눈, 이에는 이'로 많이 알려진 '응보감정(retributive emotion)'을 중시한다. 이 응보감정이 공동체의 정의 원리와 관련하여 적대적 보복만 강조하는 것처럼 보이지만, 웨스터마크가 보기에 이 감정은 '보복'과 '처벌'의 측면이 아니라 긍정적인 친사회적 규범을 만드는 역

---

1   이하 Adam smith의 The Theory of Moral sentiments의 인용은 Knud Haakonssen의 2009년(5 printing) cambridge : Cambridge university press 판본을 사용하며, TMS로 약칭한다.

할을 하기 때문에 중요하다. "응보감정은 개인적 차원이 아니라 타자와 공동체를 전제로 작동"한다는 점에서 사회적 감정이고, 우리가 '불의한 침범'의 직접적 피해자가 아니라 하더라도 타자의 피해가 불의에 의한 것이라면 우리를 분노하도록 우리의 본능을 일깨운다. 이 "'공감적 분노'가 응보감정을 자아내고, 이 행동에 대해 공동체 성원들은 일체감(identification)을 형성하고, 공감에 기초하여 사회적 응보감정을 표출한다."[2]

'과거청산'이란 우리 사회를 향한 불의의 만연과 확산을 불식시키고 파괴된 사회정의를 복원하는 것이다. 사회정의를 훼손하는 자들은 곧 사회를 파괴하는 자들이다. 우리 현대사에서도 익히 경험했듯이 일시적으로 '불의'의 강권이 정의를 축출하거나 감금하기도 한다. 비단 한국 사회만 그런 것은 아니다. 따라서 거의 모든 국가들에서 불의의 강권에 의해 파괴된 정의를 바로잡기 위해 '이행기 정의'(transitional justice)[3]가 강조되는 것은 보편적 현상이다.

---

2   Westermark, E., 1912[1908], *The Origin and Development of the Moral Ideas*, vol. 1, 2nd ed., London: Macmillan; de Waal, F. B. M., 2006a, "Morally Evolved-Primate Social Instincts, Human Morality and the Rise and Fall of 'Veneer Theory', In Stephen Macedo and Josiah Ober(ed.), *Primate and Philosopher: How Morality Evolved*. Princeton: Princeton University Press, p. 19 재인용.

3   '이행기 정의'의 계보학(genealogy)을 제시하고 있는 테이텔(Teitel)에 따르면, 이행기 정의는 3차례의 큰 변화를 경험했다. 첫 번째 국면은 1945년 제2차 세계대전의 종식, 즉 전후(postwar) 국면이다. 전쟁범죄와 인도에 반한 범죄를 다룬 뉘른베르크 법정(Nuremberg Trials)과 도쿄 법정이 제1국면의 이행기 정의를 상징한다. 이 시기는 전쟁 이후 과도적 상황에서 기왕의 정의론을 확대하는 국제법적 접근이 주를 이루었다. 두 번째 국면은 정치적 이행

물론 정도의 차이는 분명히 존재한다. 불의의 세월이 켜켜이 쌓여갈수록 그만큼 정의의 회복은 더디고 어려워진다. 수십 년 쌓여온 불의의 세월이 친일매국노 청산을 얼마나 더디고 어렵게 하는지만 보아도 알 수 있다. 이미 정의가 파괴된 상황에서 그 질곡의 상처에 임시방편으로 얇은 포장을 덧씌워 놓고 절차적 공정성을 운운해본들 모래 위에 성을 쌓는 것이나 다를 바 없다. '성선설' 또는 '성악설'의 어느 입장에 서 있든, '계약론'의 관점에서든 '관습론'의 입장에서든 급선무는 그 알량한 포장을 들추고, 한국 사회의 기저를 이루는 '생활세계' 또는 '공동체'의 규범 원리를 제대로 복원하는 것이다.

이러한 맥락에서 볼 때 과거청산은 혹자의 우려처럼 미래로 달려가기도 바쁜데 과거사로 발목을 잡는 일이 아니다. '행복'하고 '유

의 격변기인 1980년대 탈냉전기이다. 소련의 몰락에 따른 권력 균형추의 붕괴로 미국과 소련의 영향 하에 있던 많은 국가들이 소위 '제3의 물결'로 상징되는 민주화 이행을 단행하였다. 남아메리카, 동유럽, 아프리카, 중앙아메리카 등 세계 곳곳에서 정치적 분화가 일어났다. 냉전체제가 붕괴되자 소련의 영향 하에 있던 사회주의권 국가들이 차례로 민주화 되었으며, 미국의 후원을 받던 권위주의 군사독재 국가들도 민주화 되었다. 제3국면은 안정적이고 지속적인 이행기 정의의 관철을 목표로 하는 최근 국면이다. 이행기 정의의 안정적 관철, 즉 이행기 정의의 확장과 규범화라는 문제가 이 시기의 핵심적 과제로 대두되고 있다. 제1국면의 형사적 정의를 관철하기 위한 제도적 틀로 국제형사재판소(International Criminal Court, ICC)가 20세기 말 설치된 것이 대표적 사례이다. 제3국면에서는 이행기 정의의 연속성과 불연속성 문제가 중요한 사회적 과제로 대두되고 있다. Teitel, Ruti G, 2003, "Transitional Justice Genealogy," *Harvard Human Rights Journal*., Vol. 16, pp.70~93. downloaded from HeinOnline, Fri Jan 20. 2012.

쾌한' 사회적 본성을 회복하기 위해서는 과거사와 제대로 대면할 필요가 있다. 이것이 곧 미래를 향한 기초를 다지는 일이기 때문이다. 주지하다시피 대부분의 학자들은 정의론과 관련하여 분배의 문제를 핵심에 두고 있다. 한국 사회에 많이 알려진 마이클 샌들(M. Sandel)도 "사회가 정의로운지 묻는 것은, 우리가 소중히 여기는 것들, 이를테면 소득과 부, 의무와 권리, 권력과 기회, 공직과 영광 등을 어떻게 분배하는지 묻는 것이다. 정의로운 사회는 이것들을 올바르게 분배"하는 것이라고 말한다.[4] 피스크(Fisk)도 국가의 정의와 관련하여 각자에게 응분의 몫을 배분하는 문제가 정의의 핵심이라고 강조한다.[5]

이와 같은 현대 정의론의 분배적 정의를 제대로 실현하기 위해서는 과거청산이라는 교두보가 필연적으로 전제되어야 한다. 과거의 부정의가 제대로 평가되고, 수습되고, 화해되지 못하면, 이 과거의 '부정의(不正義)' 유산은 현재의 절차적, 분배적 정의를 위협하는 치명적 장애물이 된다. 과거청산은 과거의 부정의를 바로잡아 정치·사회 공동체를 다시금 정의의 토대 위에 올려 놓는 작업이다. 필자는 이 부정의를 바로잡는 정의의 복원을 위해 '이행기 정의'에 주목하고자 한다.

한국사회에서 과거청산은 간단치 않다. 대한민국은 1세기가 채 안 되는 기간(76년) 동안 일제강점, 해방, 전쟁, 쿠데타, 독재와 권위

---

4 M. J. Sandel(이창신 역), 2010, 『정의란 무엇인가』, 김영사, 33쪽.

5 Molton, Fisk, 1989, *The State and Justice: An Essay in Political Theory*, Cambridge: Cambridge University Press, pp. 67~77.

주의 통치, 민주화를 경험한 유일한 국가다. 각각의 이행기 정의 과제들이 제대로 해결되지 못한 채 다층적으로 얽혀 있다. '반민족행위자처벌'과 같이 '처벌'과 '응징'을 시도한 경우도 있었지만 대부분 다 실패했다. 비록 정치적 이유로 즉각 사면되기는 했지만 12·12 쿠데타의 주범이자 5·18광주민주화운동 무력진압 책임자들에 대한 사법부의 유죄판결이 한국에서 보기 드문 성공 사례다. 물론 이 유죄판결마저도 최근의 행보를 놓고 보면 그리 만족스럽지 못하다. 그만큼 불의에 의한 집권세력은 강고했고, 현대사의 격동기마다 과거청산은 미흡했다.

2 _ 불완전 청산

1990년 「광주보상법」 제정 이후 2000년 들어 우리 사회에서 본격적으로 전개된 과거청산은 가해자에 대한 '처벌'과 '응징'과는 거리가 먼 피해자의 '명예회복' 또는 '보상'이 중심이었다. 과거청산은 유형에 따라 '진실모델'(truth commission model), '정의모델'(justice model), '배상모델'(reparation model)로 구분한다. 이 구분에 비추어보면 한국의 과거청산은 의문사진상규명위원회나 진실화해위원회 같은 '진실모델'과 민주화보상심의위원회 같은 '배(보)상모델'이 대표적 과거청산 모델로 활용되어 왔다고 할 수 있다.

먼저 과거청산 작업에서 세계적으로 가장 많이 활용되었던 '진실·화해 모델'을 살펴보자. '진실·화해 모델'의 이념형은 남아프리카공화국의 '진실화해위원회'(Truth and Reconciliation Commission, TRC)이다. TRC는 형사처벌이 아니라 개인들의 정화, 공동체 형성, 정치적 변화의 공고화(3C)[6]를 추구하고, 정치사회적 차원에서 변화를 강화시키는 것에 중점을 두었다.[7] TRC는 증언과 증거의 수집능력을 통하여 과거의 불행한 체제 전체에 대한 역사적 재평가를 시도했다. 진실위원회가 제대로 작동한다면 제한된 숫자의 가해 혐의자들에 대한 유죄 또는 무죄 판단을 하는 법정보다 더욱 유용하고 진실한 인권침해의 전체적인 그림을 그려낼 수 있다.[8] 이것이 진실화해모델의 정의를 '응보적' 정의와 구분하여 '회복적' 정의(restorative justice)라고 부르는 이유이다.

남아공 진실위원회(TRC)에서 핵심 관건은 가해자의 '진실 말하기'(truth telling)였다.[9] '화해'의 전제는 진실규명에 있고, 진실규명의 핵심은 해당 사회의 정의를 복원하기 위한 규범성 회복에 달려 있다. 정치권력에 의해 은폐된 불의(범죄행위)를 사회적으로 공표한다는 것은 물리적 수단을 동원한 직접적 응징과 달리 사회적 공론

---

6   3C는 'Cleansing of individuals', 'Community-building', 'Consolidation of political change'를 말한다.

7   이재승, 2010, 『국가범죄』, 도서출판 엘피, 13쪽.

8   최철영, 2011, 「한·일 과거사 청산과 이행기 정의 개념의 적용」, 『성균관법학』, 제23권 제2호, 256쪽, 참조.

9   랩슬리는 남아공의 진실위원회 사례를 분석하며 '진실 말하기'의 중요성을 강조하였다. 남아공에서 진실을 통한 화해는 '과거를 대면하여 미래를 창출하는 일'이다. M. Lapsley, 1998, "Confronting the Past and the Creating the Future: The Redemptive Value of Truth Telling", *Social Research*, Vol. 65, No. 4(winter), pp. 741~58.

에 의한 응보적 심판을 이끌어 낸다는 점에서 포괄적이다. 사회적 여론 또는 공론은 사회적 본능의 응보적 원리에 의해 강화되고, 사회적 정의의 파괴와 은폐 행위에 대한 사회적 응징의 동력을 만든다. 다만, 그 응징의 수단이 다를 뿐이다. 비록 물리적, 제도적 차원의 가시적 수단을 동원하지 않더라도 이 사회적 응징의 학습효과는 효과적일 수 있다.

그러나 한국의 진화위는 진실모델의 핵심이라고 할 수 있는 진실규명을 통한 사회적 응징 효과를 제대로 창출하기에 역부족이었다. 출발부터 조사권한의 미비 및 조사기간, 조사인력의 한계로 진실규명이 구조적 제약 속에서 시작되었다. 형식적이나마 상당수 사건들에 대한 진실규명이 이루어졌으나 이 성과를 사회적으로 공론화할 수 있는 기제가 거의 없었기 때문에 사회적 공론화도 실패했다. 사회적 공론장을 경유하지 않은 의제들이 법률적 효력이 없는 '권고'의 형태로 사법부에 맡겨졌고, 사법부의 최종 결정을 통해 법원에서 화해가 강제되는 기형적 방식으로 과거청산이 매듭지어졌다.

민주화보상심의위원회는 대표적인 배상모델 방식의 과거청산 위원회다. 「민주화보상법」(2000. 12. 제정)은 1964년 3월 24일 이후 발생한 민주헌정질서 파괴행위에 저항하여 국민의 기본권 확립에 기여하고 민주주의 발전을 위한 실천과정에서 피해를 입은 분들에 대한 명예회복 및 보상을 목적으로 한다. 배상모델의 핵심은 진실규명이나 가해자 처벌이 아니라 사회공동의 연대책임을 통해 새로운 이행기 정의를 관철시키는데 있다. 그런데 「민주화보상법」의 전반적 틀은 '진상규명' 및 '가해자 처벌'과 민주화운동에 대한 국가적 '시혜 조치'를 맞바꾸는 '억지 화해' 방식에 가까웠다. 가해자에 대한 일체의 제제나 권고조치가 없다. 그렇다면, 보상의 성격과 명예회복 조치가 얼마나 실효적인지 여부가 관건일 것이다.

적법한 국가행위를 전제로 하는 '보상'과 국가의 위법한 행위를 전제하는 '배상'은 그 성격에서 확연히 구별되어야 하는 범주다. 이 구별을 견지하고 본다면, 「민주화보상법」상의 '보상'은 국가의 위법 행위에 대한 책임을 묻는 것이 아니라 국가의 시혜적 조치에 해당한다. 특히 2004년과 2007년 「민주화보상법」 개정을 통해 신설한 '생활지원금'은 민주화운동 관련자의 생활 정도를 지급기준으로 삼았다는 점에서 '보상'도 아닌 위로금적 성격을 갖는 것이다. 즉 생활지원금 지급은 '생활이 곤란한 자에게 국가가 시혜를 베푸는 것'에 다름 아니다. 민주화운동에 대한 예우는커녕 적법한 국가공권력의 행사에서 불가피하게 발생한 민주적 '빈곤층'을 고려하는 시혜적 조치였다고 보는 게 적절할 것이다.[10]

「민주화보상법」을 통한 '배상적' 청산 작업이 이렇듯 불충분했다면, 권위주의 통치의 잔재를 청산해야 하는 마지막 관건은 얼마나 실효성 있는 '명예회복' 조치를 취했는가 여부에 있다. 명예회복을 통해 실질적으로 사회적 격려와 존경을 받는 구조가 만들어져야 하는 것이다. 명예회복은 단지 위원회가 민주화운동 관련자로 인정한다고 끝나는 문제가 아니다. 민주화운동 관련자 인정 후에 사회

---

10   이영재, 2011, 「과거청산의 현실과 민주화보상위원회 10년에 대한 비판적 평가」, 『역사와 책임』, 창간호, 38~59쪽.

적 명예회복을 위해 어떠한 조치가 취해졌는가의 여부가 보다 중요하다. 명예회복은 그 수준과 관련하여 '폭도', '빨갱이' 오명 벗기와 같은 소극적 차원으로부터 '민주 유공', '국가 유공'이라는 적극적 차원으로 나누어 볼 수 있다. 또한 명예회복의 형태와 관련해서는 법적, 정치적, 사회적, 역사적 명예회복 등이 있을 수 있다. 방법적으로는 경제적 보상, 헌법 또는 역사서, 교과서 등의 교정에 따른 제도적 조치, 공식적 기억과 기념 등의 다양한 방법을 강구해 볼 수 있다. 그런데 민주화운동 관련자에 대한 명예회복은 법률적 불비(不備)로 소극적 차원의 명예회복조차 실효성 있게 전개되지 못했다. 법적, 정치적, 사회적, 역사적 명예회복의 측면에서 위원회 활동이 거의 성과를 내지 못하고 말았다. 결국 민주화운동 관련자 명예회복의 과제들이 불완전 청산의 잔재들로 남았다.

지난 2014년 필자를 비롯한 4명의 연구자가 국민대통합위원회의 의뢰를 받아 〈과거사문제의 미래지향적 치유·화해방안에 관한 연구〉를 진행하면서 전문여론조사기관(한길리서치)에 의뢰하여 국민들의 과거청산에 대한 인식을 조사한 결과 약 63.5%의 국민들이 과거청산의 불완전성을 지적했다.[11] 권위주의 통치 시기 인권침해 진상규명에 대해 22.3%가 '진상규명이 이루어졌다'(매우 잘 이루어졌다 1.5%, 대체로 이루어진 편이다 20.8%)고 응답한 반면, 63.5%

---

11   조사대상은 2014년 9월 현재 전국에 거주하는 만 19세 이상 성인남녀 1,000명을 인구구성비(성·연령·지역별) 무작위 추출하였다. 조사기간은 2014년 10월 1일부터 4일까지(4일간)였으며, 표본오차는 95% 신뢰수준에 ± 3.1%p 였다.

는 '진상규명이 이루어지지 않았다'(전혀 이루어지지 않았다 9.7%, 제대로 이루어지지 않았다 53.8%)고 응답했다. 14.2%는 잘 모른다고 답했다. 민주화운동 관련 피해자에 대한 보상 필요성에 대해서는 79.9%가 '그렇다'(매우 그렇다 36.4%, 그런 편이다 43.5%)고 응답한 반면, 12.5%는 '그렇지 않다'(전혀 그렇지 않다 4.1%, 그렇지 않은 편이다 8.4%)고 답했다. 향후 과거청산을 위한 정부의 노력 방안에는 58.3%가 '지속적 진상규명'을 요구했고, 29.7%는 '정부의 공식사과와 재발 방지약속'을 들었다. 23.3%는 '책임자 처벌', 19.9%는 각각 '한국 근현대사 재정립'과 '금전적 배·보상'이 필요하다고 답했다. 이렇듯 국민들 대다수는 여전히 한국사회에 과거사 청산이 필요하다고 답하고 있다.

3 _ 왜곡된 사회적 관습

일찍이 토마스 홉스는 종교적 권위와 구분되는 '리바이어던'이라는 세속적 근대 국가상을 기안했다. '만인에 대한 만인의 투쟁 상태'로 출발하는 그의 자연상태는 인간 본성을 이기적으로 전제한다. 극단적인 이기심이 충돌하기 때문에 만인의 투쟁 상태가 지속된다. 홉스는 인간들의 이기심을 제압할 수 있는 막강한 강권을 통해 사회질서를 유지할 수 있다고 보았다. 홉스에 따르면, 리바이어던이 부가하는 법규를 위반하여 얻는 이득보다 법규 위반에 대한 처벌을 강화할 수 있는 강력한 권위체가 사회질서를 유지하는 동력이다. 홉스의 이

괴물 같은 리바이어던 기획에서 사회적 약속의 토대는 '강제력'이다.

동시대 홉스의 비판자로 알려진 컴벌랜드는 인간의 본성적 사회성에 주목했다. 자연상태란 '만인에 대한 만인의 투쟁 상태'가 아니라 '만인의 만인에 대한 인애(benevolence)상태'라는 것이다.[12] 이 전통(스코틀랜드 계몽철학)의 연장선에 있는 데이비드 흄은 사회적 약속이 가능한 것은 리바이어던 같은 강제력의 화신을 통해서가 아니라 사회적 관습(Convention)이라고 강조했다. 사회적 신뢰의 형성을 통해 사회적 약속은 존중될 수 있고, 사회를 유지하는 바람직한 관계를 만든다는 것이다. 제대로 작동하는 훌륭한 법률은 법률 그 자체의 강제성으로 평가되는 것이 아니다. 흄은 "예법과 관습이 사람들의 기질 속으로 인간애나 정의의 작은 양을 한 방울씩 떨어뜨려 적셔 넣은 정부에서 질서와 중용을 낳을 수 있다"고 말한다.[13]

---

12 "세상에 (소수의 선별된 사람들에게 있어서의 특별한 우정과 아주 부합되는) 만인에 대한 만인의 진실한 인애(sincere Benevolence of all towards all) 보다 더 가치 있는 재산도, 더 위대한 장식이나 안전판도 없다"는 것이 만인의 경험에 의해 잘 알려져 있다. Cumberland, Richard, *De Legibus Naturae Disquistio Philosophica*(1672), 영역본: *A Philosophical Inquiry into the Laws of Nature*, In: Richard Cumberland, *A Treatise of the Laws of Nature*, Translated, with Introduction and Appendix, by John Maxwell (London: K. Knapton, 1727), Republished, edited and with a Foreword by Jon Parkin, Indianapolis: Liberty Fund, 2005, p. 310.

13 David Hume, "That politics may be reduced to a science"(1741), In: David Hume, *Political Essays*, Edited by Knud Haakonssen, Cambridge · New York · Melbourne: Cambridge University Press, first Published 1994, Fifth printing 2006, p. 11.

최근 주목받고 있는 '사회적 자본'(Social Capital)이란, 바로 이러한 신뢰관계의 규범을 말하는 것이다.

이러한 신뢰 규범은 단기간에 형성되지 않는다. 동서양을 막론하고 사회정의와 도덕적 규범을 형성하기 위해 국가뿐만 아니라 사회 전반이 각고의 노력을 기울여 온 것 또한 이런 이유일 것이다. 나라마다 '양치기 소년' 류의 정직에 관한 이야기, '흥부와 놀부' 류의 인과응보의 교훈, '반포지교 우화' 류의 우정 이야기들이 이러한 사회적 규범을 형성하는 마중물 역할을 해왔다. 이 규범의 틀은 오랜 세대를 거쳐 보태지고, 윤색되며 해당 사회에 정착된다. 리바이어던과 같은 강력한 강권의 권위가 사회의 규범과 관행을 지탱하는 것이 아니다.

만일 누군가가 사적인 욕심을 충족시키기 위하여 사회에 새로운 규범을 강제할 수 있을까? 사회적 규범은 누군가가 의도적으로 파괴하고자 해도 쉽게 깨지지 않는 특성이 있다. 그런데 강력한 공권력을 동반한 국가라면 문제는 달라진다. 어떤 조직과 비교해 보아도 국가만큼 단기간에 사회규범과 관행의 파행을 초래할 수 있는 주체는 없다. 불행하게도 우리 근현대사는 국가권력을 등에 업고 단기간의 날림공사로 기존의 사회규범을 파괴하고 사적인 정권의 찬탈을 정당화하려는 시도들이 노골적으로 자행되어 왔다. 총칼로 국민주권을 침해한 순간 이미 나락으로 떨어진 정치권력의 정당성을 강제로 끌어올리기 위해 각종 신화들이 날조되고, 이데올로기적으로 동원되었다. 마치 일제 강점기에 조선총독부가 했던 방식과 유사하다.

강권에 의해 자리잡기 시작하는 규범이 해당 공동체에 얼마나 강력한 영향력을 행사하며 작동하는지 보여주는 실험사례가 있다. 게리 하멜(Gray Hamel)과 프리할라드(C. K. Prehalad) 교수가 소개한 '화난 원숭이 실험(angry monkey experiment)'이 그것이다.

4마리의 원숭이들이 한 방에 있다. 긴 장대(pole) 꼭대기에는 바나나를 매달아 두었다. 배고픈 원숭이 한 마리가 그것을 먹으려고 장대를 타고 올라가서 바나나에 손을 뻗으려는 순간 천장 샤워기에서 찬물이 뿌려진다. 깜짝 놀란 이 원숭이는 바닥으로 떨어졌다. 나머지 원숭이들도 바나나를 먹으려고 시도했지만 장대를 오를 때마다 원숭이들은 번번이 찬물 세례를 받았다. 여러 번 반복되자 원숭이들은 바나나를 먹으려는 시도 자체를 아예 포기하게 된다. 잠시 후 기존의 네 마리 중 한 마리를 새로운 원숭이로 교체하였다. 신참 원숭이는 바나나를 보고 장대 위로 올라가려고 했다. 그러자 고참 원숭이들이 다가가 소리를 질렀다. 고참들의 외침에 위축된 신참은 결국 장대 오르기를 포기했다. 그 후 차례로 한 마리씩 새로운 원숭이로 교체했다. 결국 우리 안에는 직접 찬물 세례를 받아 본 원숭이가 한 마리도 남지 않게 되었다. 그러나 어떤 원숭이도 바나나를 따 먹으려고 시도하지 않았다. 이제는 아무도 그 이유를 모르는데도, 어느새 원숭이들에게 바나나는 따 먹으면 안 되는 대상이 된 것이다. 샤워기가 제거된 뒤에도 말이다(Even after the shower was removed)![14]

---

14 G. Hamel & C. K. Prehalad, 1994, *Competing For the Future*, Harvard

이 실험사례는 오랫동안 식민통치와 군부 - 권위주의 통치를 경험한 한국 사회에 중요한 시사점을 준다. 이 실험에 등장한 '바나나'는 사회 성원들에게 필요한 가치라고 할 수 있다. 식민통치기에 한국 사회에는 '독립'이 필요했고, 군사정권기에는 '민주화'가 필요했다. 샤워기의 물을 뿌리는 실험자는 때론 조선총독부가 될 수도 있고, 때론 군부집권세력이 될 수도 있다. 이렇게 대체해 놓고 보면, 이 실험은 오늘날 우리 사회의 문제를 되돌아보게 만드는 일종의 '사회적 거울'이 된다. 물벼락을 맞을지언정 조국의 독립을 위해 일신의 안위를 뒤로 하고 나섰던 독립투사들과 민주화를 위해 군사정권과 사투를 벌였던 민주투사들, 최소한의 인간다운 삶을 위해 싸워야했던 노동자들의 희생은 중요한 역사적 전환기에 일어난 한국 사회의 정의를 향한 몸부림이었다.

한국 근현대사에서 이러한 사회적 노력은 거대한 강권적 물벼락에 수차례 가로막혔다. 그 강권적 위협 앞에서 기성세대들은 장대를 오르려는 노력을 만류할 수밖에 없었다. 독재의 서슬이 퍼렇던 시절 부모들은 자식들의 앞날이 염려되어서 민주화 투쟁에 나선 자식 걱정에 항상 노심초사했다. 이들은 이미 주권을 침탈당한 일제 강점기에 대한민국의 독립을 위해 싸웠던 독립투사들의 고난과 그 가족들이 겪었던 고초를 경험으로 알고 있었던 것이다. 그리고 해방 후 이승만 정권이 독립투사들을 배척했던 일련의 행태를 알고 있었다. 그리고 일제에 붙어 전장으로 우리 젊은이들의 등을 떠밀

Business School Press, pp. 55~56.

던 자들이 정부 수립과 함께 '친일매국'의 옷을 '반공'의 옷으로 갈아입고 보란 듯이 화려하게 변신한 것을 몸으로 기억하고 있었다.

3·15 부정선거를 무력화 시킨 4·19혁명의 열매는 당시 정국을 제대로 수습할 여력도 없던 보수 야당의 차지였다. 열린 정치공간에서 새로운 희망을 품고 정치적 기지개를 켰던 혁신계는 5·16 쿠데타로 다시금 탄압의 대상이 되었다. 많은 이들이 형장의 이슬로 사라졌고, 그 가족들은 '빨갱이' 자식으로 손가락질 받으며 성장했다. 살아남은 자들은 고문 후유증으로 정상적인 사회생활을 할 수 없었다. 군부-권위주의 시기 대한민국 민주헌정질서를 지키기 위한 젊음의 몸부림은 사법당국에 의해 무자비한 범죄로 취급되었다. 민주화 투쟁에 나선 사람들과 그 가족들에게 날벼락 같은 이 비극이 되풀이되었다.

침묵을 강요받은 한국사회는 앞만 보고 달리는 '차안대'(눈가면)를 찬 경주마 같은 인간형성을 묵인할 수밖에 없었다. 앞뒤 가리지 않는 박정희 정권의 산업화 정책에 따라 1970년대 서울로 서울로 올라온 예비 노동자들은 앞만 보고 내달리는 경주마가 될 것을 강요받았다. 서울의 새로운 도시빈민층을 형성하며 유입된 여성노동자들의 일과표는 18시간 '곱빼기' 노동으로 채워졌다. 폭압적 권위주의 통치원리가 만들어낸 '약육강식'의 '날림' 규범이 사회 곳곳에 각인되기 시작하였다. 이미 자리 잡은 권위주의의 강제규범은 위 실험사례와 같이 "샤워기가 없어도, 물벼락을 맞은 경험이 없어도" 스스로 작동하는 일종의 '규율권력(discipline power)'으로 현상하였다.

그럼에도 불구하고 모두가 강요된 복종에 숨죽이던 시기, 변하지 않을 것 같던 강권적 통치의 위엄 속에서, 과연 무엇이 숨 막히는 노동현장에 민주화의 바람을 불러 일으켰을까? 그 힘의 원천은 무엇인가? 1980년대 거창한 과학적 변혁론이나 프롤레타리아트 해방론 같은 추상적 담론에서 그 답을 찾아보려는 시도가 이어졌다. 그러나 그 변혁적 혁명론 속에 정작 한국사회의 격동기인 1970년대를 공장에서 보내고, 강제로 공장을 떠나야만 했던 시골 소녀들의 구체적 삶의 이야기가 들어설 자리는 없었다.

이 책은 근현대사의 격동기 삶 속에서 그 시대적 역할을 다했으나 한국사회에서 제대로 조명되지 못했던 여성노동자들의 이야기를 전하고자 한다. 과연 그녀들은 한국사회에 어떤 자산을 남겼고, 우리는 그녀들을 어떻게 기억해야 할 것인가?

여성노동자, 그들은 누구인가

1_ 시대적 배경

일제 강점기를 지나 1945년 해방되었으나 해방의 기쁨을 만끽할 겨를도 없이 대한민국은 분단과 전쟁으로 아수라장이 되었다. 전쟁으로 한반도의 생산시설 대부분이 파괴되었고, 온통 폐허가 되었다. 국민들의 삶은 나락으로 떨어졌다. 해외로 대규모 이주가 이루어지던 일제 강점기에도 자신들의 오랜 공동체와 고향을 떠나지 않았던 많은 사람들이 생존을 위해 이주할 수밖에 없었다. 이 시기 정부가 선택할 수 있는 유일한 해법은 해외 원조와 지원에 의존하는 것뿐이었다.

1950년대 한국사회는 전쟁에 따른 피해를 수습하고, 파괴된 생산시설들을 복구하며, 경제활동에 필요한 인적·물적 자원 확보에 주력했다.[1] 전쟁으로 삶의 터전을 떠났던 피난민들의 상당수가 일시 피난했던 타향 또는 도시에 정착하기 시작했다. 이것이 1950년 대 최초의 '이촌향도(離村向都)'다. 서울을 비롯한 대도시들이 아직 산업화의 물꼬를 트기 전이었기 때문에 1950년대 이촌향도는 고용 구조나 산업구조에 기반을 둔 산업도시화 성격보다는 전쟁과 정치 적 격변의 영향이 컸다.[2] 도시를 중심으로 점차 전쟁복구의 속도가 빨라졌고, 복구의 속도만큼이나 이촌향도 역시 급물살을 탔다. 피난 민들 중 일부는 다시 고향으로 귀환하기도 했다. 귀향한 이들은 전 쟁 이전과 마찬가지로 농촌과 어촌에서 농업과 어업 등 제1차 산업 에 종사했다.

해방 직후 일본, 만주 및 기타 중국으로부터 귀환민이 대거 유 입되었고, 한국전쟁 전 남북한 간 급격한 인구이동이 벌어졌다. 6·25 전쟁으로 인한 피난민의 정착 또한 전국적인 인구변화를 촉 발했다. 이 인구 '요란기'를 거친 후 1950년대 초반부터 한국사회에 인구증가가 본격화되기 시작했다. 1955년부터 1960년의 인구증가 율은 해방 후 귀환민이 대거 유입된 1945~50년 동안의 인구증가 율과 버금갈 정도로 높았다. 1945~50년 동안 인구증가율은 연 4% 였고, 1955~60년 동안 인구증가율은 연 3%였다. 전쟁이 끝나자 다 수의 젊은 층이 결혼하였고, '베이비 붐'이 일어났다. 1970년대 여 성노동자들 대부분이 이 시기에 주로 농촌에서 출생하였다. 1957년 경까지 도시의 주요 공장과 산업시설이 상당부분 복구되었다. 1960

1   손정목, 2005, 「6·25전쟁과 서울」, 『한국 도시 60년의 이야기 1』, 한울.
2   박길성, 1999, 「1960년대 인구사회학적 변화와 도시화 : 사회발전론적 의미」, 『1960년대의 정치사회변동』, 백산서당.

년대에 들어서면서 경제개발 계획을 수립하고, 산업화를 추진할 수 있는 기틀이 형성되었다.

이승만 정부는 1958년 부흥부 산하에 산업개발위원회를 설치하고 경제개발계획을 추진하였다. 1960년 4월 혁명 이후 집권한 장면정권 하에서 미국의 종용과 후원 아래 경제개발계획이 구체화되었다. 그러나 이 경제개발계획은 1961년 5 · 16 쿠데타로 시행되지 못하였다. 이 경제개발계획은 1962년 박정희 정권에 의해 일부 재조정되어 추진되었다. 박정희 정부는 1960년대 초반 '대체산업우선론'을, 1960년대 후반 '수출산업우선론'을 주요한 방향으로 채택했다.[3]

박정희 정부는 산업화를 위한 자금 확보, 차관도입, 외국인 직접투자 유치, 국내 자본의 동원을 위한 금리 현실화 등을 단행했다. 필요한 환경들이 구축되면서 산업기반시설들이 점진적으로 설립되었다. 산업화로 인해 도시에 생산시설들이 들어서자 노동자들이 빠른 속도로 도시로 유입되기 시작하였다. 집중과 집적화의 효과를 높이기 위해 몇몇 도시에 대규모 공업단지가 조성되었다. 수출을 목표로 하는 다양한 기업들이 이 공단들에 입주하여 공장을 비롯한 생산시설들을 건립했다. 생산시설들이 가동되면서 노동력 수요가 폭발적으로 증가했고, 부족한 일자리를 찾아 농촌을 떠난 사람들이 도시 노동자로 자리 잡았다. 1960년대 후반 이러한 인구이동은 수

---

3   이완범, 1999, 「제1차 경제개발 5개년계획의 입안과 미국의 역할」, 『1960년대의 정치사회변동』, 백산서당, 139~140쪽.

출지향적 산업화에 따른 고용기회의 확대, 도시적 생활양식과 산업주의적 가치관의 확대 등을 초래하기 시작하였다.[4]

이러한 시대적 배경을 바탕으로 수출 드라이브가 강하게 걸리는 1970년대가 시작되었다. 가발, 섬유, 제과, 전자 등의 업종에서 저임금·노동집약형 노동을 바탕으로 수출지향적 산업화가 절정을 이루었다. 산업 및 생산시설들의 설치와 성장은 더 폭발적인 노동 수요를 유발시켰다. 급증하는 노동 수요로 인해 농촌에 축적되어 있던 노동력이 도시로 이동하는 속도가 한층 가속화 되었다. 그 결과 1960년대부터 1970년대까지 10년 동안 '이농'(離農) 또는 '이촌향도'라고 불리는 사회현상이 1950년대 전후와는 다른 맥락에서 자리 잡기 시작하였다. 특히 노동집약적 수출산업의 성장으로 여성 노동자들의 도시 진입이 빠르게 증가하였다.

산업화의 방향이 수출에서 활로를 찾으면서, 해외시장에서 수출상품의 경쟁력 우위를 확보하는 것이 급선무였다. 정부와 자본은 경쟁력 우위를 위해 저임금·장시간 노동을 장려했다. 이 정책의 주요 대상이 되었던 계층은 도시에 정착하기 위해서 온갖 악조건을 감내해야 했던 이농한 젊은이들, 특히 여성노동자들이었다. 낮은 생산비와 수출을 기반으로 하는 산업체제의 성공을 위해 노동자들은 저임금, 장시간 노동으로 내몰리면서 생산활동에 참여하기는 하였으나 이들의 삶은 도시빈민과 다를 바가 없었다.[5] 이들은 서울에 진

---

4   박길성, 1999, 「1960년대 인구사회학적 변화와 도시화」, 『1960년대 사회변화연구』, 백산서당, 37~38, 83쪽.

5   강욱모, 1993, 「서울의 사회복지」, 『서울연구』, 한울, 398~400쪽.

입하는 순간부터 이미 도시빈민층으로 자리 잡았던 것이다.

이촌향도한 대부분의 여성노동자들이 서울에서 처음 정착한 곳은 대부분 무허가촌이나 빈민촌이었다. 영등포공단 같이 여성노동자들이 집중되는 공단 주변에는 소위 '닭장촌'이라 불리는 자취방이 우후죽순처럼 생겨났다. 주거형태도 노동집약형 저임금 공장노동을 위한 새로운 형태로 등장했다.

1970년대 초반 다수의 여성노동자들이 밀집해 있던 노동현장에서는 인간적인 대우와 공정한 분배(임금)에 대한 요구가 터져 나오기 시작했다. 1971년 청년 노동자 전태일의 죽음이 그 촉매 역할을 했다. 전태일의 죽음은 그동안 한국 사회가 고민하지 못했던 노동자의 삶과 생활을 되돌아보게 만들었다. 전태일의 죽음을 계기로 노동현장에 대한 사회적 관심이 촉발되었고, 특히 종교계 인사들과 대학생들이 호응했다. 이른바 산업선교회*로 명명되었던 개신교와

* 1957년 초 미국 장로교 H. 존즈 목사가 내한, 산업전도에 대한 강연회를 가진 것이 계기가 되어, 같은 해 4월 성공회의 미국인 주교 J. P. 셀 테일러가 영등포도시산업선교회를 창립한 것이 그 효시다. 1963년 감리교 및 장로회 통합파 교역자들이 한국도시산업선교회를 구성하면서 본격적인 체제를 갖추게 되었고, 1976년 신교와 구교가 연합하여 구성한 한국교회사회선교협의회의 산하단체가 되어 조직을 확대해나갔다. 산업선교회는 주로 노조설립 지원, 근로자 의식화를 위한 노동운동 지도자 훈련, 노사분규 조정 등의 활동을 전개했는데, 이 과정에서 인천·영등포·구로지역 일대의 사업장에 무수한 노조를 탄생시키거나 민주화시켰

으며, 반도상사·동일방직·YH무역 등 70년대 민주노조의 대표적인 투쟁들을 지원했다.(『한국근현대사사전』, 2005, 가람기획.)

영등포산업선교회는 한국 교회 산업선교의 모태이며 70~80년대 한국노동운동 집회의 중심지였고, 가난한 노동자들의 교회이자 학교이며 기둥이었다. 1950년대 후반부터 영등포 지역에서 시작된 전통적인 목회로서의 산업 전도는 1960년대 후반에 이르면 '산업선교'로 내용과 형식이 전면적으로 전환된다. 이것은 박정희 정권에 의한 경제개발정책이 노동자들의 인권을 심각하게 유린하게 된 시대적 상황 속에서 교회가 제 역할을 다하기 위한 노력의 결과였다. 유신 이후부터 본격적인 의미에서의 영등포 산업선교 활동이 '소그룹 활동'을 통해 전개되었다. '소그룹 운동'은 이후 노동운동에도 큰 영향을 미쳤으며, 이 운동으로 영등포 산선은 노동자들 속에 깊이 뿌리를 내린다. 노동자 성서연구와 예배, 노동자 그룹 활동, 노동자들의 근로조건 개선을 위한 활동, 노동조합운동과 의료 활동 등의 복지활동이 정부의 탄압과 방해 그리고 교회 내적인 오해와 불신 등 어려움 속에서도 활발하게 전개되었다(「민주화운동 사료이야기」 중).

(중앙일보, 1970. 11. 14 일자)

가톨릭의 노동청년회(JOC)* 등이 노동현장 민주화에 조력자 역할을 했다. 대학가에서는 야학을 매개로 대학생들의 참여가 이어졌다. 이러한 사회구조적 연대를 통해 노동현장의 노동자들은 스스로 자신의 권리를 획득하기 위한 기반을 마련할 수 있었다.

JOC(Jeunesse Ouvrière Chrétienne)는 가르딘 추기경이 품었던 "가난한 이들에게 복음을 전한다"(루카 4, 18~19)를 이상으로 한다. 1912년 카르딘 신부는 브뤼셀 교회의 라켄 본당 보좌신부로서 그 지역 젊은 노동자들을 모아 소그룹 연구회를 조직했다. 그룹의 구성원들은 세탁부, 재봉사, 가정부, 견습공이었으며 처음에는 노동현장연구회로 모이다가 후에 여성노동조합으로 발전했다. 이 모임을 이끌면서 카르딘 신부가 세운 원칙은 회원 모두가 능동적으로 참여하여 공동으로 토론하는 가운데 계속해서 교양을 쌓아 나가자는 것이었다. 카르딘 신부의 기본적 신념은 '노동청년 가운데서, 노동청년에 의한, 노동청년을 위한' 운동이 되지 않는 한 진정으로 책임감 있는 노동청년의 양성과 교육은 불가능하다는 것이었다. 벨기에의 가톨릭청년연합과 기성 노동조합에서는 끊임없이 반대를 했지만 청년노조는 계속 발전하여 1924년 4월에는 청년노조의 명칭을 '가톨릭노동청년회'(Jeunesse Ouvrière Chrétienne)로 개칭했다. 1925년 7월 27일에는 벨기에 주교단의 정식인준을 받고 카르딘 신부가 총 지도신부로 임명되었다. 1926년에는 프랑스의 게랑(Guerin) 신부와 연결되어 프랑스에 지부가 창설되고 그 이후로 세계 각국으로 퍼져나갔다. 1945년 8월 말 벨기에 JOC 본부에서 열린 회의의 합의로 JOC국제연락사무소를 설치하였다. 1947년부터 JOC운동은 아시아와 아프리카 등에 확산되어 1950년에는 85개국에서 전개되었다.(한국가톨릭노동청년회, 1986, 『한국가톨릭노동청년회 25년사』, 분도출판사, 40~42쪽)

1958년 11월 16일 서울교구지부를 모체로 탄생한 한국 지오쎄(JOC) 50년의 역사는 노동운동 불모지에 수용된 JOC 정착기

현장 노동자들은 새롭게 노동조합을 창립하거나, 이미 어용노동조합이 있던 곳에서는 '민주노동조합'으로 노동조합을 개편하기 시작했다. 노동자들은 노동조건의 개선, 임금인상, 노동기본권 보장을 요구했다. 그러나 강력한 지배-감시체제가 관철되고 있었던 1970년대 한국사회에서 권리를 쟁취하기 위한 노동자들의 집단행동이 평화롭게 반영된다는 것은 애당초 불가능한 일이었다. 많은 노동자들이 징계·해고되었고, 무방비 상태로 생계 위협과 경제적 고통에 노출되었다. 공안당국은 공장 깊숙이 개입하여 그들의 전매특허인 회유, 조사, 위협, 폭력 등을 빈번하게 행사했다. 신문의 정치면은 철저하게 정치권력의 편에서 노동문제를 다루었다. 노동민주화 활동으로 해고된 노동자들은 '블랙리스트'에 이름을 올린 채 노동현장으로부터 철저히 배제되었다.

블랙리스트는 한번 문제를 일으킨 노동자의 재취업을 원천봉쇄했다. 생존을 위한 취업의 기회조차 박탈하는 등 인권유린의 근거가 되기 때문에 '현대판 노비문서'라고도 불렀다.[6] 1970년대 노동현장의 민주화 열기는 1987년 6월 민주항쟁을 기점으로 새로운 확장과 변화의 시대로 접어들었다. 노동집약적 수출주도 산업을 대체할 중화학공업이 육성되기 시작했고, 소위 대기업 노조 시대가 열렸다. 대부분의 여성 노동운동가들은 이 무렵부터 현장을 떠나 정치로, 시민사회로, 자영업으로, 가정으로 삶의 터전을 옮겨 새롭게 변화된 삶을 일구어 갔다.

2 _ 여성노동자에 대한 초기 연구

한국의 1960~70년대는 말 그대로 격변기였다. 1960년 제조업 여성취업자는 전체 여성노동자의 6.3%에서 1975년 16.8%로 크게 늘어났고, 제조업 부문내 성별 비율도 1960년 26.6%에서 1975년에는 37.8%로 증가하였다.[7] 대규모 공장의 여성노동자 고용율도 크게 증가하였다. 1966년 영세기업(10~49인)이 28.5%, 중소기업(50~199인)이 26.4%, 대기업(200인 이상)이 45.1%였지만, 1970

---

6   〈한겨레신문〉 1988. 6. 17일자 7면.
7   한국여성개발원, 2001, 『근로여성 정책의 변화에 관한 연구』, 노동부, 42~43쪽.

년도에는 각각 17.8%, 23.7%, 58.5%로 증가했다. 70년대 초반에는 여성노동자 10인 중 6명이 대기업에서 일하는 것으로 나타났다.[8] 이 사이 대규모 공장이 증가했고, 공장의 관계자들이 농촌을 순회하며 노동자를 모집해야 할 만큼 고용의 규모도 빠르게 커졌다.

대규모 공장에 새로운 공장제 노동방식이 도입되고, 젊은 여성 노동인력이 폭발적으로 유입되고, 급격한 도시화가 진행되자 여성노동자에 대한 연구가 사회과학자들의 관심사로 대두되었다. 그동안 여성노동자에 대한 연구는 시기별로 크게 세단계의 특징을 보이며 발전해 왔다.

첫째, 1980년대 초반 여성노동자 연구의 물꼬를 트기 시작한 것은 산업화 시기 여성노동자들의 실태를 사회적으로 고발하는 연구들이었다. 변화순(1980), 한국여성유권자연맹(1980), 박세일(1982), 김봉률(1984) 등은 서구 노동시장과 국내 노동시장을 비교하고, 객관적 지표를 중심으로 국내 여성노동자들의 열악한 상황을 구조적으로 제시했다. 이 초기 여성노동자 연구는 산업화 시기 남녀차별, 여성노동자들의 인권유린 같은 열악한 실상을 사회에 폭로하는 역할을 했다.

두 번째 단계는 1980년대 중반부터 1990년대 초반까지의 연구들로 여성노동자들의 노동운동에 초점을 맞춘 연구들이 등장했다. 이태호(1984), 이미경(1986), 한국여성연구소(1989), 박석분(1989), 조순경(1990) 등의 연구가 대표적이다. 첫 번째 단계의 연구가 한국

---

8   한국여성개발원, 위 자료, 51~53쪽.

사회·경제구조를 중심으로 여성노동자의 현황과 열악한 노동여건 등에 초점을 맞추었다면, 이 연구들은 여성노동자들을 능동적 주체로 상정하고, 여성노동자들의 노동운동에 초점을 맞추기 시작했다는 점에서 차이가 있다. 1960년대 후반부터 1970년대 중반까지 각 사업장에서 여성노동자 중심의 노동민주화 운동이 활발하게 전개되었기 때문에 이러한 연구가 가능했다. 또한 1980년대 사회운동진영의 급격한 변혁론적 요구를 투사할 실체적 롤모델로 여성노동자 투쟁을 부각하는 방향으로까지 연구가 확장되기도 했다.

세 번째로 여성노동자들의 실태보고나 노동운동 연구와 구별되는 방향에서 말 그대로 '여성노동자'의 삶 자체에 초점을 맞춘 연구가 시작되었다. 정현백(1985), 정미숙(1992), 김춘수(2005), 김원(2006), 허영란(2011) 등의 연구가 대표적인데, 이 연구들은 여성노동자의 수기와 구술사 분석을 통해 여성노동자의 주관적 측면이나 당시의 사회문화적 특성과 여성노동자들의 정체성을 미시사적으로 세밀하게 분석했다. 특히 김원의 『여공』은 그동안 여성노동자들을 상징적으로 구조화 해왔던 '희생양' 담론과 '다락방' 담론을 비판적으로 고찰하며, 여성노동자의 인간적 색채와 정체성 문제를 독해하는 방식을 취함으로써 여성노동자 연구의 전환점을 만들기도 했다.

이러한 연구성과들을 계기로 남성의 앵글로 만들어낸 여공담론에 대한 비판이 제기되었고, 여성노동자들의 일상과 문화가 주목받기 시작하였다. 다른 한편으로 새로운 연구경향의 확산과 더불어 여성노동자와 노동현장을 사회과학적 개념 및 담론을 통해 분석한 장미경(2004), 김준(2006), 김현미(2000), 김귀옥(2004) 등의 연구가 뒤를 이었다. 이 연구들은 특히 한국 사회의 '근대화'를 설명하는 과정에서 여성노동자들이 근대화 과정에 어떻게 편입되고 변화되는지에 주목했다. 이상의 연구 흐름에서 확인되는 것과 같이 여성노동자와 대면한 학계의 연구방향은 '사회고발-노동운동-여성노동자의 정체성 분석' 등으로 점차 발전해 왔다.

3 _ 여성노동자를 규정한 담론들

여성노동자에 대한 연구 성과들이 사회적으로 반영되면서 점차 여성노동자들을 규정하는 담론들이 형성되고, 공론화되었다. 여성노동자를 상징하는 대표적 담론 중 하나가 열악한 노동여건을 사회적으로 고발하면서 상징화 된 '다락방' 담론이다. 다른 한편으로 여성노동자들의 가족부양을 위한 희생을 상징하는 '희생양' 담론도 여성노동자를 상징하는 대표적 담론으로 대두되었다.

1) 다락방 담론

1970년 전태일의 죽음 이후 여성노동자들의 열악한 노동여건을 고발하는 연구들이 이어지면서 여성노동자들의 노동여건에 대한 사회적 관심을 고취시켰다. 여성노동자들의 열악한 노동여건을 상징하는 분진, 먼지, 각혈, 낮은 천장, 저임금 노동, 장시간 노동 등이 '다락방 담론'으로 모아졌다. 점차 다락방 담론이 1970년대 산업화

시기 한국의 비인간적인 노동 현실을 상징하는 담론으로 자리 잡았다. 이 '다락방'은 평화시장의 소규모 작업장들에 실재하는 것이기도 했다. 전태일의 죽음 이후 그동안 사회적으로 조명되지 않았던 열악한 노동현실은 사회에 큰 충격을 주었다. 1970년 11월 14일자 〈중앙일보〉는 다락방의 현실을 '인간 밀림'*으로 묘사했다.

*
　　　여기서 일하는 종업원은 재단사 2천 5백 명, 재봉사 1만 2천여 명, 소녀견습공 1만 3천여 명 등 2만 7천여 명으로 추산되고 있다. 이곳 제품부는 단층을 합판으로 막아 상하로 나누어 천장 높이는 1.5m 정도로 키 큰 종업원은 허리를 펼 수 없는 형편이다. 대부분 미싱을 쓰기 때문에 대낮에 백열등이나 형광등을 켜놓고 일하고 있어 이들은 밖에 나가면 밝은 햇빛 아래서는 눈을 바로 뜰 수 없다는 것이다. 한 평에 평균 4명이 재봉틀 등을 두고 일하고 있는 작업장 한구석에는 자취하는 종업원들의 취사도구들이 그대로 놓여 있고 평화시장 같은 데는 환기시설 하나 없다. 더우면 문을 열어두는 게 고작 통풍시설이고 추우면 문을 닫아 제품 과정에서 특히 많이 생기는 분진이 방 밖으로 새어날 수 없는 형편이다.　　　(중앙일보, 1970. 11. 14일자)

　　주로 청계천 일대의 작업장을 형상화한 다락방 담론은 여성노동자의 열악한 노동현실을 사회적으로 폭로하는 데 효과적이었다. 그러나 '여성노동자의 작업장＝다락방'이라는 고정적 도식이 만들어지면서 다락방과 다른 노동현장의 여성노동자들을 설명하는 데는 오히려 한계로 작용했다. 이 사업장들은 분명 분진, 먼지, 각혈로 상징되는 다락방과는 다른 모순들을 내포하고 있었는데, 다락방을 탈피한 대규모 공장의 모순들이 부차적인 것으로 간주되는 부작용이 나타난 것이다. 김원의 지적처럼 이 다락방 담론은 한편으로 '과잉 일반화된 담론'이기도 했다. "실제 노동현실에 비추어보면 절반의 진실을 고발한 것"[9]이라고 할 수 있다. 여성노동자의 저임금-장시간 노동과 가족을 위해 희생하는 여성노동자 이미지를 강력하게 상징화함으로써 여성이자 노동자로서 가지는 다양한 갈등과 주관적 경험을 제대로 드러내지 못했다. 다락방 담론으로는 대일화학, 롯데제과, 해태제과 등을 비롯하여 동일방직, 원풍모방, 반도상사 등 당시 업계를 주도하던 대규모 공장의 여성노동자들에게 내재한 문제들을 독해할 수 없다. 1970년대 후반 대규모 사업장은 이미 분진, 먼지, 각혈의 열악함을 극복한 상태였다.

기계화 시스템이 도입된 대규모 공장은 1970년대 당시 다락방의 노동현실과 대비되며 많은 예비 여성노동자들에게 선망의 대상이기도 했다. 이 대규모 공장은 여성노동자들의 다양한 기대와 바램의 또 다른 교차지대에 위치해 있었다. 어떤 경우는 이러한 대규모 공장에 들어가기 위해 몇 달 동안 대기했고, 연줄과 지연 등 자신이 가진 모든 자원을 총동원하기도 했다. 동일방직에 입사한 석정남은 "처음 서류를 내러 갔던 나는 잘 꾸며진 회사의 시설이며 규모를 보고 깜짝 놀랐다. 태극기가 힘차게 나부끼고 있는 아담하고 깨끗한 사무실과 잔디밭과 나무들 … 나 같은 것이 들어 갈 수

---

9   김 원, 『여공』, 233쪽.

있을까 잔뜩 겁을 집어 먹었다"[10]고 한다. 큰 공장에 취직하기 위해서는 가족이나 지인의 소개나 추천 등이 필요했고, 입사 경쟁률도 꽤 높았다. 동일방직에 취직하기 위해서 1년을 관리자 집에 가서 무료로 식모살이를 하고 들어온 사람도 있을 정도였다.

이렇듯 1970년대 초반 산업현장은 다락방과 열악한 작업장의 여성노동자들이 존재하는 한편, 낮은 천장, 희미한 불빛, 뿌연 먼지로 상징되는 다락방과는 전혀 다른 기계화 시스템이 도입되었고, 말쑥한 유니폼이 공존했다. 이 대규모 공장에는 다락방 담론의 열악한 생산조건 고발만으로 포착할 수 없는 또 다른 모순들이 응축되고 있었던 것이다.

이미 다락방 담론의 문제점들을 넘어선, 그토록 선망의 대상이던 대규모 기계제 공장에서 여성노동자들이 노동민주화 투쟁에 나설 수밖에 없었던 이유는 무엇일까? 고향을 떠나서라도 이루고 싶었던 자신의 꿈을 뒤로 한 채 그녀들이 투쟁의 전선으로 선 이유는 무엇인가? 그 작업장 안에서는 도대체 어떤 일들이 일어났던 것일까?

2) 희생양 담론

'다락방 담론'과 더불어 1970년대 여성노동자들을 상징하는 또 하나의 대표적 담론이 '희생양 담론'이다. 희생양 담론은 말 그대로

---

10   석정남, 1984년 12월 기록 ; 김원, 『여공』, 237쪽 재인용.

여성노동자들이 여성이라는 이유로 가족의 생계와 남자형제들을 위해 자신의 꿈을 접고, 가족을 위한 노동으로 '희생'하던 것을 상징적으로 표현한 것이다. 입고 싶은 것, 사고 싶은 것, 먹고 싶은 것, 하고 싶은 것을 참아가며 월급날이면 고향으로 송금하는 여성노동자들의 모습이 전형적 희생양 담론의 아이콘으로 상징화되었다. 다락방 담론이 여성노동자들의 열악한 노동현실을 반영한 것이라면, 이 희생양 담론은 1970년대 한국사회가 바라는 '여공'의 이미지를 여성노동자들에게 투사한 담론이기도 했다. 희생양 담론으로 투사된 '여공'은 가족의 생계와 가부장, 그리고 미래 가부장의 교육을 위해 헌신하는 삶을 일종의 규범으로 강요받았다. 즉, 자신의 욕망과 동경을 배제한채 남성 중심의 성장사회를 위한 '희생양'으로 주조되는 부작용도 내포되어 있었다.

시골에서 형편이 넉넉하지 않은 가운데 여성이 도시로 나올 수 있는 선택지는 자신이 일을 해서 오빠나 남동생의 학비를 조달하는 것이었다. 여성노동자가 가족을 위해 희생하지 않고 자신의 가치를 추구하는 경우 소위 '되바라진' 이기주의자로 규정되었다. 여성노동자를 상징하는 이 희생양 담론은 이중적 상징효과를 만들어냈다. 한편으로 여성노동자들의 자발적 희생에 대한 사회적 찬사를 유도했을지 모르지만, 다른 한편으로 여성노동자 자신을 움츠러들게 만드는 일종의 굴레이기도 했다. 이 희생양 담론으로 여성노동자들은 순종과 희생을 규범화하도록 강요되었고, 가족을 위해 희생해야하는 일시적 출가 노동력으로 스스로를 객체화해야 했다.

공교롭게 이 '희생양 담론'을 가장 효과적으로 활용한 것은 정부였다. 노동현장에 민주화 기운이 강하게 표출되던 1970~80년대 초반 정부가 도시산업선교회(이하 산선)나 가톨릭노동청년회(이하 JOC) 등을 탄압하거나 민주노조 활동을 하고자 했던 여성노동자들에게 엄포를 놓을 때 이 희생양 담론을 동원했다. 정부는 가족을 위해 희생하고, 순종할 줄만 알았던 '순진한' 여성노동자들을 어느 날 못된 외부세력들이 의식화교육으로 꾀어 내 '빨갱이'로 만들었다는 논법을 구사했다. '천성이 착했던 여성노동자들'로 시작하는 이 논법에 따르면, 불순한 외부세력은 당연히 처벌의 대상이 되고, 의식화된 빨갱이 여성노동자들은 본연의 순종과 희생의 규범에서 벗어났기 때문에 처벌의 대상이 된다.

1979년 'YH사건'이 터졌을 때, 정부는 자신들의 경제정책 실패를 은폐하고, '여성노동자를 꾀어 의식화시킨' 산업선교회에 모든 책임을 전가시키기 위해 반공이데올로기와 희생양 담론을 교묘하게 조합했다. 정부는 YH사건의 배후에 산선이 있으며, "외세의 지원 하에 첫 단계로 유신체제 전복, 다음 단계로 자본주의 체제를 부정하고 사회주의 건설을 시도하고 있으므로 종교단체의 노동문제 개입을 정책적으로 저지해야 한다"고 대대적으로 선전했다. 여기서 희생양 담론은 산업선교회 '빨갱이' 만들기와 절묘한 대비를 이루며 위력을 발휘했다. 가족을 위한 희생 외에 아무 것도 모르는 순진한 여공들이 북한의 사주를 받은 불순세력인 산업선교회에 포섭되었다는 것이다. 그래서 부득이하게 정부가 나서서 소수의 빨갱이 여공들을 사회적으로 격리하고, 배제해야 한다고 강조했다.

물론 이 희생양 담론이 정부측의 탄압논리로만 활용되었거나

1970년대 여성노동자들을 설명하는데 전혀 실제적이지 않은 허구라는 말은 아니다. 이 당시 대부분의 여성노동자들은 누가 강요하지 않았지만, 스스로 이러한 순종과 희생을 자발적으로 내재화하고 있었다. 왜 서울로 올라오게 되었느냐는 물음에 여성노동자들은 서울로 올라간 친구들이 고향에 올 때마다 시골에 남은 자신과 비교되고, 예쁘게 보여서 서울로 올라가고 싶었다고 답했지만, 그 이면에 철없던 소녀의 부러움만 있었던 것은 아니었다. 고향의 가난이 싫어서, 엄마에 대한 미안함에, 고향에 남은 가족을 위해 여성노동자들이 자발적으로 선택한 길이 노동이었다. 누가 강요하는 것도 아닌데 여성노동자들은 월급날이면 간신히 생활할 정도의 비용만 빼놓고 전부 고향집으로 송금했다.

> 엄마가 고생을 한다고 내가 굉장히 그게 머릿속에 박혀 있었나 봐요. 엄마 고생하는 것에 대해. 무거운 거 이고. 왜냐면, 나도 지켜 봤어, 동생들 보는 거. 엄마 제발 집에 있으면 좋겠어. 내가 학교 갔다 오면 애 봐야 되고, 동생들 봐야 되고 어디 밖에 나가지도 못하고 그러니까. 엄마가 집에 있는 친구들이 그렇게 부러웠거든요. 근데 우리가 돈이 없어서 엄마가 저렇게 고생한다니까 아유, 내가 서울에 가서 돈 벌어가지고 우리 엄마 캉 보태줘야지 그런 생각을 많이 했어요. 그러다보니까 나한테는 굉장히 내가 인색하면서 적금을 들었어요. 진짜 우리는 딱 차비만 남겨 놓고 적금 들어가지고 그거 타가지고 집으로 싹 보내주고.(조분순, 2011, 44쪽)

1970년대 여성노동자의 삶을 담담한 팩트 중심으로 묘사하여 호평을 받았던 대일화학의 여성 노동자 송효순의 수기『서울로 가는 길』에도 가족을 위해 노동을 하지 않으면 안 되었던 절박함이 그대로 드러나 있다. 이 수기는 저자인 송효순 자신의 이야기이기도 하다. 그때 그녀는 17세였다. 그녀는 고향 가족의 가난이 싫었고, 가난 때문에 자신이 하지 못했던 공부를 동생들만큼은 제대로 마치게 해주자는 마음이 간절했다. 그녀는 자신을 일자리로 안내해줄 외할머니를 따라 동네를 나서면서 하염없이 눈물을 흘렸다. 신작로까지 나와 배웅을 하는 고향 아주머니들까지 그녀가 왜 집을 떠나 타지로 가야하는지 모르는 이 없었다. 동네 아주머니들도 울었고, 엄마도 울었다. 버스에 같이 손을 잡고 탄 할머니도 울었다.

1973년 봄이었다. 서울로 이사를 하신 외할머니께서 우리 집을 다니러 오셨다. 외할머니는 내게 새 일자리를 내놓으셨다. 서울 사는 이모가 잘 아는 목욕탕에서 사람을 구한다는 것이었다 … 막상 외할머니의 뒤를 따라 동네를 나서려고 하니까 눈물이 마구 나왔다. 그렇지만 어머니에게는 눈물을 보이지 않으려고 입을 꼭 깨물었다. 어머니는 고속버스 터미널까지 따라 나오시며 외할머니에게 몇 번이나 내 부탁을 하셨다. 외할머니는 내가 있으니 염려하지 말라고 거듭 어머니를 위로해 주셨지만, 고속버스를 타고 나서는 할머니도 우셨다. 창 밖을 내다보니 배웅 나온 동네 아주머니들도 눈물을 닦고 계셨다. 나는 고향을 떠난다는 서러운 마음에 한없이 울면서도 마음을 굳게 먹었다. 서울에 가면 내가 하지 못하고 가슴 아파하던

공부를 동생들은 꼭 제대로 마칠 수 있게 해야 한다고 굳게굳게 마음먹었다.[11]

엄마를 사랑해서, 가족을 사랑해서 더 이상 가난으로 가족들이 고통 받지 않도록 돕고 싶었던 소녀들의 생이별이 각양각지에서 이어졌다. 엄마나 떠나는 딸이나 눈물을 보이지 않으려고 애를 써도 흐르는 눈물을 주체할 수 없는 이별이었다. 고향을 떠나는 소녀들은 가난으로 자신은 할 수 없지만 동생들만큼은 공부시키겠다는 간절함을 붙들고 버텼다. 그러나 꿈 많은 10대 청춘들이 이렇듯 고향을 떠날 때 가족을 위한 희생을 다지면서도 마음의 또 다른 한편에는 자신의 삶의 욕구와 목표들이 고개를 들었다. 이 두 가치는 때로 갈등하며, 그 소녀들의 마음속에서 공존했다. 기꺼이 동생들을 위해 돈을 벌어 공부시키겠다고 다짐하며 월급을 몽땅 고향으로 송금하면서도 내면에서는 종종 격한 감정의 소용돌이에 휩싸이기도 했다.

송효순은 고향을 떠나 17세의 나이에 이모가 소개해 준 서울의 목욕탕에서 일하면서 첫 월급 5천원을 고향 부모님께 몽땅 부쳤다. 그리고 타지의 생활을 걱정하실 부모님을 안심시켜 드리기 위해 안부를 전하는 편지를 썼다. 그런데 편지를 쓰는 도중에 쏟아져 내리는 이유를 알 수 없는 서러움의 눈물과 피곤에 쩔은 코피가 범벅이 되었다. 도저히 편지를 마저 쓸 수 없었다. 북받치는 감정을 주체할 수 없었던 것이다. 서울이라는 낯선 도시에서 고향의 가족과 자신

---

11   송효순, 1982, 『서울로 가는 길』, 형성사, 27쪽.

의 삶의 욕구를 두고 벌어지는 감정의 교차와 충돌은 고향을 떠난 여성노동자들이라면 누구나 경험했던 일이다.

'어머니 내가 서울에서 열심히 일한 댓가로 벌은 돈이니 동생들 학비에 보태 쓰세요. 그리고 제 걱정은 하지 마세요. 이곳의 할머니 할아버지가 제게 무척 잘해 주시니까 아무 염려마세요' 편지를 쓰다가 한없이 엉엉 울었다. 한참 울다보니 코피까지 나서 얼굴은 눈물과 코피로 범벅이 되었다.[12]

희생양 담론으로 그려낸 여성노동자의 이미지만으로 여성노동자의 감정을 제대로 읽어내기 어렵다. 희생양 담론은 아무런 색채가 없는 무채색으로 그녀들의 희생을 당연시하기 때문이다. 희생양 담론에서 여성노동자들은 가족과 남자형제들을 위해 희생해야 하고, 이를 감내해야 하는 수동적 주체로 규정된다. 이 희생양 담론으로는 스스로 판단하고, 자신의 희망을 위해 중요한 결단을 감행했던 능동적 행위 주체로서의 여성노동자들을 읽어낼 수 없다는 말이다. 희생양 담론은 여성노동자들을 독자적인 욕망과 자립적인 의지 등을 결여한 '결핍적 주체'로 고정시킨다. 대부분의 노동사 서술은 여성노동자의 취직, 공장 진입에 대한 천편일률적 담론을 재생산했다.[13] 그동안 여성노동자의 취직은 희생을 위한 불가피한 선택으로

---

12   송효순, 『서울로 가는 길』, 30쪽.
13   김 원, 『여공』, 271~272쪽 참조.

설명될 뿐이었다. 결국 희생양 담론만으로는 그녀들이 자립적 독립과 독자적인 욕망을 위해 얼마나 도시와 공장을 동경했는지 설명하는데 한계가 있다.

여성 노동자들은 때로는 가족들의 만류에도 불구하고 서울로 향했고, 때로는 가족들의 동의 속에서 서울로 향하기도 했다. 그러나 어떤 경우든 고향을 떠난다는 것은 엄청난 결단이 필요한 일이었다. 이 적극적 선택에는 가족을 향한 의무감과 더불어 자신의 미래를 위한 다양한 가치들이 응축되어 있었다. 지긋지긋한 가난으로 진학이 좌절되었기에 형제들에게만큼은 공부의 기회를 주고 싶은 바램과 더불어 미지의 도시에서 자신의 미래를 준비할 수도 있을 것이라는 막연한 기대가 공존했다. 그러나 후술하겠지만, 그녀들은 어느 순간 각자의 사업장에서 이 '서울의 꿈'을 뒤로 제쳐 놓는 중대 결단을 한다. 어느 순간 민주노조 결성이라는 목표가 고향을 등지고, 가족과 떨어져 서울로 올라오고 싶었던 소중한 가치들보다 급선무로 다가온 것이다. 그녀들이 이러한 결단을 하도록 만든 동력은 무엇일까?

3) 새로운 물음들

1980년대의 시대적 요청은 군부정권에 맞설 수 있는 전투적·변혁적 노동투사의 전형을 만드는 것이었다. 이러한 시대사적 필요에 따라 여성노동자들의 노동운동사도 '다락방' 담론 또는 '희생양' 담론을 경유하여 위대한 투사의 전설적 투쟁사로 향했다. 투쟁사는 폭압적 탄압과 전설적 투쟁의 교차는 선명하게 보여주었지만, 정작 여성노동자들이 가족을 향한 희생과 자신의 꿈을 미루어 둔 채 어떻게 노동민주화를 위해 나서게 되었는지 그 동기는 묻지 않았다.

박정희 정권은 여성노동자를 '수동적 노동기계'로 만들고자 했다. 틀에 박힌 기계적 메커니즘에서 벗어나는 순간 여성노동자들은 탄압의 대상이 되었다. 여성노동자들이 스스로 판단하고, 불의와 정의를 구분하고, 비인간적 처사에 분노하는 인격체가 되는 순간 그녀들은 여지없이 산업화를 저해하는 빨갱이로 호명되었다. 그러나 1970년대의 격동기를 살았던 여성노동자들은 분명 우리와 같은 감정을 공유한 보통 사람이었다.

여성노동자들을 옥죄던 굴레를 걷어내고 스스로 시시비비를 가릴 수 있는 자립적 인간으로 전제하는 순간, 공장에서는 도대체 어떤 일이 있었기에 여성노동자들의 저항이 시작되었는지, 그 엄혹한 시대적 상황에서 꿈 많던 소녀들을 분노와 저항으로 몰아부친 동력은 무엇인지에 대한 논의가 개시되어야 한다. 다락방 담론 또는 희생양 담론으로 포착할 수 없는 여성노동자들의 이야기에 귀 기울일 필요가 있다. 공장의 유니폼을 폼 나게 입고 자랑스럽게 양평동 일대를 활보하던 발랄한 여성노동자들의 이야기 말이다. 그리고 여성노동자들의 이야기 속에는 미래에 자신의 사업장을 경영하고 싶었던 야무진 꿈들이 있고, 향학열에 불타던 절실한 바람들이 들어 있다.

왜 여성노동자들은 '8시간 노동'을 위해서, '민주노조'를 위해 투쟁해야만 했을까? 한국 사회에서, 그것도 1970년대를 전후한 시기 여성노동자들의 이야기를 효과적으로 전하기 위해서는 몇 가지 기초작업이 필요하다. 첫째, 거시 · 구조적 차원에서 당시의 정치적 상황과 노동현장을 재조명할 필요가 있다. 1970년대 노동현장은 군사독재권력이 공장을 포위한 비정상적 압제 상황에 놓여 있었다. 둘째, 미시 · 주체적 차원에서 여성노동자들에게 부과되어 왔던 일방적 '희생'의 수동성을 털어낼 필요가 있다. 희생양 담론으로 그리는 여성노동자들의 일상은 많은 부분 왜곡된 채 그녀들의 삶과 열정을 시야에서 배제해 왔다. 셋째, 치열한 전투성, 투쟁성으로 포장된 노동운동사는 그동안 여성노동자들을 특이한 DNA를 가진 별종의 인간으로 만들었다. 이 단절적 신격화는 여성노동자들과 사회의 소통을 차단하는 장벽이면서 동시에 여성노동자들 내부의 괴리와 단절을 양산했다. 이 책에서는 여성노동자 자신의 이야기를 통해 이 간극을 좁혀 보려 한다.

4 _ 장밋빛 탈출구, 공장

예비 여성노동자들에게 공장은 일종의 탈출구이자 동경의 대상이었다. 시골 소녀들이 가족 부양을 위한 의무감에 떠밀려 서울로, 공장으로 올라왔지만, 다른 한편으로 그녀들에게 서울 상경은 스스로 선택할 수 있는 최선의 능동적 · 적극적 결단이기도 했다. 서울의 공장은 남성 중심의 가부장적 권위로부터 탈피할 수 있는 수단이자, 진저리 치던 농촌생활과 다른 도시의 삶을 실현시켜 줄 희망이자 함부로 말조차 하지 못했던 자신의 꿈을 실현할 수 있는 기회의 공간으로 그려졌다. 이렇듯 1970년대 서울의 대규모 공장에는 동경과 설레임의 이미지가 투사되고 있었다. 이렇듯 예비 여성노동자들에게 1970년대 서울의 공장은 미래의 성취를 향한 장밋빛 탈출구였던 것이다. 1960년대 후반~1970년대 상경하여 여성노동자가 되고, 1970년대 노동운동사에서 전설 같은 후일담을 남긴 여성노동자들의 서울 역시 다르지 않았다. 이들이 꿈꾸던 '서울의 공장' 이야기를 들어보자.

1) 서울의 꿈

장현자는 1969년 반도상사*에 입사했다. 1974년 반도상사 민주노조 결성에 참여하고, 1977년 반도상사 노동조합 지부장으로 활동했던 그녀는 1970년대 민주노조운동사에서 상당히 알려진 인물이다.

* 반도상사 부평공장은 1969년 5월 준공되어 가발제조업으로 출발하였다. 처음에는 종업원 30여명에 불과했으나 가발산업의 수출 호황에 힘입어 곧 종업원 3천명에 이르는 대규모 수출공장으로 성장했다. 그러나 반도상사의 노동조건은 상당히 열악했다. 반도상사에서는 한 달에 10일 이상의 철야작업을 했고, 월 200시간에 이르는 연장근로가 강요되기 일쑤였다. 화장실에 갈 때도 팻말을 가지고 다녀야 했고 관리자들은 욕설과 폭언, 폭행까지 서슴지 않았다.(1981. 2. 부평공장근로자 명의 「호소문」; 이

옥지.『한국여성노동자운동사』, 2001, 53쪽) 1974년 2월 26일 반도상사의 노동자 1천여명이 "임금인상 60% 지급, 폭행사원 처벌, 강제잔업 철폐, 근로조건, 복지후생 시설 개선, 사장의 직접 해결" 등을 요구하며 농성을 시작했다. 같은 해 3월 5일 노조 결성대회를 가졌으나 경찰의 강제진압으로 다수의 부상자가 발생하고, 지도부가 연행되었다. 이러한 상황을 타개하기 위하여 1974년 4월 15일 반도상사 노조가 결성(지부장 한순임)되었다. 그러나 노동조합 결성 이전부터 계속되던 회사 및 섬유노조의 방해공작은 노동조합 결성 후 더욱 심해졌고, 회사는 수차례 휴업과 노동조합 간부들에 대한 사퇴 및 조합원 탈퇴를 강요했다. 수사기관에 의해 노동조합 간부들이 연행되거나 구속되고, 감시와 회유가 행해졌다. 〈국정원 진실위원회 보고서〉에 의하면, 중앙정보부(이하 중정)는 아직 반도상사에 노동조합이 만들어지지 않았던 1974년 2월 근로조건 개선 시위 최초 시점부터 개입하였다. 중정은 한순임, 장현자 등을 의식화된 여성노동자로 파악하고 인천산업선교회와 분리하는 공작을 벌였다. 초대 지부장 한순임에 대한 순화공작 과정에서 인천산업선교회를 간첩으로 몰아가기도 하였다. 중정의 자체 평가에 따르면, 반도상사의 한순임 순화공작은 노동조합 간부 중 드물게 성공한 사례로 평가된다. 1977년 2대 지부장으로 장현자가 선출되었다. 공안당국의 탄압이 계속되었고, 1980년 지부장 장현자를 비롯하여 노동조합 핵심 간부들이 연행되었고, 회사는 노조를 없애기 위해 조합원 한 사람씩을 불러 사표를 강요하였다. 결국 1980년 12월 17일 300여명의 조합원이 사표를 쓸 수밖에 없었고, 노동조합에는 40여명의 조합원만 남게 되었다. 회사는 1981년 1월 6일 일방적으로 휴업을 발표하고, 1월 17일 공장 이전을 발표했다. 그리고 전 조합원을 서울, 부산 등으로 전보 발령하고, 다시 2월 26일까지 휴업 공고를 냈다. 남아 있던 조합원이 1981년 3월 31일 해산총회를 열었고, 노동조합은 결국 와해되고 말았다.

장현자가 꿈꾸던 서울과 공장은 1970년대 그녀가 목숨을 걸고 투쟁하던 공간과는 판이하게 달랐다. 당시 그녀는 자신이 치열한 노동운동가가 되리라고는 꿈에도 생각하지 않았다. 그녀는 도시에 대한 동경으로 이촌향도를 희구하며 '옷도 사 입고, 공부도 하고 싶은' 천상 시골 소녀였다.

우리 동네 명절 때면 시골에서 인제 도시로 갔던 애들이 다 오잖아요. 오면은 정말로 이쁜 옷들 입고 애들, 처녀 총각들이 이제 많이 와요. 오면은 나도 정말 저렇게 돈 벌어서 나도 저렇게 옷도 사 입고 싶고, 공부도 하고 싶고, '나도 저렇게 해야 되겠다' 하는 마음을 갖고 있었죠. 그래서 인제 엄마한테 '엄마 나도 올라갈꺼야', '그래 가', 엄마 입장에선 나를 인제 의견을 존중하면서 '니가 하고 싶으면 해라.' 근데 우리 할아버지는 집에서 농사나 짓지 뭐를 하냐고 할아버지는 그랬죠.(장현자, 2011, 56쪽)

1970년대 대부분의 가족관계가 그렇듯이 할아버지는 상경을 반대했고, 어머니는 딸의 미래를 위해 서울행을 허락해 주었다.

유명한 안동김씨 집성촌의 보수적 분위기에서 자란 롯데제과의 김순옥의 경우는 아예 가족 누구에게도 동의를 구할 수 없는 상황이었다. 김순옥은 1972년 롯데제과에 입사했다. 그녀는 1977년 노동조합 대의원 활동을 하고, 1980년 노조 지부장 선거에 출마한 롯데제과의 대표적 여성 활동가였다. 그녀가 고향에서 경험한 남녀차별은 지금 세대들은 상상조차 할 수 없는 것이었다. 고향에서 훈장일을 하셨던 큰아버지는 김순옥과 그 사촌언니가 서당의 사랑채 앞에서 몰래 엿듣는 것조차 허락하지 않았다고 한다. 그녀의 고향인 경상북도 영양군 수비면 일대에서는 1960년대까지 '여자들이 많이 배우면 안된다'고 해서 여자들은 중학교 교육도 받지 못하게 하고 남자들만 도시로 유학을 가곤 했다. 김순옥은 그 마을에서 서울로 일하러 올라온 여성 1호 케이스였다. 상황이 이렇다 보니 서울로 올라가기 위해서는 야반도주하듯이 몰래 가는 것 외에는 다른 방법이 없었다. 실제로 그녀는 집안 어른들과 가족들에게 제대로 인사도 하지 못한 채 상경했다.

> 낮이지만 저 마당을 통해서 못나오고 산등성이를 돌아서 (웃음) 그래서 이제 조카들이 배웅을 해줘갖고 버스정류소까지 가방을 들어다줘서, 그래서 이제 제가 서울로 도망을 왔습니다.(김순옥, 2011, 37쪽)

그녀는 도망 아닌 도망을 해서 서울로 올라왔다. 여자라는 이유로 많은 것들을 제지당하고, 하고 싶은 욕구들을 분출하지 못했던 억압적 상황으로부터 탈출하고 싶었던 것이다. 서울은 도망을 해서라도 가고 싶었던 희망의 도시였다.

첩첩산중 산골 마을 충남 청양군 은곡면 칠갑산에서도 서울을 동경했던 또 다른 예비 여성노동자가 있었다. 배옥병은 가난한 가정형편 때문에 그렇게 다니고 싶은 학교를 더 다닐 수 없었다. 매일 아침 또래 친구들이 교복을 입고 학교 가는 모습을 숨어서 지켜봐야 했다. 또래들이 교복을 입고 학교 가는 것을 훔쳐보고 나면 일 나가는 엄마를 대신해 동생들을 돌보고, 집안일과 농사를 거드는 것이 일과였다. 매일 이러한 일상이 반복되었고, 그녀에게 고향 생활은 빨리 벗어나고 싶은 일종의 '굴레'였다. 그녀에게 당시 고향의 일상은 이렇게 기억되고 있다.

> 제가 학교 졸업하고 동생들 돌보면서 밭일, 논일 또 산에 가서 나무하고 이랬던 기억, 일을 많이 했던 기억… 빨리 여기를 벗어나고 싶다.(배옥병, 2010, 14쪽)

배옥병은 1975년 서울통상*에 입사했다. 1980년 서울통상 노조 지부장으로 활동한 그녀도 노동계에서는 유명한 노동투사다.

* 서울통상은 구로2공단에 위치한 종업원 수 1,200여명의 가발 수출공장이다. 대부분 나이 어린 여성들(14~27세)이 일했고 90% 이상이 기숙사에서 생활하면서 도급제 방식으로 장시간, 저임금 노동에 시달렸다. 노조 설립 이전인 1970년대 초반 JOC 출신들이 성당에 다닌다는 이유만으로 해고되기도 했다. 1980년 5월 14일 회사의 어용노조 설립 시도를 무산시킨 배옥병 등이 5월

15일 기숙사 옥상에서 노조 설립의 취지를 알리고 1,200여명의 노동자들과 농성하며 회사와 대치하였다. 요구조건은 노조결성에 대한 회사간섭 금지, 인격존중, 임금인상, 도급제 철폐, 8시간 노동제 실시, 일요일 휴일, 보복금지 등이었다. 1980년 5월 17일 서통노조가 결성(위원장 배옥병)되었는데, 공교롭게 결성 2시간 만에 전국에 계엄령이 선포되었다. 1980년 12월 8일 노동계의 정화조치에 따라 배옥병의 지부장 지위가 상실되고, 배옥병, 신순례, 홍양순, 임병숙, 오영자, 이미홍 등이 계엄사 합동수사본부로 연행되었다. 다음은 1981년 서통노조사건 구속자 가족의 호소문 중 일부다.

"서통 주식회사는 근로자 900여명의 가발 수출 회사로 가리봉동에 위치하고 있습니다. 올해로 27주년을 맞는 서통은 초등학교만 졸업한 여성 근로자들이 대부분입니다. 노조 결성 전인 작년 3월(1980년)까지 이들은 양성 초임 1,100원의 저임금과 평균 12~14시간의 긴 노동시간에 월차, 연차, 생리수당과 퇴직금조차 받지 못하고 심한 인격 모독 속에서 일하여 왔습니다."

그녀가 고향에서 꿈꾸던 서울은 답답한 현실의 고단함을 해소할 수 있는 일종의 오아시스였다. 그녀는 자신의 삶을 능동적으로 가꾸고 싶었고, 한 번도 가보지 않았지만 서울은 그 꿈을 이루어갈 수 있는 터전이라고 생각했다. 서울에서 일하다가 가족들의 선물을 손에 들고 고향으로 내려오는 친구들이 그렇게 부러울 수가 없었다. 그녀는 20살이 되던 해 끝내 어머니를 설득해 상경했다.

서통이 명절 때만 되면 대절버스를 통해서 집으로 와요. 관광버스를 통해서 사람들 내려 보내고 또 올 때 그 차를 통해서 데리고 오고 이렇게 했는데, (지금 생각해 보면-필자) 그것이 사장의 전술이었던 것 같아요. 그러니까 가서 주변에 있는 사람들을 데리고 오면, 그때 당시 얼마씩 한 사람당 데리고 온 사람한테 돈도 주고 그랬어요. 근데 인제 어쨌든 저는 시골에 있으면서 '시골에 있는 것이 되게 힘들고 지겹다', '어딘가로 나가고 싶다' 이런 생각도 일차적으로 있는데, 멋있는 버스에 뭐 친구들이 와가지고 또 뭐 선물 바리바리 싸가지고 … 파마 이런 것이 멋있다 이런 거는 안 느껴졌는데. 아무튼 뭐를 많이 사가지고 집에 와서 자기네 가족들 선물 나눠주고 … 어쨌든 시골에 사는 내 입장에서는 멋있어 보이는 거죠 … 어쨌든 나도 가서 도시생활을 했으면 좋겠다, 이런 생각을 항상 했었죠. 항상 했는데, 그 조건이 안 되니까 항상 아쉬움을 갖고 있었고, … 엄마는 인제 서울 가면 코 베가고 눈 베가고 그래서 가면 안 된다, 너는 그냥 집에서 가만히 얌전히 있어라, 결혼해라. … 자기 딸이 지금까지 고생을 했는데 그때 제가 나올 때가 20살이잖아요. 그 시절에 20살이면 결혼을 해도 3번 할 나이죠. 제가 21살 때부터 아무튼 선 보라고 시달림을 당했으니까 … '집에 조금 있다가 결혼을 하면 어쨌냐?' 그런데 저는 … 이런 것보다는 내가 하고 싶은 것들이 있었으니까. 그래서 엄마를 설득해서 인제 친구들 따라서 갔죠.(배옥병, 2010, 14쪽)

남화전자* 민주노조운동에서 중추적 역할을 했던 조분순에게도 서울은 환상 그 자체였다.

*   남화전자는 구로3공단에 위치한 전자·완구제조업체다. 남화
전자 노조는 1980년 1월 15일에 결성되었다. 노조 결성 후 남
부경찰서 등 공안당국으로부터 일상적인 동향 감시가 계속되었
고, 같은 해 8월 노동조합 정화조치 이후 이봉우 지부장은 합수
부로부터 연행당할 것을 대비하여 피신하였다가 12월 22일 회사
로부터 강제해고 되었다. 상습적인 임금체불과 거듭된 경영난으
로 1981년 4월 회사가 부도난 뒤 조합원들이 회사를 살리기 위
해 은행에서 대출을 받는 등 백방으로 노력하였으나 노동부와 남
부경찰서 등이 사장을 구속시키고, 회사 재가동을 위해 은행에서
대출받은 돈을 근로감독관 90여명을 동원하여 일요일에 조합원
100여명의 집을 일일이 찾아가 강제로 퇴직금과 체불임금 명목
으로 지급하였다. 1981년 7월 남화전자는 폐업되었다.

그녀의 고향은 전북 고창군 공음면 장곡리이다. 작은오빠는 이
미 도망가듯 서울로 올라갔다. 그녀가 서울로 올라가겠다고 울며
보채도 아버지는 요지부동이었다. 아버지의 반대에도 불구하고 그
녀는 결국 작은오빠처럼 도망치듯 상경했다. 발랄한 소녀에게 예뻐
지고, 피부가 '뽀해지는' 서울의 환상은 참을 수 없는 유혹이었다.
아버지의 반대를 무릎 쓰고 기어코 가보고 싶은 도시였다.

서울 가고 싶다고 울었다니까, 막 서울 간다고 보내주라고 울었다
니깐요(32쪽) ··· 친구들이 오면은 이뻐 가지고 멋쟁이가 되가지고
오고 그 환상이 있었잖아요. 서울에 가면 좋을 줄 알고 (웃음) (친구
들이 공장 이야기는 안했고) 서울 가면 저렇게 이뻐지냐, 왜 이렇게

피부도 그냥 뽀얗해지고 이뻐지냐 그런 마음 때문에 가고 싶었다 니깐요. 그래 막 친구들이, 야 회사 모집하니까 와라 와라 편지하고 막.(조분순, 2011, 42쪽)

전북 옥구군 옥구면 만경강 주변 마을이 고향인 10대 후반의 또 한 소녀가 있다. 신미자는 1975년 롯데제과에 입사했다. 그녀는 롯데제과 민주노조 결성에 참여하고, 노동조합 부녀부장으로 활동한 여성노동자다. 아버지가 염전 관리인이었기 때문에 어려서부터 그렇게 생활고에 시달리는 편은 아니었다. 그러나 중학교를 졸업할 정도가 되었던 10대 후반의 소녀에게 서울은 아버지에게 떼를 써서라도 가고 싶은 곳이었다. 아버지는 서울 가면 딸 망친다고 허락해주지 않았다. 그래도 서울은 몰래 도망 갈 생각까지 들게 할 만큼 가고 싶은 곳이었다. 10대 후반 소녀에게 서울은 마치 예쁘고, 세련된 것의 발원지 같이 다가왔다.

중학교 졸업할 나이? 열다섯? 열일곱쯤 되니까. 걔네들이 서울로 갔는데, 갔다 오니까 너무 예쁜 거예요. 가방도 막 물건 싣고, 우리는 뭐 단발머리로 막 이렇게 짤라 가지고 … 여섯 명이 사진을 찍었는데 우리는 좀 촌스럽게 생겼는데. 걔네들은 커트머리를 이렇게 해가지고 매니큐어를 이렇게 바르고, 손도 너무 이쁘고. 떼를 썼어요. 떼를 써서 우리 아버지한테 "나도 서울로 보내 달라" 그랬더니 못 가게 하시더라고요. 얌전하게 크고 그런 데 가면 껌 쩍쩍 씹고, 운동화 쩍쩍 끌고 다니고 망친다고. 막 큰일 나는 걸로 막 말씀하시면서 안 올려 보내주셨어요. 근데 친구들이 너무 예뻐지니까 이제 뭐 몇 명(이) 가니까 또 시골에 있기 싫잖아요. 친구 따라 가고 싶고. 그래서 너무 서울이 가고 싶어 가지고 … 이제 도망가려고까지 했어요.(신미자, 2010, 5~6쪽)

중학교를 졸업할 무렵이거나 고등학교에 막 진학할 정도의 나이였던 시골의 사춘기 소녀들은 무엇 하나 할 수 없을 것 같은 고향 생활에 힘들어 했다. 고향의 생활은 공부도 할 수 없고, 틀에 박힌 무의미한 일상이었다. 진저리칠 만큼 힘든 시간들이었다. 이 답답함을 벗어나고 싶은 간절함이 그녀들을 낯선 도시 서울로 이끌었다. 서울에서는 스스로의 힘으로 무언가를 할 수 있을 것이라는 기대가 점점 더 커졌다.

2) 가난의 도시

도망을 쳐서라도 가고 싶었던 서울이었다. 그런데 많은 사연을 뒤로 하고 어렵게 올라온 서울은 고향에서 상상하던 그 서울이 아니었다. 그렇게 동경했던 도시인데, 막상 눈앞에 펼쳐진 서울은 어린 소녀들의 눈에 그리 녹녹해 보이지 않았다. 가난했지만 고향이 주던 넉넉함과 푸근함이 이 각박한 서울의 두려움, 갑갑함 등과 대비되면서 낯선 서울살이가 한층 더 고단해졌다. 그녀들이 마주한 서울의 첫인상은 낯섦, 두려움, 가난의 도시였다.

조카들의 도움을 받아 산등성이를 돌아 도망치듯 서울로 올라온 김순옥은 새벽녘에 청량리역에서 서울과 첫 대면을 했다. 서울의 첫 인상은 '가난'과 '두려움'이었다. 인사조차 제대로 못하고 온 가족들에 대한 미안함과 알 수 없는 감정들이 교차했다.

> … 제가 서울을 와서 보니까 안 잘 살더라고, 못 살더라고. 우리 시골집 보다 더 파이더라고. [웃음] 굉장히 놀랐어요. 정말, 도망을 와서 이제 정말 … 근데 청량리역에서 굉장히 정말 무서웠어요, 새벽에 내렸는데. … 새벽에 제가 가방을 이렇게 이제 가방을, 이만한 가방을 하나 들었는데, 음~.(김순옥, 2011, 46쪽)

애써 도망쳐 올라와서 직접 본 서울은 낯설고, 무서웠다. 비단 그녀에게 비친 서울만 그런 것이 아니었다. 강릉에서 어린 시절을 보내고 한 번도 강원도 땅을 벗어나지 않았던 최순영에게 비친 서울도 비슷했다. 최순영은 강릉에서 다니던 가발공장을 뒤로 하고 서울로 향했다. 그녀가 YH*에 입사하기 전 처음으로 서울생활을 시작한 곳은 마장동에 위치한 허름한 염색공장이었다.

---

*   YH무역주식회사는 1966년 1월 당시 미국 뉴욕 한국무역관 부관장직에 있던 장용호가 그의 동서 진동희와 함께 왕십리에 자본금 100만원, 종업원 10명으로 창립한 가발공장이었다. YH는 장용호의 이름 이니셜을 딴 것이다. 장용호 자신이 사장에, 동서를 부사장에 임명했다. 이 회사는 가발수출의 호경기와 정부의 수출정책에 힘입어 급성장했다. 급기야 1970년에는 수출 실적

이 100만 불, 종업원이 4천명이 이르는 국내 최대의 가발업체가 되었다. 1970년 9월 장용호는 진동희를 사장에 임명하고, 그는 가족을 데리고 미국으로 이민을 갔다. 이 과정에서 상당한 외화를 반출하여 미국에 YH제품을 판매하는 용 인터내셔날 상사를 설립하고, 호텔과 백화점 등을 경영했다. YH는 진동희의 무리한 사세 확장과 부정행위 등으로 사세가 점차 기울면서 감원이 시작되었고, 1974년에는 은행 빚이 6억 3천 여 만원으로 증가했다. 또한 장용호가 수출품 300만 불을 3년이 지나도록 결재하지 않으면서 1975년부터 급격히 하향 길에 접어들었다.(전 YH노동조합 한국노동자복지협의회 엮음, 1984, 『YH노동조합사』, 형성사, 24쪽)

　　YH 노동조합은 1975년 설립되었다. 회사측은 1979년 3월 폐업을 공고했다. 이에 노동조합은 회사정상화방안을 채택해서 YH 무역을 회생시키기 위한 여러 방면의 노력을 하였으나 회사측과 정부 당국이 무성의한 태도를 보이자 4월 13일부터 장기농성에 들어갔다. 이러한 농성의 와중인 8월 9일 조합원 172명이 마포에 소재한 신민당사에 들어간 것이 나중에 유명해진 '신민당사 농성사건'이다. 경찰은 신민당의 반대에도 불구하고 8월 11일 새벽 2천여 명의 병력을 투입하여 강제해산 작전을 감행했다. 이 무리한 진압과정에서 노동자 김경숙(당시 21세)이 추락하여 사망하였다. YH사건은 부마항쟁의 도화선이 된 사건이기도 하다. 1979년 5월 30일 신민당 총재로 당선된 김영삼은 신민당 당사에 대한 무차별 진압에 강력히 반발했고, 박정희 정권은 김영삼을 신민당 총재직에서 제명하고 국회의원직을 박탈하였다.

최순영은 나중에 노동운동사에서 자주 회자되는 YH 노동조합

의 지부장으로 성장하고, 2004년 민주노동당 국회의원까지 하게 된
다. 하지만 당시, 강릉에서 갓 올라온 꿈 많은 19살 최순영은 아직
자신이 무슨 일을 하게 될지 전혀 몰랐다. 그녀는 강릉에서 잘 알고
지내던 동생을 따라서 서울로 올라왔다. 그 시절 강릉에서 서울로
올라오려면 도로 사정이 좋지 않아서 꼬박 8시간 버스를 타고 와야
했다. 그녀가 강원도를 처음 벗어나서 만난 서울의 첫 인상은 한마
디로 기가 막혔다.

사람을 데려 가면은 수당도 주고 뭐 그래요. 그 동생이 자기네 공
장에 모집을 하니까 가자고해서 구정 쇠고 나섰는데. 그래서 친구
하고 둘이 인제 그 공장을 따라갔어요. 그게 어디였냐면 그 염색
하는 공장 있죠? 마장동에 있는. 서울이라는 길을 처음 이제 온 거
죠. 뭐 나이 진짜 그 열아홉에 얼마나 설렜겠어요. 서울이라는 데를
처음 와보는데, 그때는 제가 멀미도 참 많이 해가지고. 멀미약을
먹고 그땐 서울을 올라믄 여덟 시간을 버스를 타요. 고속도로가 없
을 때. 그래서 아침에 새벽에 와요. 하루 종일 옵니다. 얼마나 지루
한지 몰라요. 그때는 조수가 있었어요. 차장도 있었고 조수도 있었
고. 조수가 따라 다니면서 운전 기술을 배우는 거야. 이 조수가 인
제 대관령 넘어오고 이럴 때 지루하고 이러니까 손님들을 노래를
시킵니다. 〔웃음〕 너무 재밌지 않아요? 인제 대관령 딱 굽이굽이
넘어오면 사회를 봅니다. 그래서 손님을 인제 돌아가면서 노래시키
고 그러고 왔어요. 그러고 오면 저녁때 쯤 되요. 서울을 도착하면
한 다섯시. 마장동에 딱 내렸는데, 하 그때만해도 제가 70년도에

올라왔는데, 마장동에 왔는데 이건 뭐 서울이 영화에서 보던 서울이 아닌 거예요. 그 마장동이 막. 공장으로 데려가는데 저녁 때 뚝방을 걸어서, 걸어서 가는데 아 건물이 막 뭐 아주 이렇게 그 뭐 상상해보세요. 그때 그 청계천의 뚝방에 이런 건물, 공장에 들어갔는데 방이라고 정말 몇 평 안 되는데 거기에서 열다섯 명이 산다는 거예요. 전 너무 기가 막히죠. 거기 열다섯 명이 산다 그래. 여기 어떻게 열다섯 명이 사냐니까 교대 근무를 해서 일곱 명 일곱 명이 있기 때문에 괜찮다는 거예요. 밥을 주는데 옛날로 말하면 빠게스 있죠. 그 양은 그 빠게스. 다 우그러진 거. 아시죠? 이렇게.(최순영, 2011, 36~37쪽)

멀미약을 먹고 하루 온종일 걸려서 온 서울은 영화 속의 서울이 아니었다. 이 낯선 도시, 햇병아리 노동자들이 살아가야 할 삶의 공간은 여성노동자들에게 따뜻한 환영인사 한번 건네지 않았다. 공장에 취업을 하고, 숙소를 잡고 생활을 하면서 낯섦과 두려움의 감정이 다소 완화되기는 했지만 여성노동자들이 자리 잡기 시작한 서울의 한 자락은 비좁음과 힘겨움으로 다시 엉켜들기 시작했다.

3) 방 한 칸

기숙사가 없는 공장에 다니는 여성노동자들은 공단 근처에서 방을 얻어 자취하는 경우가 많았다. 임대료 때문에 혼자서 생활하는 것은 엄두도 낼 수 없었고, 대부분 형제 · 자매나 공장 동료들과 공동으로 거주했다. 1970년대에는 형제 중에 누가 먼저 서울로 올라가면 나머지 형제들이 뒤 따라 올라오는 경우가 많았다. 형제들이 올라올수록 외로움은 상쇄되었지만, 비좁은 거처는 더 좁아졌다.

그때는 시골에서 중학교 졸업하거나 초등학교 졸업하면 웬만하면 다 서울로 올라오니까 언니가 있는 곳으로 오게 되죠. 그러면 인제 언니가 다니는 곳을 같이 다니고, 같이 자취하고 뭐 이렇게. 거의 뭐 6남매, 7남매 이렇게 되니까 알음알음 친척집에 얹혀 살고, 다락방에 얹혀 살고 뭐 이렇게 거의 그랬죠.(송효순, 2010, 11쪽)

이 무렵 서울의 공단 주변 주택가에는 급증하는 여성노동자들에 맞추어 새로운 주거형태가 자리 잡기 시작했다. 임대료를 최소화하기 위해 대부분 작은 방 한 칸에 기거하면서 주방, 화장실, 수도를 공동으로 쓰는 형태가 많았다. 이런 주거형태가 닭장과 비슷하다고 해서 당시 이 주거공간들을 '닭장집'이라고 불렀다.

주변에 따닥따닥 이게 진짜 사람들이 살기 힘든 그런 집 있잖아요. 양평동 롯데제과 뒤에 인제 멀리는 다닐 수가 없으니까. 깜짝 놀랐어요. 눕빈[루핑 roofing]인가 뭐 이런 골탄재 같은 걸로 지붕을 싹 해가지고 이렇게 숙이고 들어가서 이게 방 한 칸하고 주방이 있는데, 이집 방 한 칸, 요집 방 한 칸, 주방은 공동으로 나가고, 공동화장실 쓰고 공동 수도 쓰고 … 그 막 이렇게 숙이고 들어가는데 가서 동생들하고 자취를 했어요.(신미자, 2010, 20쪽)

집세가 비싸서 창고를 개조했건, 방이 작든 간에 한 사람이 방을 독차지 하는 것은 상상조차 할 수 없는 호사였다. 여성노동자들이 주야간 교대로 근무를 나가는 공장의 경우에는 2명이 사용하면 딱 맞는 방에서 4~5명이 주야간으로 번갈아 사용하며 생활하기도 했다. 한 방에 오전 주인과 저녁 주인이 다른 셈이었다. 이런 상황에서도 여성노동자들은 서로 다음 순번 동료를 위해 밥을 지어 놓을 만큼 마음만은 각박하지 않았다. 주·야간 교대로 방을 사용하면서 어쩌다 서로 쉬는 날이 겹치는 경우는 서로 부딪치지 않게 조심해야 하는 웃지 못할 상황도 만들어졌다.

> 당시에 한 방에 3명, 4명 이렇게 살아요. 집세가 너무 비싸니까요. 식사는 야간에 들어가는 사람이 주간 들어가는 사람 밥을 해놔요. 주간 들어가는 사람이 야간 밥을 해 놓으면, 가서 밥 먹고 서로 밥을 해줘야 되요. 교대로. 이렇게 4명이 한방에서 살았어요. 노는 날은 서로 안부딪혀야 되니까 빨리빨리 해야 되요.(이복례, 2010, 27~28쪽)

집주인들은 원래 방이 아니었던 창고 같은 공간을 방으로 변통해서 세를 놓기도 했다. 공단 주변에서는 연탄창고 같은 곳을 방으로 개조해서 세를 놓는 경우도 많았다. 이런 방은 서울로 올라오기 전에는 한 번 상상해 본 적도 없었다. 여성노동자들은 고향에서 한 번도 본 적 없는 방을 보고 충격을 받기도 했다.

> 방이 좁아가지고 뭐 (언니와) 둘이 누우면 딱 밑에 … 장독 밑에다

가 방을 만들어 놨더라구요. 연탄창고 … 장독 위에가 이렇게 있으면 그 대문 옆에 방을 만들어가지고 세를 주는 방. 부엌은 없고 간이식으로 이렇게 그냥 선반 하나 놓고, 냄비 올려 놓고, 곤로 놓고 이렇게. 한 집에 5~6가구. 화장실도 공동으로 쓰고 물도 공동으로 쓰고. 판자를 얼기설기 이렇게 해놓고 연탄 넣어 놓는 창고를 개조해서 방으로 이렇게 하는데 서울에 와서 그게 너무 충격적이었어요.(송효순, 2010, 14~19쪽)

임시로 만들다시피 한 방이 제대로일 리 없다. 비라도 오는 날이면 그냥 넘어가는 날이 없었다. 비가 오면 물이 새는 방에 함지박 대야를 받쳐 놓고 출근해야 했다.

아궁이 한 개, 방 한 개. 주인들이 그렇게 해서 월세를 받아. 방 하나를 한 사람이 차지한 사람이 없어. 쪼그만 월급 갖고, 한방에 3명이 같이 하는 사람도 있고, 거의가 4명이야. 5명이 한방 쓰는 집도 있고 … 이렇게 똑바로 누워서 잠을 못자, 어깨를 쭉 펴고. 나는 잠을 빤듯이 누워 자는데 방이 작아서 이렇게 모로 누워야 돼. 그니까 방도 아니지 뭐. 비가 오면 물이 떨어져. 루핑집이었는데, 물이 떨어지면 거기에 회사 갈 때 함지박 대야 갖다 받쳐놓고 가.(김순옥, 2011, 52쪽)

4) 공장으로, 공장으로

열망하던 목표가 있었기에 여성노동자들은 이렇듯 척박한 서울

생활에도 불구하고 빠른 속도로 적응하기 시작했다. 여성노동자들이 공장에 입사하고 서울생활을 시작하게 된 계기들은 각양각색이었다. 취업도 다양한 인연과 방식을 통해서 했다. 당시 10대 여성노동자들의 경우 초등학교나 중학교를 졸업 할 나이에 서울로 올라왔기 때문에 노동 가능한 법적 제한 연령에 미달하기 일쑤였다. 대부분의 공장에서는 가족이나 친척의 이름을 빌려 위장 입사하는 경우가 다반사였다. 회사도 이런 사실을 알고 있었지만 저임금 노동력이 필요했기 때문에 미성년의 입사를 관행적으로 묵인했다. 몇몇 공장들은 가명으로 입사한 어린 여공들이 적정 연령에 도달했을 때 자신의 이름으로 재입사할 수 있도록 별도의 조치를 취해 주기도 했다. 가명 입사는 성별은 같고, 나이가 많은 친척의 이름을 빌려 쓰는 경우가 많았다.

서울로 올라와 처음 자리를 잡은 지역, 지인들과의 인연, 공부를 더 하고 싶은 바램 등에 따라 달라지긴 했지만 여성노동자들이 직장을 선택하는 기준은 비슷한 데가 있었다. 물론 서울로 올라오게 된 인연이 많은 영향을 미쳤지만, 그래도 직장을 선택할 때에는 월급이 많거나, 교육 기회가 보장될 수 있는 되도록 많이 알려진 유명한 공장, 업종에서 선두를 다투는 대규모 사업장을 선호했다.

난곡동에 있는 소규모 전자회사에 다니다가 롯데제과에 입사하게 된 신미자는 큰 공장으로 옮기는 것을 상당히 기뻐했다. "작은 회사에 있다가 큰 데로 오니까 굉장했어요. 공장도 크고, 좋고 또 막 사람들이 많았어요."(신미자, 2010, 20쪽) 해태제과에 입사한 이복례는 사람들이 알아주는 업계 선두공장에 입사한 것에 대해 자부심을 느꼈다고 한다. "처음에 좋은 회사니까, 그냥 좋은 회사니까 갔어요. 제일로 일등 기업이었죠. 식품에서".(이복례, 2010, 25쪽) 당시에도 사회적으로 유명한 대형 사업장에 근무하는 여성노동자들은 남다른 자부심을 가지고 있었다.

어떤 회사인지, 하는 일이 무엇인지는 여성노동자들에게 상당히 민감한 문제였다. 보통 유니폼에는 회사 로고가 부착되어 있어 어느 회사인지 금방 알아 볼 수 있었고, 회사마다 일반 사무직 사원과 공원 유니폼이 다른 경우가 많아서 유니폼으로 대부분 식별할 수 있었다. 롯데제과의 경우는 일반사원과 공원이 똑같은 유니폼을 입었다. 사무직과 유니폼이 구별되는 해태제과 여성노동자들은 회사 안에서만 유니폼을 입었다. 반면, 롯데제과 여성노동자들은 회사 밖에서도 유니폼을 입고 영등포 공단 주변의 양평동 일대를 휩쓸고 다녔다고 한다.

> (해태는) 유니폼은 회사 안에서만 입고 나와서는 사복 입고 다녀요. 근데 롯데 친구들은 그 회사 옷을 입더라구요. 왜냐하면 개네들은 노동자 복하고 사원 복하고 똑 같았어요. 양평동을 입고 다 휩쓰는데 해태 사람들은 다 벗어요. 왜냐하면 회사 사원하고 공장 사람들하고, 노동자들하고 옷이 틀렸어요. 보니까 그런 것도 있더라구요. (이복례, 2010, 28쪽)

아무리 사회적으로 알려진 1등 업체라 해도 사원과 공원의 유니폼이 다를 경우 여성노동자들은 유니폼을 입지 않았다. 대기업

공장의 여성노동자들도 당시 여성노동자들을 비하해 부르던 속칭 '공순이' 이미지로부터 자유롭지 못했던 것이다. 공순이는 못 배우고, 가난한 공장의 여성노동자 이미지로 고착되어 있었다.

다른 한편 이복례가 해태제과를 선택한 이유에서 보듯이 여성노동자들은 자신이 일하는 사업장이 '업계 최고', '큰 공장', '대기업'인 것에 자긍심을 느꼈다. 아마도 이런 감정은 속칭 사회가 알아주는 일류대에 입학한 신입생이 학교 로고가 선명히 새겨진 '꽈잠'을 자랑스럽게 입고 다니는 것과 비슷한 감정이었을 것이다. 영등포공단에는 여성노동자를 '공순이'로 부르는 사회적 비하감이 작동하고 있었으면서 동시에 대기업 공장의 묘한 자부심이 공존하고 있었다.

상당히 구체적인 동기를 가지고 사업장을 선택하는 경우도 있었다. 김준희는 부산에 있는 대우그룹 계열의 대우실업에 다니다가 상경한 경우다. 그녀가 서울의 사업장을 찾아 올라온 이유는 안정적으로 공부할 수 있는 사업장을 원했기 때문이다. 근무여건만 놓고 보면 부산에 있던 대우실업은 6천명을 수용하던 대규모 공장이어서 기숙사나 공장 시설이 당시 서울의 대우어패럴 보다 훨씬 좋았고, 급여도 많았다. 그러나 그녀가 상경해 대우어패럴을 선택한 이유는 못다 한 공부를 할 수 있어서였다.

(대우어패럴을 선택한 이유는-필자) 대우 그룹에 속해서 익숙하거니와 서울에 공부하러 올라온 거니까 좀 안정적인 데를, 여동생이랑 그 친구는 좀 작은 데를 다니고 있었어요. 저는 대우어패럴에 입사

하는 날짜까지 한 열흘을 기다린 것 같은데요, 그것도 밥도 못 먹고 초코파이 먹으면서. 걔(여동생)는 자취방인데 쪼그만 세수 물만 나오는 쪼그만 옛날 닭장집 같은 곳이에요. 밥도 안해 먹고 그렇기 때문에 저도 초코파이로 생활할 수밖에 없었는데, 거기서 입사 날까지 버티고 입사해서 기숙사 들어갔어요. 기숙사에 가서야 비로소 밥을 먹을 수 있었어요.(김준희, 2010, 29쪽)

김준희는 밥도 해먹을 수 없는 좁디좁은 동생의 자취방에서 초코파이로 10여 일을 버텨서라도 대우어패럴에 들어가고 싶었다. 고향에서 가난 때문에 더 이상 할 수 없었던 공부가 그렇게 하고 싶었기 때문이다.

1970년대 강권정치 :
판옵티콘적 정치사회를 구축한 유신체제

1970년대 한국의 정치사회는 그야말로 물샐 틈 없는 강력한 통제국가 그 자체였다. 박정희 정권은 '긴급조치와 위수령'을 연거푸 발동했다. 특히 1972년 10월 17일 박정희 대통령은 장기집권을 위해 초헌법적 비상조치인 유신체제 수립을 단행하였다. 당시 유신체제를 설명하기에 가장 효과적인 사회과학적 개념은 푸코에 의해 유명해진 '판옵티콘'(panopticon)이다. 유신체제는 푸코도 놀랄 만큼 판옵티콘을 정밀하게 재현해 놓은 실사판 판옵티콘이었다.

'판옵티콘'을 고안한 사람은 제레미 벤담(Jeremy Bentham)이다. 벤담은 '한 눈에 전체를'(pan-), '들여다본다'(-opticon)는 뜻의 라틴어를 조합해서 '판옵티콘'의 개념을 만들었다. 판옵티콘의 어원적 의미는 '전체를 한 눈에 들여다보는 시설'이다. 판옵티콘은 제레미 벤담의 형이자 건축사인 사무엘 벤담(Samuel Bentham)이 공장건물용 건축설계로 고안했던 것을 벤담이 원용한 것이다. 건축사인

형 벤담은 1789년부터 1821년까지 무려 25년 동안 효율적인 감옥시설에 관한 설계를 기안했을 뿐만 아니라 이 설계를 실용화하고자 했다. 그 결과 사무엘 벤담이 고안한 이 건물설계는 일군의 사람들을 감시 하에 두어야 하는 목적에 예외 없이 적용 가능한 설계로 만들어졌다.[1]

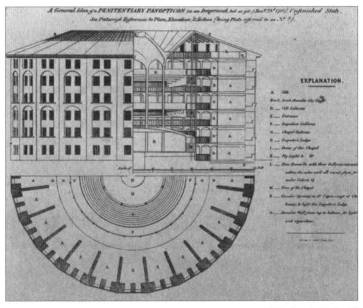

판옵티콘의 설계도면

위 설계도면에서 보듯이 판옵티콘은 중앙에 감시탑이 있고 그 둘레에 반지처럼 감옥시설이 들어서 있다. 얼핏 보았을 때에는 단

1   Jeremy Bentham, 1962, Panopticon, or, the Inspection House, in J. Bentham, *The Works of Jeremy Bentham*, *Vol.* 4, New York: Russell & Russell, p. 44.

순한 건축 아이디어에 지나지 않는 것처럼 보이지만, 이 원형 감옥은 기존의 어떤 감옥과도 다른 혁명적 구상을 담고 있다. 그 핵심은 시선의 불평등한 교환, 즉 보이지 않고 보는 것에 있다. 판옵티콘은 벤담이 자신의 긴 저술 제목[2]에 제시한 것처럼 감화원-감옥, 구빈원, 검역소, 산업가옥, 작업장, 병원, 노역소, 정신병원, 그리고 '학교'와 같이 방대한 곳에서 감시체계를 활용하기 위한 것이다.

이 판옵티콘이 유명해 진 것은 푸코(Michel Foucault)가 근대의 감시체제적 특성을 설명하기 위해 벤담의 판옵티콘 개념을 활용하면서였다. 푸코는 벤담의 이 판옵티콘을, 기율권력을 수단으로 한 새로운 권력장치이자 근대세계 그 자체라고 묘사하였다. 근대 초기 이 장치의 지배기술은 거의 모든 새로운 구조물에 필수적으로 활용될 정도로 각광을 받았다. 근대건축의 양식이 곧 판옵티콘적 양식이라 해도 과언이 아닐 정도였다. 벤담은 이 판옵티콘의 최대 강점에 대해 "매순간 그들이 그렇게 믿도록 만드는 것"이라고 말한다. "이상적인 완벽함, 이것이 목적이었다면 각각의 사람들이 매순간마다 그 곤경에 실제로 처해 있기를 바랄 것이다. 이것은 불가능하다. 바랄 수 있는 차선은 매순간 그들이 그렇게 믿도록 하는 것이다. 이

2　'판옵티콘'이라는 말은 푸코를 통해 유명세를 얻었지만, 1787년 벤담의 저술에 등장한 개념이다. 이 저술 원제목은 "새로운 건축원리의 아이디어를 담은 판옵티콘 또는 감시건물. 이 원리는 감시받아야 하는 부류의 사람들이 들어 있는 어떤 시설에나, 특히 감화원(penitentiary-houses)-감옥(prisons), 구빈원(poor-houses), 검역소(lazarettos), 산업가옥(house of industry), 작업장(manufactories), 병원(hospitals), 노역소(work-houses), 정신병원(mad-houses), 그리고 학교(schools) 등에 적용가능하다"이다.

점은 나의 형의 계획에서 가장 완벽하게 보장된다."[3]

　1970년대 한국 정치사회는 이 판옵티콘적 권력장치 그 자체였다. 이승만 정권기부터 시작된 정치사회의 판옵티콘적 감시장치는 박정희 정권의 유신체제에서 더욱 강고하게 작동하였다. 뿐만 아니라 정치사회의 판옵티콘적 감시망은 대규모 공장에도 원형 그대로 관철되었다. 한국의 산업화 시기 동안 판옵티콘 구조는 정치-경제 영역에서 강력한 밀도로 작동했다.

1_판옵티콘의 정치사회

　해방 후 제1공화국에 이르기까지 한국 사회는 정치권력의 주도권을 잡기 위해 정치세력들간의 치열한 각축전이 전개되었다. 찬탁 · 반탁을 둘러싼 국론 분열, 남한의 단독선거, 주요 인사에 대한 테러 등을 거쳐 우여곡절 끝에 이승만 정권이 들어섰다. '뭉쳐야 산다'는 표제어 아래 집권 초 이승만 정권이 공식적으로 제시한 국정목표는 '자유민주주의'와 '일민주의'(一民主義)였다. 흥미롭게도 국정목표로 제창된 이 '자유민주주의'와 '일민주의' 담론이 반공체제의 판옵티콘적 기율사회 구축에 기여했다.

　이승만 정부는 1948년 12월 1일 "국권을 위배하여 정부를 참

3　Jeremy Bentham, 1962, Panopticon, or, the Inspection House, in J. Bentham, *The Works of Jeremy Bentham, Vol.* 4, New York: Russell & Russell, p. 40.

칭하거나 그에 부수하여 국가를 변란할 목적으로 결사 또는 집단을 구성한 자"를 처벌한다는 이유로 「국가보안법」을 제정했다. 건국헌법에서 강조한 독립정신은 반공정신으로 둔갑하였고, 친일반공투사들이 사회를 장악하였다. 정부수립 후부터 1949년 8월 말까지 기용된 서울 각 경찰서장 16명 가운데 15명이 일제 경찰 출신이었으며, 1명은 만주군 헌병장교 출신이었다. 전국 각 지방 경찰국장으로 기용된 자들도 이와 다를 바 없었다.[4] 1949년 9월 14일 건국헌법의 전문에 제시된 "삼일운동으로 대한민국을 건립하여 세계에 선포한 위대한 독립정신을 계승하여 이제 민족독립국가를 재건"해야 할 헌법정신은 건국헌법 제정 1년이 채 가기도 전에 현실정치에서 사문화되고 말았다. 한국전쟁을 거치며 반공주의는 더욱 강고한 위력을 발휘하며 '멸공북진통일론'으로 이어졌다.

이승만 정권은 반공 – 규율사회를 구축하는 핵심으로 「국가보안법」을 활용했다. 애당초 「국가보안법」은 일제 치하 독립운동을 차단할 목적으로 제정된 「치안유지법」의 탄압방식을 차용한 것이다. 「치안유지법」(1925. 4. 25. 일본법률 제46호)은 일제강점기인 1925년 5월 12일부터 조선에서 민족해방운동을 탄압할 목적으로 시행되었고, 독립운동가들을 탄압한 법으로 악명 높았다. 「치안유지법」 제1조는 '국체의 변혁 또는 사유 재산제도의 부인을 목적으로 하는 결사의 조직 및 가입'을 처벌할 것을 규정하고 있다. 여기서 '목적' 규정은 행위자의 희망이면 족하고 구체적인 결과발생까지 입증할 필

---

4   허종, 2008, 『반민특위의 조직과 활동 : 친일파 청산 그 좌절의 역사』, 선인.

요가 없는 자의적 해석 조항이다.

이러한 조선총독부의 정치적 탄압책을 고스란히 전승한 것이 「국가보안법」이다. 물론 「국가보안법」 제정 당시에도 이런 우려가 제기되지 않았던 것은 아니다. 「국가보안법」 제정이 다수의 정치범, 사상범을 만들어 낼 것이 명확하고, 형법상의 내란죄나 살인, 방화에 관한 법규 등 기존의 형법으로도 공산당의 범법행위를 규제할 수 있다는 의견이 제출되었다. 사상은 사상으로 대응해야 되고, 법집행 기관의 자의와 남용이 우려되고, 남북통일에 배치된다는 주장도 제기되었다.[5]

> 오늘의 정치적 혼란, 난마적인 사상의 불통일의 이 현상에서, 더구나 정부는 국회의 내각개조론에까지 불순을 꾸짖는 이러한 이 현상에서, 이러한 법의 제정은 대한민국의 전도를 위하여서나 우리 국민의 정치적 사상적 교양과 그 자주적 훈련을 위하여 크게 우려할 악법이 될 것을 국회 제공에게 경고코자 한다 … 이 정세에서 국가보안법의 내용은 무서운 결과를 가져올 것이다. 더구나 사법부의 처벌에서보다도 행정부의 경찰권의 발동이 무한히 강대해질 것을 생각할 때. …(1948. 11. 14, 「조선일보」 '국가보안법을 배격함')

이러한 신문사설의 우려는 곧 현실로 드러났다. 「국가보안법」

---

5   서중석, 2008, 「한국현대사와 여순사건」, 여순사건 60주년 기념 학술심포지엄 (2008. 10. 17) 자료집, 『여순사건과 대한민국의 형성』, 18쪽.

선포 후 12월 8일까지 6일 동안 서울에서만도 100여 건의 영장이 발부되었고, 춘천경찰서는 6일 동안 30명을 검거했다. 그야말로 미친 듯이 정적을 잡아들였다. 박승관 철도경찰청장은 국가보안법 발동 이후 9일 동안 총 270명을 구속했다. 또한 1949년 1년 동안 서울시 경찰국 산하 각 경찰서에서 취급한 국가보안법 위반 사건은 4,216건이나 된다.[6]

당시 '반민특위' 설치를 주장하고 「국가보안법」 제정을 반대한 소장파 의원들은 '국회 프락치 사건'으로 탄압받았다. '국회 프락치 사건'은 조사과정에서부터 재판과정까지 의혹이 끊이지 않았던 한국 현대사의 대표적 조작사건이다. 이승만 정부는 1952년 '부산정치파동' 사건으로 계엄령을 선포하여, 독재비판에 앞장 선 서민호 의원, 내각책임제를 주장한 정헌주, 이석기, 양병일, 장홍렴 의원 등을 구속하고, 48명의 국회의원을 태운 전용버스를 헌병대로 연행했다. 그리고 국제공산주의와 결탁했다는 이유로 의원들을 구속하였다. 한국전쟁 이후 사회 전반에 반공주의가 강하게 내면화되었고, 국가보안법은 이전보다 더 강력한 영향력을 행사하였다. 1956년 대선에서 유효표의 23.8%를 얻었던 조봉암이 1958년 1월 국가보안법위반 혐의로 구속되어 1심에서 징역 5년을 선고 받았으나 대법원에서 사형이 확정되어 1959년 7월 31일 사형집행 되었고, 진보당은 해산되었다.[7]

---

6   송소연, 2004, 「국가보안법 적용사」, 국가인권위원회, 『국가보안법 연구보고서』, 162쪽.

7   이 사건에 대한 진실화해위원회의 진상규명 요지는 다음과 같다. "1. 이 사건

헌정질서를 희화화시킨 '사사오입개헌' 이후 국민들의 저항에 직면하여 이승만 정권이 선택한 카드는 '대국민사과'와 '정권반납'이 아니라 국가보안법의 3차 개정이었다. 국민의 기본권을 침해하고, 자유민주주의를 유린하는 국가보안법 개정안에 야당의원들이 격렬히 반대하자 이승만 정부는 무술 경관을 동원하여 농성중인 야당의원들을 지하실에 감금한 채 날치기로 개정안을 통과시켰다. 소위 '2·4파동'으로 불리는 이 3차 개정안의 핵심은 국가기밀의 개념을 확대하고 제17조 5항에 "공연히 허위의 사실을 허위인 줄 알면서 적시 또는 유포하거나 사실을 고의로 왜곡하여 적시 또는 유포함으로써 인심을 혼란케 하여 적을 이롭게 한 자는 5년 이하의 징역에 처한다"는 '인심혹란죄'를 신설한 것이었다. 또한 대통령 등 '헌법기관에 대한 명예훼손'도 처벌의 대상이 되도록 하였다. 인심혹란죄로 1959년 〈경향신문〉이 폐간되었고, 다수의 언론사 기자와 주필이 국가보안법 위반으로 구속되었다. 이렇게 민주주의의 골간

은 검찰이 아무런 증거도 없이 공소사실도 특정하지 못한 채 조봉암 등 진보당 간부들에 대해 국가변란 혐의로 기소를 하였고, 양이섭의 임의성 없는 자백만을 근거로 조봉암을 간첩죄로 기소한 것으로 밝혀졌다. 2.(생략), 3.(생략), 4. 서울고법 및 대법원의 판결은 조봉암이 국가변란을 목적으로 진보당을 창당하였다는 점을 인정할 아무런 근거가 없고, 서울고법 공판에서 번복한 양이섭의 1심 재판에서의 자백만으로 국가변란 및 간첩죄로 조봉암에게 극형인 사형을 선고하여 결국 처형에 이르게 한 것은 증거재판주의에 위배된다. 5. 이 사건은 정권에 위협이 되는 야당 정치인을 제거하려는 의도에서 표적 수사에 나서 극형인 사형에 처한 것으로 민주국가에서 있어서는 안 될 비인도적, 반인권적 인권유린이자 정치탄압 사건이다.(이하 생략)"(진실·화해를위한과거사정리위원회, 2007, 「하반기 조사보고서」, 1069~1070쪽.)

인 국회와 언론이 무력화되어 결국 대한민국은 판옵티콘적 반공-규율사회로 변해갔다.

2 _ 반공-유신체제의 규율사회

정상적 집권과정을 거치지 않은 박정희 정권의 성패는 '5 · 16 쿠데타'의 정당화에 달려 있었다. 건국정부의 프리미엄을 등에 업은 이승만 정권이 반공을 국시로 내세우고 정적을 제거함으로써 정치적 안정을 꾀했다면, 쿠데타로 집권한 박정희 정권의 출발은 조심스러울 수밖에 없었다. 우선 4월 혁명에 대한 국민적 지지를 감안하여 4월 혁명을 옹호하는 모양새를 취했다. 반면, 제2공화국을 무능, 비효율, 혼란으로 규정하여 반대급부적으로 5 · 16 쿠데타의 정당성을 부각시키는 전략을 취하였다. 낡은 구질서와 새시대 국가질서를 대비하여 그 차별성을 강조하는데 주력하였다.

> 새 시대의 국가질서를 확립하기 위해서는 낡고 그릇된 구질서는 과감하게 타파되지 않으면 안된다. 우리가 진정한 자유민주주의를 찾기 위해 혁명이란 비상수단을 택하지 않을 수 없었다면 과거의 반민주적 요소는 철저히 제거되어야 할 것이다.(한국혁명재판사편찬위원회, 1962, 『한국혁명재판사』 제1권 서문 중)

박정희 정권은 5 · 16 쿠데타를 '자유민주주의를 찾기 위한 혁명'으로 강조하는 한편, 민주주의는 정치적 과도기 단계에서 당장 추진해야 할 선결 과제가 아니라고 강조하고, 민주주의는 '행정적 민주주의'로 국한한 채 유보시켰다.

> 서구적 민주주의가 아닌 즉 우리의 사회적, 정치적 현실에 맞는 민주주의를 해나가야 한다고 생각한다. 바로 이러한 민주주의가 '행정적 민주주의'(Administrative democracy)라고 할 수 있다. … 우리들이 기왕의 부패를 일소하고 국민들의 자치능력을 강화하여 사회정의를 구현하는 것이 당면의 목표라면 그 방법으로서 민주주의를 정치적으로 당장 달성할 것이 아니라 …(박정희, 1961, 229쪽).

다른 한편 박정희 정권은 경제성장을 통하여 통치의 안정성을 도모하고자 했다. 그 핵심 담론이 '조국근대화'였다. 박정희 정권 초기 조국근대화 담론은 헌정질서를 유보시켜서라도 관철시켜야 하는 핵심 과제였다. '국력신장', '우리도 한번 잘살아 보세', '자립경제' 등의 하위 담론들이 총동원되어 조국근대화 담론을 집중 엄호하였다. 박정희 정권은 헌법이 보장하는 기본권을 유보시켜 놓은 채 일방통행하였지만, 경제성장을 대대적으로 홍보하면서 국민적 동의를 구하고자 했다. 이 경제발전의 담론 앞에서 민주화 요구는 경제성장의 발목을 잡는 비효율적이고 혼란을 초래하는 걸림돌로 매도되었다. 자유민주주의는 경제성장의 토대 위에서만 추구될 수 있는 부차적인 것으로 정리되었다.

정국의 안정은 경제발전의 대전제입니다.(1967년 제6대 '대통령 취임사' 중)

세계의 모든 나라들이 발전을 위하여 몸부림쳤던 60년대에, 우리들은 5·16 혁명을 기폭으로 하여 오랜 의타와 침체의 묵은 껍질에서 벗어나 자립과 중흥의 반석 위에 새 한국의 기초를 다져 놓았고, 경제 건설의 토양 위에서만 민주주의의 꽃이 길이 피어날 수 있음을 체험을 통해 실증하였으며…(1971년 제7대 '대통령 취임사' 중)

이승만 정부에서는 형식적이나마 그 명맥을 잇는 시늉이라도 했던 '자유민주주의'를 후순위로 전락시킬 수 있었던 배경은 박정희 정권이 사활을 걸고 추진한 '성장주의'에 있다. 그러나 이 성장주의는 양날의 칼이기도 하였다. 성장주의는 필연적으로 노동계급을 양산하며, 일정 시점에서는 정당한 분배의 요구가 분출될 수밖에 없는 폭발적 잠재력을 담보로 한 것이었다. 지속적으로 통치의 정당성을 확보하기 위해서는 새롭게 부상한 노동계급에게 기본권을 되돌려 주고, 균등한 분배정책으로 전환하는 것 외에 다른 선택지는 없다. 그러나 박정희 정권은 1969년 반헌정적 테러라 할 수 있는 '삼선개헌'을 단행하였고, 이후 정권은 심각한 저항에 직면하였다.

박정희 정권은 격렬한 정치적 저항에 직면하자 삼선개헌을 전후한 시점에서 '성장·발전' 담론을 '안정·안보' 담론으로 대체했다. 민주헌정질서 하에서 정권연장이 불가능하기 때문에, 3선 개헌을 전후하여 헌정질서 '유보' 담론을 헌정질서 '파괴' 담론으로 전환한 것이다. 이러한 무리수를 감당하기 위하여 박정희 정권은 반공, 안보, 질서 담론을 바탕으로 헌정파괴 명령인 각종 사회통제장치를 남발하기에 이른다. 박정희 정권의 후기 지배담론은 '성장주의'에서 강력한 '국가주의'로 전환했다. 이 시기에만 계엄령이 총 5회, 위수령 3회, 비상사태 1회, 긴급조치가 5회(총 9호) 선포되었다.

유신체제의 골자는 헌정질서를 초월하는 슈퍼대통령을 만드는 것이었다. 또한 중앙정보부를 중심으로 대국민 감시체제를 강화하여 국회, 언론, 사법 등 제반 민주적 기제들을 파괴하는 극도의 판옵티콘적 정치체제를 만들고자 했다. 대통령 선출을 '직선제'에서 박정희 자신이 의장을 맡고 있는 '통일주체국민회의'에서 뽑는 방식으로 바꿨다. 무소불위의 강력한 권한을 휘두르는 대통령을 견제하도록 헌법에 명시한 입법영역도 대통령이 마음대로 좌지우지할 수 있게 만들어버렸다. 대한민국 역사상 대통령이 국회의원을 임명하는 초유의 사태가 빚어진 것이다. 소위 '유신정우회'가 그것이다. 유신정우회는 국회의원 의석수의 1/3을 차지했다. 선거법도 여당에 유리하도록 뜯어 고쳤다. 정치적 탄압을 위해 발동되는 '긴급조치'는 헌법이 정한 자유민주적 기본질서의 구애를 받지 않는 초헌법적 효력을 발휘하였다.

상술했듯이 판옵티콘 장치의 핵심은 '감독관'이 자리에 없더라도 있다고 여기도록 만듦으로써 실제로 감독관이 자리에 있는 것과 같은 효과를 내는 데 있다. 이 감독관의 역할은 중앙정보부와 공안당국이 맡았다. 박정희 정권의 '반공-규율사회'는 이승만 정권보다 한층 더 판옵티콘적 원형에 가깝게 설계되었다. 박정희 정권은 1961년 7월 3일 반공법을 제정하고, 1962년 9월 24일 국가보 안법을 강화하여 반민주적 감시벽을 견고하게 구축하였다. 반공법 과 국가보안법을 필두로 한 '사회통제기제'들이 헌정질서를 사문화 시켰다. 역대 정권 중 가장 빈번하게 사회통제 기제가 작동했다. 반 공법과 국가보안법이 그 중심적 역할을 수행하는 가운데 「정치활동 정화법」('62. 3. 16.), 「집회와 시위에 관한 법률」('62. 12. 31.), 「언론 윤리위원회법」('64. 8. 5.), 「사회안전법」('75. 7. 16.), 「반국가행위자 의 처벌에 관한 특별조치법」('77. 12. 31.) 등이 판옵티콘적 감시체 제의 기제로 활용되었다. 이 기제들은 학교의 교실에서도 작동하였 고, '막걸리보안법'이라는 말이 회자될 정도로 선술집까지 감시권역 으로 삼았다.

헌법을 초월하여 장기집권을 획책한 3선 개헌을 전후하여 초법 적 사회통제 기제들의 진가가 발휘되기 시작하였다. 3선 개헌 이후 대학가와 재야의 격렬한 저항에 직면하자 박정희 정권은 서울시 일 원에 위수령을 발동('71. 10. 15)하고, 비상사태를 선포('71. 12. 6)하 였다. '계엄포고 1호'를 선포하여 국회를 해산하고, 정당 및 정치활 동을 금지하는 한편 민주화 요구를 잠재우기 위해 대학까지 폐쇄하 였다. 박정희 정권은 헌법에서 종신집권의 근거를 찾을 수 없자, 헌 법을 뜯어 고치는 것도 모자라 민주헌정질서의 근본원리들을 무력 화시켰다. 유신반대 투쟁이 격렬해지자 「집회와 시위에 관한 법률」 을 제정하고, 긴급조치를 9호까지 연달아 발동하였다.

박정희 집권 동안 다수의 조직사건이 양산되었다. 민족일보, 제 1차 민비연, 불꽃회, 인혁당, 제2차 민비연, 동백림, 제3차 민비연,

통혁당, 사상계, 민우지(NH), 검은 10월단(야생화), 함성지, 민청학련, 인혁당 재건위, 문인간첩단, 우리의 교육지표, 크리스천 아카데미, 남민전 사건 등 박정희 정권의 위헌적 통치에 저항하였던 다수의 학생 및 지식인들이 반공법과 국가보안법 아래 자유민주적 기본질서의 근간을 뒤흔든 범법자로 전락하고 말았다. 아래에서 확인되듯이 이 시기 반공법과 국가보안법 적용의 특징은 과도한 형량(민족일보 조용수 사형, 인혁당재건위 도예종 등 8인 사형, 남민전 이재문 옥사, 신향식 사형 등)에 있었다.

1970년대 반공법 및 국가보안법 사형선고율

		1970	1971	1972	1973	1974	1975	1976	1977	1978	1979
사 형 선고율	전체	0.04	0.05	0.03	0.02	0.03	0.03	0.03	0.01	0.02	0.02
	국보	3.54	5.95	5.78	1.08	4.49	8.99	3.60	2.44	–	2.44
	반공	–	4.80	0.20	0.62	0.44	–	–	0.70	–	0.94

※출처 : 국가인권위원회, 2004, 「국가보안법연구보고서」, p. 173.

03

공 장 과 신 화

노동현장 속으로

1_'유신 공장'의 탄생

박정희 정권의 통제장치는 공장에서도 예외 없이 작동했다. 정부는 급격히 팽창하는 노동자들의 기본권 요구와 분배 요구를 억누르는데 혈안이 되었다. 노동현장에서 치밀하게 작동한 반공 기율권력 장치들을 살펴보자.

1) 정보기관의 직접 개입

1970년대 국가정보기관은 노동계와 주요 사업장을 직접 통제하고, 현안에 개입했다. KCIA(중앙정보부-인용자)[1]는 노총 사무총

---

1   이태호(1984)는 중앙정보부를 지칭하는 용어로 KCIA를 사용한다. KCIA는

장 및 각 산별노조위원장을 사실상의 하수인으로 삼아 노동자들의 움직임을 '1일보고' 형식으로 보고 받았다. 산별노조 위원장급은 KCIA로부터 매월 3, 4천원의 기밀비를 별도로 지급받았다(당시 쌀 한 가마니에 2천원이었다). KCIA는 노총본부, 산별노조, 각 지역 단위노조에 담당관을 배치하고 중요 정책의 수립이나 집행과정에 공공연히 개입하였을 뿐만 아니라 노총위원장 선거에까지 개입하여 특정 인물을 당선시키기 위한 득표 활동도 서슴지 않았다. KCIA 요원은 노총 중앙위원회의 각종 회의에 동석하여 회의안건을 미리 보고 받았을 뿐만 아니라, 노총의 중요한 성명서나 담화문이 발표되기 전에 그 내용을 사전 검열했다. 노총 중앙위원회에 참석한 산별노조 위원장들이 회의석상에서 논의된 사항을 그 산하의 조합에 정확히 전달하는지 여부까지 확인하기 위하여 KCIA 요원들이 산별노조의 회의에도 동석했다.[2] 사업장에도 경찰이나 정보부 직원들이 상주하다시피 하며 철저한 감시통제를 하고 있었다. 반도상사 노조지부장 장현자가 전하는 당시 정황이다.

경찰서에서 매일 출근하다시피, 뭐맨 날 출근하니까, 경사, 형사들은 맨날 같이 출근했고, '너 네들 이렇게 나오면 안 좋아', '나중에 또 잡혀 들어 갈 거야'. 이렇게 인제 와서 계속 엄포 주고 경찰들은. 계속 그랬죠.(장현자, 2011, 114쪽)

미국 CIA의 한국판이라는 의미다.

2   이태호, 1984, 『불꽃이여 이 어둠을 밝혀라 : 70년대 여성노동자의 투쟁』, 돌베개, 30~31쪽.

민주화운동기념사업회 아카이브시스템의 자료에 따르면, 필요한 경우 중앙정보부는 소속 검사를 통하여 현장 상황을 확인하거나 현장에서 직접 강압수사를 하기도 했다. 1979년 8월 19일 대일화학에서 안기부의 안모 검사가 서기 한 명을 대동하고 산선 소속 노동자 2명, 노조지부장, 회사간부를 면담한 자료가 아카이브시스템에 원문 그대로 남아 있다. 약 4시간 30분에 걸쳐 개별 심문한 그 내용의 골자는 정부 입장에서 저임금·장시간 노동을 정당화하고, 여성노동자들에게 간첩들이 소지하고 다니는 것으로 신문에 회자되었던 '독침'이나 '면도날' 등을 소지하고 있지 않은지 물었다. 이것은 극단적인 질문으로 노동자들을 위협하기 위해서였다. 또 동일방직 '똥물투척사건'에서 비롯된 항의시위에 대해 정부측 논리를 반복적으로 강요하고, 산선 소속 조합원들의 실상을 파악하고자 했다.

"작년에 우리나라는 인력이 모자랄 정도로 완전취업이 되었다. 임금이 너무 올라 수출이 안된다"

"8시간 일해서 먹고 살 수 있느냐?"

"회사 내의 도산 Group 수와 소속 Group 명칭, Group 내의 숫자는?"

"이 조사는 악덕 근로자와 악덕 기업주를 조사, 처벌하는 것이다"

"가슴에 독침을 가지고 다니고 면도날을 갖고 다니는 경우가 있다는데"

"옷을 벗고 항의한 경우가 있다는데 그런 교육을 받았는가?"[3]

---

3 민주화운동기념사업회 아카이브시스템 (http://db.kdemocracy.or.kr/). 〈정부조사-대일화학 : 등록번호(00105363) 자료 생산일자 1979. 8. 19〉 2013년 7월 23일 검색.

2) 공장새마을운동

박정희 정권은 각 사업장에 정보부를 활용한 가시적 통제장치와 더불어 무형의 기율권력을 내면화시키기 위해 '공장새마을운동'을 강압적으로 관철시켰다. 각급 공장에 배포된 〈공장새마을운동 실무지침서〉에 따르면, "공장새마을운동은 점화단계, 기초단계, 자조단계, 자립단계로 이어지며 점화단계의 제1요소는 '총화체제의 구축'에 있다." 정부는 공장새마을운동의 추진이 곧 '국가에 충성하는 길'이라고 강요했다. 공장에서는 매일 국기 게양과 하기식 때 노동자들에게 부동자세를 취하도록 했다. 아래 사진은 당시 공장새마을운동의 전형적인 모습을 보여주는 모습이다. 아래 사진에서 보듯이 생산성과 직결되어야 할 공장에 '멸공' 구호가 회사명보다 훨씬 크고 선명하게 보인다. 이렇듯 박정희 정권은 공장새마을운동의 미명 하에 공장마저 반공의 전초선전기지로 삼았다.

한국합판의 공장새마을운동

대부분의 공장은 출퇴근 시간과 휴식시간에 '새마을노래'를 의무적으로 틀고, 조회시간이나 점심시간에 '재건체조' 또는 '신세계 체조'를 보급시켰다. 각 공장은 공장새마을운동의 실천요강에 따라 노동자들에게 이른바 유신이념을 기계적으로 주입시켰다. 공장에서 '정신의 토착화, 유신의 토착화'(동양나일론), '우리는 단결하여 오직 유신에 의한 조국의 산업발전과 민족통일의 성업 완성에 기여한다'(미원), '새마을운동, 새생활실천, 업무유신'(한국전력)과 같이 유신이념이 대대적으로 선전되었다.[4] 또한 공장마다 새마을운동 명목으로 노동자들에게 시간외 무급노동을 강제하기도 했다.

> 30분 먼저 출근해서 빗자루 들고 청소하고 … (수당도) 안 주죠. 새마을 일이니까. 그리고 쉬는 시간에 새마을노래를 매일 불러야 해요. 그 지겨워요. 매일 그 똑같은 노래 부르는 거.(송효순, 2010, 39쪽)

새마을운동은 사회문화적·이데올로기적 판옵티콘 체제를 구축하는 효과적인 수단이었다. 각 공장에서는 정부의 지침에 따라 조회시간이나 쉬는 시간마다 새마을노래와 건전가요를 계속 틀어댔다.

> 그리고 아침에 또 조회시간에 새마을노래 부르고. 건전가요. 건전가요 노래. 그 책이 있어요. 건전가요 노래. 뭐 꽃동네, 새 동네 뭐.
> (송효순, 2010, 39~40쪽)

---

4   이태호, 위 책, 34~35쪽.

건전가요 책까지 만들어서 각 사업장에 보급한 것은 대중문화 영역에 대한 통제전략의 일환이기도 했다. 조금이라도 정치적 비판의 소지가 있는 경우 금지곡으로 묶어 아예 대중들이 접할 수 없도록 차단했다. 정부가 권장하는 노래들만 건전가요라는 이름으로 전국적으로 보급되었다. 건전가요의 보급은 정부가 일부 곡을 선정하여 보급하는 정도에 그친 것이 아니라 엄청난 문화적 탄압과 배제정책의 일환으로 진행된 것이었다. 가요 정화의 결과 1975년 7월 국내 175개의 곡들이 금지조치 당했고, 12월에는 223곡이 금지곡으로 묶였다. 그런데 그 기준이 대단히 애매하였다. 〈아침이슬〉(김민기 작사·작곡·노래) 같은 곡은 1973년 정부 선정 건전가요에 선정되었다가 1975년 12월 11일에는 금지곡으로 묶였다.[5]

공장새마을운동은 공장을 안보교육의 장으로 만드는 일종의 진지전이다. 새마을운동을 구실삼아 수시로 안보교육이 열렸다. 안보교육은 회사 예비군 대대장들이 직접 교육을 진행하거나 전문 반공강사를 초청해 진행하는 식이었다. 노동조합의 간부나 문제 있는 노동자로 지목되면 새마을운동 연수나 땅굴 견학을 보내기도 했다. 이처럼 공장새마을운동은 공장 내에 정권의 안보 이데올로기를 주입하는 유용한 도구로 활용되었다.

우리는 특히 많이 했어요. 안보교육도 그 옛날에는 그 군인들이 장

---

5   김은경, 2011, 「유신체제의 음악통제양상에 관한 연구」, 『민주주의와 인권』(제11권 2호), 73~86쪽.

교들이 제대를 하면 회사에 그 예비군 그런 데로 오더라고요. 중대 장으로 오더라고요. 그래 가지고 그 사람들이 조회시간마다 그 얘기해요. 그리고 인제 우리같이 조금 이렇게 회사에 반항하는 사람들은 이제 새마을운동 뭐 연수도 보내고, 땅굴 같은데 견학도 보내고. 가나안농군학교도 보내고 또 아니면 새마을운동 하는 사람들이 회사에 와서 맨날 강의 하고 막. 얼만큼 밤새워 일 했더니 잘살게 되더라. 하하하하.(송효순, 2010, 40쪽)

1979년 가나안 농군학교 노조간부교육

3) 블랙리스트

국가 공권력이 직접 개입해서 노조간부나 활동가들을 사회적으로 배제하는 가시적 통제도 수시로 행해졌다. 그 대표적 사례가 '블랙리스트'다. 정부는 한동안 블랙리스트가 있다는 현장 노동자들의 주장을 공식적으로 부정해 왔다. 그러나 1986년 8월 인천 경동산업 파업농성 중에 해고자와 위장취업자의 블랙리스트가 발견되면서 정부가 공식적으로 존재 자체를 부정해 왔던 블랙리스트의 실체가 사회적으로 드러났다. 이 리스트에는 1978년 동일방직 해고자 명단, 서통·태창·남화·대일 등 1970~80년대 초반 민주노조 활동가 925명의 명단, 그 외 인천지역 25개 사업체의 지식인 취업자 및 노동자 등의 근무처, 성명, 본적, 주소, 주민등록번호, 최종학력, 활동사항, 근속기간 등이 구체적으로 기재되어 있었다. 노동운동 과정에서 해고된 노동자들은 이 블랙리스트로 인해 취업이 원천적으로 봉쇄되고, 사회적으로 격리되었다.(이 책 219쪽 참조)

진실화해위원회의 진상규명 결과에 따르면, 블랙리스트의 작성과 관리는 범정부적 차원에서 이루어졌다. 지방노동사무소와 경찰, 노동부, 정보기관 등이 블랙리스트 작성의 주체였고, 이 자료를 안기부, 공단 등에 전달했다. 안기부와 노동부 등 관계기관이 블랙리스트를 관리하고, 범정부적 차원에서 해고노동자들의 동향을 감시하거나 재취업을 방해한 것이다. 국가 공권력이 총동원되어 노동자들의 생계를 좌지우지하고 있었던 것이다.

블랙리스트와 관련된 국정원 보존문서인 〈해고 도산 근로자 위장취업 및 조직색출 와해 공작 추진보고〉(1983. 3)에 의하면, "당부에서는 해고 도산 근로자 관리대책의 일환으로 활동재개 예상자들의 동향 추적 결과, 일부가 신분을 위장하고 신규사업에 취업하였으며, 일부는 친목회를 결성, 활동기반 구축을 기도하고 있음을 적출 … 1982. 12. 15. 해고 도산 노동자 명단(681명)을 각급 공단 및 노동부 지방사무소에 배포하고 동향감시"할 것을 명령하고 있다. 1983년 6월에 작성된 내부보고서에서는 "각급 사업장의 과거 도산 활동 경력자는 순수한 생계를 위한 구직을 희망해도 이를 전면 봉쇄하여 여론악화 등 부작용이 크므로 해고 도산 근로자들의 선별관리 대책강구가 필요하다"고 보고하고 있다.[6]

4) 어용노조

정보기관은 노동현장에 자신들이 직접 어용노조를 구축하고 배후조종하기도 했다. 자신들이 만든 어용노조를 통해 중앙정보부가 각 사업장 노조를 조직적으로 통제한 것이다. 한국노동조합총연맹(한국노총)은 1961년 5·16쿠데타 직후 군부의 포고령 제6호에 의해 다른 정당, 사회단체와 함께 해산되었다. KCIA는 국가재건최고회의가 그 해 8월 3일 공포한 「노동자의 단체 활동에 관한 임시조치법」에 의해 노총의 재건작업에 착수하고 9명의 위원(이규철, 한기수, 조창화, 이광조, 조규동, 안강수, 최재문, 박영성 등)을 임명했다. 이들은 KCIA의 주관 아래 미리 비밀교육을 1주일 이상씩 받았다. KCIA의 조정에 따라 이 9인이 노총 산하 14개 산별노조 위원장을 지명했다.[7] 1972년 10월 유신이 선포된 직후 한국노총의 선언을 보면 정부인 노골적인 개입 정황이 적나라하게 드러나 있다.

---

6   송영섭, 2011, 「노동인권침해사건 국가배상 소송의 의의와 경과」, 『70~80년대 노동탄압, 인권탄압 국가는 답하라』, 95~97쪽.

7   이태호, 앞의 책, 30~31쪽.

노총은 산하 조합 간부와 조합원에게 10월유신의 의의와 유신헌법의 내용을 설명하고 계몽하기 위해 적극 참여한다. 5인 이상 종업원을 사용하는 사업장을 전면 조직화한다. 각급 조직은 자체 점검과 체질개선을 단행하는 동시에 조직력을 강화하고 체질과 운영을 유신적으로 개혁함으로써 민족 주체세력의 단위세포로서 국가 시책을 뒷받침한다. 지역 간의 횡적 조직을 강화하여 새마을운동에 집단적으로 협력한다.(『노총사업보고』, 1973)

유신의 단위세포로서 적극적인 협력을 선언한 한국노총은 단위 사업장의 어용노조를 통해 그 정치적 역할을 수행하는 한편 아직 노조가 결성되지 않은 사업장에서는 노조의 결성을 방해하는 역할을 하기도 하였다. 당시 한국노총이 산별노조를 통해 단위 사업장의 노동조합 결성에 관여했던 단면을 살펴보자. YH 지부장 최순영의 경험담이다.

(섬유본조가) 아주 '훌륭하게' 도와줬습니다. 왜 그랬는지 알아요? 저네 조직싸움 때문에. 이게 중간에 다른 놈이 장난질 쳐가지고 지네, 정, 이 간에 싸움이 벌어졌어 … 제가 해고당했을 때, 아이~ 지부장이 됐는데 노동조합이 뭔지 모르잖아요. 그래 가지고 제가 그때부터 인제 알아야 된다. 그래야지만 이거를 제대로 할 거 아니냐. 그래 가지고 맨날 섬유본조에 출근을 한 거예요. 아이고 난 잘 됐다 인제 뭐 해고도 시켰겠다, 인제 안 들어가도 되니까, 뭐 알아야 되니까. 맨날 인제 섬유본조로 출근해서 짜장면 한 그릇 얻어먹

고 이러고는 이제 있는데, 아이 그래도 어용 노동조합 지부장들이 저더러 하는 소리가, 사무처장이 노동조합을 오래 해먹을라믄 지부장은 조합원들 교육시키면 안 되고 그냥 적당히 해야 된다고, 아 그 얘기 들으면서 제가 딱 또 열이 나는 거예요. 아 조합원들이 많이 알아야 조합원들을 교육을 시키지 말라니 말이나 됩니까? …
(최순영, 2011, 62쪽)

오죽하면 당시 한국노총 섬유본조의 교선부장이 최순영 지부장에게 "(한국노총은) 다 저 도둑놈들 소굴이니까 믿지 말라"고 할 정도였다.(최순영, 2011) 중앙정보부가 영향력 있는 개별노조를 무력화시키기 위해 직접 개입한 대표적 사례가 반도상사다. 1974년 4월 15일 출범한 반도상사 노조의 초대 지부장은 한순임이었다. 반도상사의 민주노조 결성 투쟁은 치열했다. 중앙정보부는 노조 결성의 핵심이었던 한순임과 장현자 등을 연행해 호소문의 배후를 추궁하며 마구 때리고, 산업선교회와의 관계를 단절시키려고 했다. 산업선교회와의 관계를 단절시키기 위한 방법으로 중앙정보부는 예상치 못한 전략을 썼다. 중앙정보부가 눈에 띄도록 한순임 집행부를 직접 지원하는 전략이었다.

한순임이 중앙정보부에서 풀려난 직후인 1974년 3월 25일자 〈노사분규 시정방안 보고서 제출〉이란 중앙정보부 문건에 따르면, 중앙정보부가 직접 개입하여 반도상사 노동자들의 요구사항을 이행하겠다는 회사 임원진의 확인자료를 대표이사 구자승을 비롯한 구자경, 구자두, 황인일, 김석구, 허준구, 구철회, 구정회 이사 전원의 인감 날인을 받아 만들어 두고 있었다. 중앙정보부에 의해 이사들의 인감 날인이 첨부된 사측의 구체적인 이행계획 및 시정방안이 강제로 만들어진 것이다. 노조가 출범한 뒤 회사는 부산에서 올라온 비노조원들로 '봉선회'라는 단체를 만들어 노조 활동을 방해하는 방식을 취하고 있었는데, 중앙정보부 경기지부는 반도상사 사측에 오히려 압력을 가해 '봉선회'를 지원하지 말고, 노조 상근인원을 증가시키고, 노조 사무실과 비품을 지원하고, 노조활동에 지장을 초래할 우려가 있는 기숙사 인원감축을 보류하라고 지시했다.[8]

놀랍게도 중앙정보부는 한순임 집행부의 요구사항을 재벌기업이 즉각 들어주도록 압력을 가하며 민주노조를 장악해 들어가는 방법을 사용했다. 중앙정보부의 치밀한 계획에 따라 이후 반도상사의 초대 지부장 한순임이 중앙정보부의 지원을 받는다는 소문이 퍼졌고, 점차 노동조합에서 고립되기 시작했다. 상황은 점차 악화되어 중앙정보부의 회유에 타협하지 않을 수 없는 상황까지 치달았다. 결국 그녀는 '동일방직 똥물사건' 당시 중앙정보부의 선전도구로까지 전락했다. 그 뒤에는 아예 중앙정보부 편에서 민주노조 파괴 공작에 깊이 개입하게 되었고, 산업선교회를 비판하는 강연으로 공장을 순회하며 노동계의 '배신자'로 낙인찍히게 되었다.

---

8 〈한겨레신문〉 2013. 1. 11자 사회면 토요판, 한홍구의 유신과 오늘, 〈25〉 반도상사 노동조합 '중정 고도의 공작, 지부장 한순임의 변심.'

5) 추적과 감시

노동조합 간부나 핵심 활동가들은 해직 후에도 국가 공권력의 치밀한 추적에 시달려야 했다. 대일화학에서 민주노조를 결성하려다 해직된 김순회의 경우 해직된 후에 구미로 내려가서 산업선교회에서 배운 내용을 바탕으로 구미공단 노동자들에게 노동상담 활동을 하려고 하였으나 경찰들의 감시가 심해 6개월 만에 포기할 수밖에 없었다.

> 김순회 : 다섯 여섯. 6달째 하다가 그냥 서울에 왔어.
>
> 면담자 : 6개월 하다가 올라오셨어요?
>
> 김순회 : 응.
>
> 면담자 : 왜 올라오시게 됐어요?
>
> 김순회 : 너무 졸졸졸졸졸.
>
> 면담자 : 아 ~ 경찰들이? 아. 구미 간다고 하는 걸 알았나보네요.
>
> 김순회 : 그렇지.
>
> 면담자 : 산업선교회 앞에는 경찰이 상주하면서 들어오고 나가고 그랬나요?
>
> 김순회 : 그럼요. 여기 있잖아요. 거기 여관이었어요. 거기 하나 방 해가지고 거기서.(김순회, 2010, 39~40쪽)

신태웅은 당시로서는 드물게 남성으로써 롯데제과 노조지부장으로 선출되었던 인물이다. 그는 롯데제과의 파업 이후 정화조치

대상자가 되어 해직된 뒤 모든 활동을 정리하고 고향으로 내려갔으나 거기서도 경찰들의 감시가 계속되었다고 한다.

> (해직 후) 인제 안동집에 간 거예요. 가 가지고 이제 트럭에서 인제 짐을 내려놓잖아요. 내려놓는데 저희 아버지가 보시더니 문을 확 닫아 버리는 거예요. 〔웃음〕 못 들어오게 하는 거예요. 그래 가지고 결국 나는 갈 데가 없으니까, 집 말고 갈 데가 없으니까. 그래서 결국 저희 아버지가 네가 여기 기어 들어오면 내가 나가겠다. 우리 아버지가 나가버렸잖아요. 그렇죠. 저는 그 당시에는 막 아버지도 없고 안계시니까. 우선 내 맘이 편한 거예요. 얘기할 사람은 없어도 동생들은 뭐 동생들은 편하니까. 그런데 그래 있으니까 불과 그게 뭐 한 달도 안가더라고요. 찾아오기 시작하는 거예요. 경찰들이. 그 당시에는 그 시골에서는 형사들이 찾아온다고 카면 겁을 되게 내잖아요. 겁을 내는데 나는 한번 서울서 그게 되게 면역이 되어 가지고 이 형사 같은 것들은 찾아 와봤댔자 아무 것도 아니에요. 나도 독이 바짝 오른 상태고.(신태웅, 2010, 39쪽)

살펴본 바와 같이, 박정희 정권은 1961년 8월 30일 중앙정보부의 주도로 한국노총을 결성한 이래 반헌정적 노동탄압을 자행해 왔다. 청계피복, 반도상사, 남화전자, 서통 등의 노동조합 결성과정에 중정을 비롯한 경찰, 노동부, 지방정부 등 국가기관이 개입하여 노동조합 설립을 방해하고, 동일방직, 원풍모방, 한국콘트롤데이타, 한일도루코, 무궁화메리야스, 태창섬유 등 조합원의 직접 투표로 만들어지는 노동조합 선거에 개입하거나 노조탈퇴, 부서이동 등의 탄압을 가했다. 헌법이 보장하고 있는 노동3권은 무용지물이었다. 또한 노동조합 간부 등을 상대로 불법체포와 구금이 비일비재하게 일어났고, 폭행 및 협박, 고문이 행해졌다. 국가 공권력이 개입한 강제사직이나 해고 또한 셀 수 없이 이루어졌다. 반도상사처럼 고도의 전략으로 민주노조 와해 공작을 진행하기도 했다.

2 _ 기율권력과 공장 관리

공장 외적으로 정치권력의 감시 및 탄압이 전개되는 것과 나란히 공장 내적으로는 자본권력의 통제가 작동하고 있었다. 이제 노동현장에 관철되고 있는 자본권력의 감시체제를 미시적으로 살펴볼 필요가 있다. 앞서 언급했듯이 판옵티콘은 감시를 위한 도구들의 투입으로 작동하는 '감시-권력' 장치의 응집체다. '매순간 그들이 그렇게 믿도록 만드는' 판옵티콘적 장치들은, 첫째 위계적 시선에 의한 위계적 · 지속적 · 기능적 감시의 관철을 특징으로 한다. 그 핵심은 '보이지 않고 보는 것'(seeing without being seen)에 있다. 두 번째 도구는 '시간규제'와 '신체규정'의─법적 재판을 받을 정도가 아닌─미세한 위반을 처벌, 규범화하는 '미시사법'이다. 셋째 도구는 감시하는 위계의 기술을 규격화하는 규범화 제재의 기술들과 이를 조합하는 테스트(시험) 전략이다. 이 3가지 도구들을 통한 권력장치가 판옵티콘적 공장관리의 결정판을 이룬다. 근대 자본권력이 노동현장을 효율적으로 관리할 수 있었던 것은 이러한 판옵티콘적 감시 체제의 철저한 현장 관철을 통해서였다.

1) 보이지 않고 보는 시선

이미 1970년대 한국 공장에서도 이와 같은 감시체제가 은밀하고 치밀하게 작동하고 있었다. 반도상사의 경우 이미 '보이지 않고 보는 기술'이 효과적으로 활용되고 있었다. 그 감시의 효과는 상상을 초월한 것이었다. 반도상사의 장현자 전 지부장이 개발실에 근무하던 중에 확인한 내용을 들어보자.

> 옛날(70년대 대규모 사업장-면담자)엔 그 CCTV가 다 있었잖아요. 현장 그 CCTV를 다 붙여놨다고 테이프를 다. 못 보게. 내가 개발실에 있을 때요, 공장장이 어떻게 관리를 했는가 하면은 공장장실에서 딱 스위치만 누르면, 어디 완성실하고 딱 누르면 이게 착 돌아갔고, 우리 아이들 일하는 거 다 볼 수 있거든요. 여름에 얼마나 덥습니까. 더우면 애들이, 특히 여자애들이니까 치마 입고 오면 밑에는 그냥 자유복이니까 위에는 까운만 입으니까, 애들이 더워서 치마 이렇게 걸어 부치면서 앉고 하는 거 다 있잖아, 또 어떤 애들은 또 여자애들이니까 일하다 거울도 볼 거 아니예요. 그러면 당장 그 실에, 그 관리자 불러갖고 야단치고, 너네 관리를 어떤 식으로 해갖고, 이렇게 애들 농땡이 부리게 만드느냐, 호통치고 그러거든요.(장현자, 2011, 75~76쪽)

이렇듯 반도상사 같은 대형공장에서는 작업현장에 대한 감시의 시선이 체계적으로 관철되고 있었다. 이 감시 장치의 핵심은 '보이지 않고 보는 것'이다. 잠시라도 작업행위에서 벗어나는 순간 보이지 않는 감시 시선에 의해 체크되고, 감시자가 이에 대한 주의조치를 할 경우 당사자는 자신의 행동이 감시받고 있다고 믿게 된다. 결국 자신의 행위를 스스로 통제하게 된다. 이 권력장치는 매순간 나의 행동이 어딘가로부터 감시받고 있다고 믿도록 만드는 것이 핵심이다. 이러한 '보이지 않고 보는 기술'이 일단 관철되고 있다고 확인한 순간부터 그 장치가 작동하고 있는지 여부와 관계없이 그 장치에 의해 제재를 받은 경험은 입에서 입으로 전파된다. 그리고 이로 인해 전체 노동자들의 행위가 규제되고, 장악되는 효과가 나타난다. 노동자들은 누군가 감시를 하고 있다는 생각에 자기 자신에 대한 검열을 하게 되고, 그 자기 감시에 스스로 복종한다. 이처럼 최소의 노력으로 최대의 효과를 누리는 완벽한 통제장치가 판옵티콘적 감시체제의 원리다.

가장 중요한 점은 감시받는 자들이 항상 자신들이 감시 하에 있는 것처럼 느끼게 하는 것이며, 최소한 감시당할 가망이 상당하다고 느끼게 하는 것이다. 그렇기만 하다면 어떤 유형의 건물이든 동일한 이익을 받을 수 있다. 또 하나 중요한 점은 최대한의 시간을 할당할 수 있으므로 각각의 사람들은 실제로 감시 하에 놓일 수밖에 없다는 점이다.[9]

---

9   Jeremy Bentham, 1962, Panopticon, or, the Inspection House, in J. Bentham, *The Works of Jeremy Bentham, Vol. 4*, New York: Russell & Russell, p. 44.

이 장치가 도입된 초기에는 노동현장의 관리자들조차 그 감시 효과가 가져오는 파괴적 효과에 대해서 정확하게 인지하고 못하고 새로운 감시 기술에 마냥 신기해하는 정도였다. 외부에서 공장 견학을 오면 관리자들이 이 감시장치를 자랑스럽게 소개했다고 한다. 그러나 이 장치의 효과를 어렴풋이 체험한 공장 관리자들과 질적으로 다른 입장에 있는 피감시자들, 즉 반도상사 노동자들은 이 장치의 실체를 보자마자 그 감시시선의 위력을 무력화시키고자 했다. 노동자들은 이 장치부터 먹통으로 만들어 놓고 농성을 시작했다.

근데 그 공장장이 그런 거를 외부인들이 왔을 때 자랑스럽게 애길 하는 거예요. '우리는 인원관리를 이런 식으로 한다' 그거 보여주면서. 그 당시 때만 해도 이것이 대유행은 아니었고, 어쨌든 우리 때 큰 회사였으니까 그 시스템을 만들었던 거 같애, 내 생각에. 그리고 우리는 그 때 그 당시에 개발실 몰랐을 때, 딱 가면 공장장 없고, 저녁에는 다 퇴근하고 없잖아요. 근데 우리는 문 따고 얼마든지 들어갈 수 있으니까. 들어 가면은 그 딱 틀면 그게 짝 나와요. 그래 다 보거든. 그게 우리한테 막 불리하다는 걸 모르고. 그 총무과 사무실까지도 다 연결 다 시켜놨으니까. 전체를 다 시켜놨으니까요, 그 CCTV를. 그렇게 해서 관리를 했어요. 그래 인제 우리가 어쨌든 못 보게끔 테이프로 붙여야 된다 해갖고 그 때 농성하는 날 그거를 키 큰 남자 애들 해갖고 다 붙여놓게끔 다 만들었던 거죠, 그거를.(장현자, 2011, 76쪽)

2) 시간 · 활동 · 신체의 미시사법

'미시사법' 역시 작업현장에서 강력한 위력을 발휘했다. 특히, 작업장, 학교, 군대처럼 대규모로 공동활동을 통제하는 공간에서는 지각, 조퇴, 결석과 같이 시간을 가지고 통제하는 '시간의 미시사법'이 위력을 발휘했고, 부주의, 과실, 태만을 제재하는 '활동의 미시사법', 잘못된 신체행위나 몸짓, 불결 등에 대해 작동하는 '신체의 미시사법' 등이 강력하게 작동하였다. 1970년대 대한민국 서울의 대규모 공장에 관철되었던 미시사법은 노동자들의 생리적 현상까지 통제대상으로 삼을 만큼 강력한 것이었다. 화장실 가는 것조차 시간단위로 체크가 되었고, 노동현장에 따라 시간 체크를 위한 팻말 사용 등 각양각색의 방법이 동원되었다.

> 감시가 심해가지고 우리 들어갔을 때는 화장실에 가서 조금만 오래 있으면 반장들이 막 뭐라고 하고 그렇게 했어요. … 반장 눈초리가 보통 눈초리가 아니었어요. 화장실 갔다가도 금방 와야지, 베짜는 기계 자리에 사람이 없으면 찾고 막 이렇게. 우리 부서는 그렇게 했어요.(박순애, 2010, 27쪽)

> 화장실은 재주껏 가는 거예요. 자기가 빨리 갔다 와서 일 처리 못한 거 빨리빨리 하고 그래야 되요. 그러니까 너무 힘들죠. 너무 힘들어요.(이복례, 2010, 32쪽)

화장실 갈 때 팻말을 관리직원 한테 받아갖고 가요. 팻말을 들고 가요. 시간을 이 사람들이 많이 잡아 먹을까봐. 화장실에 가서 그니까 시간을 단축시키기 위한 하나의 방법이고, 관리하는 방법이겠죠. 그 사람들 입장에서는 그 팻말을 갖다가 시간 체크를 하죠. (팻말을) 반납을 또 해야 되니까. 가는 시간, 오는 시간 그거를 체크를 해요. 화장실을. …(장현자, 2011, 80쪽)

지각, 조퇴, 결석과 같은 '시간의 미시사법'은 급여와 직결되어 있어 노동현장에서 강력한 규율통제장치로 작동했다. 시간 통제의 미시사법은 공장의 기숙사까지 관철되었고 근무시간 외 외출, 외박도 철저한 통제대상으로 삼았다. 생산력 유지를 위해 노동자들의 수면시간까지 통제한 것이다.

10분 지각 하면 막 뭐 특근 수당에서 뭐 얼마를 빼고, 또 하루 무단결근하면 3일치 까고, 막 이렇게 했어요. 그렇게 불합리적으로, 조건이 그렇게 됐어요. 기숙사는 우리가 잠을 많이 안자면 일을 못하니까 3번 외출로 정해놓고 나가서 잠자고 오는 것도 뭐 한 달에, 1주일에 한 번인가 뭐 이렇게, 그 기숙사 규칙이 그렇게 돼 있어가지고요. 그러니까 먹고 일하고, 자고 먹고, 자고 일하고 이래는 거였지. 그러니까는 외출도 그렇게 제한해서 해주고.(박순애, 2010, 27~28쪽)

교육의 혜택을 많이 받지 못하고, 대부분 서울에 혼자 올라와 있던 10대 여성노동자들에게 작업장의 미시사법은 국가사법보다 훨씬 위협적 존재였다. 대일화학에 면접을 보러 갔던 송효순의 일화는 당시 여성노동자들이 미시사법에 얼마나 취약했는지 보여준다. 그녀는 처음 공장에 들어가서 만난 제복 입은 경비원을 경찰인 줄 알았다. 그리고 경비원이 자신을 잡아가지나 않을까 노심초사했다.

> 생전 처음 공장이라는 데를 들어와 본 나는 경비아저씨들이 순경인줄 알았다. 순경 같은 옷을 입은 경비아저씨들이 무섭고 겁이 나고 혹시 남의 이름을 가지고 왔다고 나를 잡아갈 것만 같았다.[10]

공장의 미시사법은 갓 입사한 신입들이나 공장 경험이 적은 노동자들일수록, 그리고 다른 사업장과의 교류가 없는 사업장일수록 더 강력하게 작동했다. '국가법'인지, '공장법'인지, 관리자에 의해 만들어진 것인지 원천을 알 수 없는 다양한 미시사법이 노동현장의 곳곳에서 무소불위의 힘으로 관철되었던 것이다. 공장의 미시사법이 조금씩 약화되기 시작한 것은 여성노동자들이 타 사업장과 소통을 시작하면서부터였다. 영등포산업선교회 같은 공간에서 다른 사업장 소식을 접하게 되면서, 여성노동자들은 노동법이 무엇인지 알게 되었고, 노동현장에서의 권리에 대해 학습하기 시작했다.

---

10   송효순, 『서울로 가는 길』, 33쪽.

3) 도급제와 기율권력

노동현장에서는 미시사법과 더불어 생산을 규격화하는 제제의 기술, 즉 '시험전략'이 복합적으로 활용되었다. 1970년대 국내 사업장에서 만연했던 '도급제'는 자율적으로 스스로를 강제하도록 만드는 미시사법과 노동행위를 규격화하는 제재 기술이 접목된 복합적 생산양식이었다. '도급제'란 하는 일의 양에 비례해서 보수를 받는 청부노동을 말한다. 주로 노동집약형 생산형태인 가발, 제과, 섬유 등의 업종에서 많이 사용되었다. 당시 이 생산방식은 청계천을 비롯한 다락방 사업장뿐만 아니라 공단 지역의 대규모 사업장에도 만연해 있었다. 1970년대 호황을 누렸던 가발산업이 생산량을 늘리기 위해 활용한 것이 바로 이 도급제였다. 도급제 생산방식은 노동현장에서 항상적 노동력으로 대기하던 기숙사와 결합할 경우 최악의 노동조건을 창출했다. 당시 대형공장의 기숙사는 긴급하게 필요한 납품을 맞추거나 항상적 노동을 위한 대기소로 기능하고 있었다. 도급제는 항상적 경쟁상태에서 노동자 스스로 생산을 종용하도록 만들었고, 출퇴근 시간을 스스로 무력화시키도록 만들었다. 도급제 하에서는 같은 기숙사에서 한 방을 쓰는 노동자들이 서로에 대한 가장 강력한 경쟁자 관계로 변했다.

> 선배들이 나가서 일하면 저희도 먼저 같이 나가가지고 일을 해야
> 했는데 도급제니까 출근시간은 있지만 출근시간 때 정시에 나가서
> 일하는 사람은 별로 없었고, 새벽에 나가서 일하는 사람이 되게 많

았고요, 밤늦게까지 일하는 사람이 많았죠. 한 방(기숙사 한 방은 16명이 사용했다)에 있는 사람들은 주로 같은 일을 하는 사람들끼리 호실을 배정하니까. 이 사람들이 경쟁 관계잖아요. 가발이 일하기도 쉬우면서 단가가 높은 것이 나올 때는 더 경쟁적으로 새벽에 나가서 일하고, 저녁 늦게까지 일하고.(배옥병, 2010, 18쪽)

기숙사는 이처럼 언제고 일을 할 수 있도록 여성노동자들을 마치 전방부대의 '5분 대기조'와 같이 대기시키는 공간이었다. 한 방의 인원이 16명이나 되는 기숙사의 여성노동자들이 도급제로 내몰리면 기숙사 방에는 한 명의 인원도 남지 않았고 치열한 생산경쟁이 벌어졌다. 제과회사였던 롯데제과도 도급제로 생산량을 강제했다. 캔디부에서 사탕을 싸는 일을 하던 어린 여성노동자들은 도급제로 인해 지문이 닳고 손가락에 피가 나도록 일을 해야 했다. 피가 나면 손가락에 반창고를 말고서라도 가장 빠른 시간 내에 항상적 경쟁관계 속으로 다시 들어갈 수밖에 없었다.

저는 캔디부에 소속이 됐어요. 바이다에 철판이 있는데 알사탕을 가져다 붓습니다. 일사탕을 갖다 붓고 뻣뻣한 종이로 수작업을 해요. 그게 참 힘들더라구요. 근데 그걸 도급제로 줘요. 한 바이다에 이쪽에 4명, 저쪽에 4명 그럼 한 여덟 명이 이렇게 마주보고 싸고 밑에다가 통을, 프라스틱 통을 하나를 놓고, 조장은 저울을 이렇게 하나 놓고 그게 이제 통에 하나 차면 김순옥이 몇 키로, 몇 그람 이렇게 적는 거예요. 알사탕을 이렇게 싸는데 안에다가 이제 얇다란 그 입안에 들어가믄 녹는 거, 그 얄따란 걸 하나를 넣고 빳빳한 포장지로 사탕을 이렇게 밸밸밸 풀어지지 않게 이렇게 돌려서 싸는데 체크하는 조장이 저울에 이렇게 달 때 잘 쌌나, 꼼꼼하게 안쌌나 이렇게 봅니다. 알사탕이 또르르 떨어지면 빠꾸야. 그 통이 전체 빠꾸야. 좋은 말로 하는게 아니고 응? '뭐 일을 이따위로 했느냐.' 뭐 이렇게. 도급제니까 많이 싸야 되잖어. 한 알이라도. 근데 돈하고 관계가 있으니까 연한 손이 지문이 닳고 해서 피가 나는 거야. 피가 나도 안할 수가 없잖아? 두터운 반창고를 사서 여기에 말어. 피가 솟아오르는 친구들이 참 많았어요.(김순옥, 2010, 51쪽)

이 도급제로 인해 해직 후 30여년이 지났지만 김순옥의 손가락은 여전히 휘어 있다.

제 손가락(검지손가락)이 이렇게 휘었잖아요? 이렇게 뼈가 휘었잖아요? 이거 왜 휘었는지 아세요? 사탕 싸서 그래요. 지금도 그 때 친구들 5명이 모임을 해요. 그 친구들 손이 다 이렇게 돌아갔어요. 그래서 이거를 한번 우리 보상 청구하자 뭐 이런 얘기를 제가 롯데제과 노동조합에 가서 몇 번 한 적 있어요. 우리를 복직시켜라(웃음).(김순옥, 2010, 53쪽)

도급제는 개인 도급만 있는 것이 아니라 반도급 형태로 실시되기도 했다. 개인도급이 불특정 다수 즉 동료 일반을 경쟁상대로 만들어 스스로 감시자가 되도록 만드는 생산방식이라면, 반도급의 경우는 같은 반의 동료들이 서로에 대한 감시자가 되는 더 비인간적 생산방식이다. 반도급은 같은 반 구성원들을 특정한 감시자로 삼음으로써 더 심한 감시와 통제가 작동하는 생산방식이었다. 10명을 한 반으로 하는 반도급의 경우 10명이 직접적인 상호 감시자가 되어 서로를 감시한다. 이 상호감시로 인해 노동자 개인은 반 구성원들에 맞추어 근로시간을 규격화할 수밖에 없고, 일거수일투족을 동료들로부터 강제 받고, 스스로를 강제하도록 만드는 강력한 기율권력의 작동 하에 놓였다. 해태제과의 노동수기『8시간 노동제를 향하여』는 반도급을 '총을 들지 않은 전쟁터'라고 비유했다.

> (해태제과에서는) 비스킷, 캔디, 캬라멜, 웨하스, 양갱이 등 거의 모든 제품들이 도급에 의해서 이루어진다. … 도급에는 두 가지 종류가 있는데 개인이 혼자서 하는 개인도급과 10명이 한 팀이 되어서 함께 하는 반도급이 있다. 개인도급은 자기 혼자서 하는 것이기 때문에 많이 하든 조금 하든 별로 상관이 없으나 반도급에 있어서는 10명이 호흡을 맞추어서 일을 해야 하기 때문에 실로 많은 문제가 뒤따른다. 야간근무시 행여 졸기라도 하는 날에는 옆의 동료로부터 눈총을 받게 되며 지각을 하는 날에는 아예 그냥 돌아가야 한다. 화장실을 가는 일, 현장이 덥기 때문에 물을 먹으러 가는 일 등을 스스로가 통제를 해야 하는 것이다. 식사시간에도 밥을 먹으러 식당에 갔다 오는 시간 외에는 눈코 뜰 새 없이 자신의 작업량을 처리해야 한다. 마치 총을 들지 않은 전쟁터와 같다는 생각이 든다.[11]

반도급은 생산설비가 기계화된 공정에서 많이 사용되었다. 반도급제로 운영하던 해태제과는 강력한 미시사법의 기율권력까지 나란히 작동하는 방식으로 서로에 대한 감시와 표준화된 노동행위 양식이 결합되어 있었다. 비스켓부는 10명을 한 조로 하여 업무를 분담하고 반도급제로 생산했다. 해태제과의 반도급제 공정에 대한 이복례의 경험담이다.

> 면담자 : 주로 어떻게 일을 해요? 서서?
>
> 이복례 : 비스켓부는 10명이 한 조가 되어 가지고 했어요. 10명이 한조가 되가지고, 도급제로요. 도급제로 과자를 싸는 거예요. 컨베여[컨베이어]로 이렇게 과자가 나오면은 거기에 과자를 담는 사람, 저울질 하는 사람, 인두질 하는 사람, 포장하는 사람 해가지고 박스를 넣어요. 그래 가지고 10명이 한 조로 해서 도급제로 했어요.
>
> 면담자 : 평가할 때 10명을 한꺼번에 하는 겁니까?
>
> 이복례 : 그렇죠. 거기 딱 넣을 때 몇 반에 몇 반 다 사인이 있어요. 그것도 사인하는 사람이 다 있어요.
>
> 면담자 : 그러면 그 중에 누가 한 분이라도 쪼끔 속도가 느리거나 일이 더디신 분이 들어가 있으면, 그 조 전체가 영향을 받네요?

11 순점순, 1984, 『8시간 노동을 위하여: 해태제과 여성노동자들의 투쟁기록』, 풀빛, 59~60쪽.

이복례 : 예. 그러니까 서로 잘해야 되요. 서로 호흡이 맞아야 되요.

면담자 : 도급제라고 그러면은?

이복례 : 하는 대로.

면담자 : 하루에 생산량이 정해져 있는 거예요? 이만큼을 하면.

이복례 : 정해져 있지는 않은데 이렇게 자기네들이 만약에 하루에
10박스. 10박스면 10박스를 가지고 10명이 나누는 거예
요. 하나 과자 싸는데 얼마 딱 가격을 정해가지고요.

면담자 : 음 ~ 노동시간은 정해져 있고, 나오는 생산량에 따라서
급여를 조금 더 주고 그렇게 되는 거예요?

이복례 : 예. 많이. 많이 싸면 많이 주고, 조금 싸면 조금 주고, 굉
장히 그게 무서운 거죠. 힘든 거고. 하는 대로 먹으니까요.

면담자 : 조별로 경쟁이 되고?

이복례 : 예. 그니까는 서로 막 서로 열심히 할 수밖에 없어요.(이
복례, 2010, 36쪽)

도급제는 쉬는 시간, 식사시간, 생리시간까지 노동자 스스로가
통제하고 옥죄게 만든다. '하는 대로 먹는' 방식인 도급제는 얼핏
보면 근면하고 성실한 노동자가 대가를 더 받는 방식으로 보인다.
그러나 이 '근면'과 '성실'의 외피를 한 꺼풀만 벗겨 보면 도급제가
강력한 미시사법을 통해 노동자 스스로를 규율시키는 지독하게 비
인간적인 생산방식임을 알게 된다. 이 도급제로 인해 당시 여성노
동자들은 생산량의 소리 없는 전쟁터로 내몰렸다. 여성노동자들은
도급제로 쥐어 짜이면서도 외형상 강제성이 없는 자율적 노동처럼

생각하게 된다. 도급제의 가장 결정적인 문제는 생산현장의 노동자들에게 돌아가는 급여의 총량에 큰 차이가 없다는 것이다. 전체가 최선의 노동력을 쥐어짜도록 강제하지만 도급제를 통해 노동현장의 전체 급여수준이 높아지는 효과는 없었던 것이다. 포장된 제품이 많을 경우 최종 단계에서 제품의 포장단가가 조정되는 식이었다. 즉 도급제는 생산량이 많아질수록 전체 단가가 낮아지는 역설적 장치를 장착하고 있었다.

> 제품 하나를 포장하는데 따른 노동단가가 있는데 그 단가라는 것이 우스운 것이다. 생산량이 많이 나오면 도급단가는 자연히 오르지 않는다. 제아무리 도급 근로자일망정 노동자 임금의 수준이 있기 때문에 전체적인 임금수준을 맞춰야 하는 것이다. 그러므로 우리가 쉽게 생각하기를 도급이라는 것이 일을 많이 하면 많은 보수를 받는 것으로 생각하는데 실제로는 그렇지가 않은 것이다.[12]

생산량이 높아지면 높아지는 것에 비례해서 전체 급여가 상향되는 것이 아니란 말이다. 총급여의 상한선은 정해져 있었다. 도급제의 생산량이 총급여의 상한선을 넘어서면 개당 생산단가를 낮추어 전체 급여총액을 유지하는 방식이다. 따라서 노동자들의 전체 급여는 도급제를 하건 안하건 별반 차이가 나지 않았다.

최순영은 노조 활동 이전 YH에서 손꼽히는 수제 가발 기술자

---

12   순점순, 『8시간 노동을 위하여: 해태제과 여성노동자들의 투쟁기록』, 59쪽.

였다. 그녀는 도급제 생산이 유발하는 노동자간 과도한 경쟁으로 인해 자신의 꿈을 접었다. 공부할 책을 사다 놓고도 시간에 쫓겨 공부를 포기해야 했던 것이다. 어떤 때는 24시간 작업에 매달렸으며, 고향 집에 가는 것도 거의 포기하다시피 했다. 가발은 거의 수제로 작업했고, 수출호황기에 수출 물량을 맞추기 위해 생산량을 극대로 높일 수 있는 '하는 대로 먹는' 도급제 생산방식을 취하고 있었다.

다 도급. 저는 끝까지 도급이었죠. 가발은 수제로 하는 대로 먹으니까 도급일 수밖에 없어요. 하나를 만들 때 얼마씩 줘야 되는데 사람에 따라 다르잖아요. 근데 이제 제가 사실, 학교를 안다니기는 했지만, 영어공부가 좀 하고 싶어가지고, 〔웃음〕 책이랑 사다놓고 할라 그러는데 영 시간이 나야지. 돈을 벌어야 되는 것 때문에 시간이 안 나는 거예요. 그래서 공부는 사실 포기를 했죠. 처음에는 제가 들어가 가지고 사실 공부를 하려고 굉장히 노력을 했었어요. 혼자 독학하려고 준비를 많이 했는데, 할 시간이 안 되더라고요. 할 시간이 안 되고 이래서, 아이 그냥 그래 내가 뭐 공부를 이제 해 가지고 하긴 어떡하던지 돈 벌어서 그냥 악착같이 그냥 응? 돈만 벌자, 그래서 하청공장 하자. 중간에 명절 때는 우리가 갈 때, 유일하게 집에 가는 거는 설 때 가고, 추석에 가고, 두 번 뿐이 못 가는 거예요 … 아유 철야도 굉장히 많이 했어요. 그때는, 저는 체력이 좋아가지고 24시간 일한 적도 많았어요. 도급제였으니까.(최순영, 2011, 45~46쪽)

푸코는 자신의 권력론에서 판옵티콘적 권력기술을 근대의 원리적 특성으로 제시하고 있다. 푸코가 감옥을 소재로 택한 이유는 근대사회를 판옵티콘적 기율권력이 작동하는 거대한 감옥으로 보았기 때문이다. 감옥은 권력의 편재성, 미시성, 효율성, 지식관계, 기율, 규범 등을 파악하는데 최적의 효과를 발생시키는 공간이다. 푸코는 형벌기술로서의 감옥을 신체의 조직화, 훈련, 생산적 조련을 겨냥한 '기율권력' 형성을 핵심으로 하는 새로운 제도적 권력체계가 형성되는 공간으로 보았다. "감옥이란 꽤 엄중한 병영, 관대함이 결여된 학교, 음울한 공장과 같으며, 질적인 차이는 없다"[13] 푸코가 판옵티콘의 원형을 감옥에서 찾았지만 앞서 살펴본 바와 같이 1970년대 한국 공장을 판옵티콘적 특성에 비추어 본 결과 오히려 1970년대 한국의 노동집약적 공장이 판옵티콘의 원형에 더 가까워 보인다.

4) 훈련기술, 신체기술

더 나아가 푸코는 판옵티콘적 분석의 문제의식을 근대적 인간을 '제조하는' 신체기술공학 분석까지 밀고 나간다. 신체기술공학은 4종류의 훈련기술과 신체기술로 전개된다. 첫째 인간의 공간(장소)적 분배기술, 둘째 신체적 동작의 분석적 표준화와 동작통제, 셋째 신체조련 기간의 등급 단계별 분할 및 위계화, 넷째 기능요소로서

---

13   Foucault, 1977, translated by Alan Sheridan, *Discipline and Punish: The Birth of Prison*, New York: Vintage Books, p. 233.

의 신체의 기능연관적 종합 등이 그것이다. 푸코는 기율적인 절차들이 어떻게 노동자들의 저항을 무력화시킴으로써 그들 신체의 효용성을 증가시키는가, 그리고 더욱 일반적으로는 이것이 어떻게 노동축적과 자본축적이라는 두 과정의 통합을 용이하게 하는가에 주목하였다.

1970년대 노동현장은 공간과 시간의 배분을 통하여 이 신체기술공학을 한층 정교하게 배분하고 있다. 1970년대 섬유업종을 대표하던 원풍모방의 공간 배치를 살펴보자. 아래 그림에서 보듯이 원풍모방의 공간배치는 호주에서 수입한 양모의 세탁부터 시작하여 염색, 전방 등의 단계를 거쳐 검사, 포장, 출고에 이르기까지 가장 효율적으로 작업할 수 있는 타임라인을 구성하고 있다.[14]

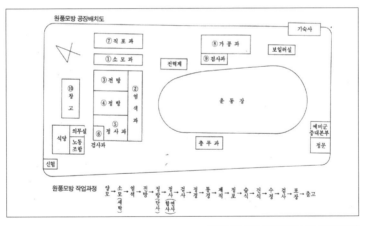

원풍모방의 공간배치 및 작업공정

---

14 원풍모방 해고노동자 복직투쟁위원회 엮음, 1987, 『민주노조 10년: 원풍모방 노동조합활동과 투쟁』, 풀빛, 8쪽.

아래 사진은 1970년대 대표적 업종 중의 하나인 가발공장의 공정과 전자부품 작업 공정의 모습이다. 이러한 작업공정은 가장 효율적인 동선과 감시 시선의 배치를 염두에 둔 공정구성이다.

가발공장의 공정 모습   전자부품공장의 공정 모습

치밀한 계산에 따른 공간 배치와 더불어 각 공정의 시간 배분 또한 정교한 '표준화'와 '규격화'의 틀로 유지되었다. 아래 표는 1970년대 중반 봉제공장의 일과표이다. 이 일과표는 공장마다 약간의 차이는 있겠지만 이 당시 대부분의 노동현장은 이러한 시간 배분에 따라 움직였다.

섬유산업의 경우 노동시간의 표준화와 규격화가 이미 상당한 수준으로 관철되고 있었다. 노동시간을 규격화하고, 표준화 하는 것이 갖는 규율의 힘은 실로 엄청난 것이었다. 노동시간의 표준화와 규격화는 모든 노동자를 표준화된 시간 속에 동질화, 획일화하여 기계화 공정 속의 객체로 만들었다. 섬유업체인 대우어패럴에 근무했던 김준희가 전하는 '초 단위를 다투는' 섬유공장의 숨 막히는 노동공정을 살펴보자.

1970년대 중반 어떤 봉제공장의 일과표[15]

오전 8시 이전	기상, 세수, 식사, 작업장내 출근 완료
오전 8시~오후 12시 30분	오전 근무, 쉬는 시간 없음
오후 12시 30분~1시 30분	점심식사, 식사후 휴식, 수면, 수다
오후 1시 30분~5시 30분	오후 일 종료
오후 5시 30분~6시	휴식, 저녁식사
오후 7시~10시	* 잔업
오후 10시~이튿날 오전 4, 5시	* 야간 특근

그때는 이렇게 매수 체크기라는 게 있어요. 그래서 이렇게 또 한 장 하고 누르고, 하나 하고 누르고, 계속 누르는 거예요. 근데 이거를 중간에 조장들이 돌아다니면서 몇 장 했는가. 한 시간마다 검토를 하고. 이 공정 분석하는 사람이 쭉 다니면서 '이케 한 시간에 뭘 하는가 몇 초가 걸리는가 한 장 하는데, 몇 초가 걸리는가' 이걸 탁 초침으로 재요. 그래 가지고 이렇게 초침으로 재가지고. 한 시간 통계를 내가주고 거기다 로스(lose)타임을 약간 집어넣고, 한 시간에 몇 장 할 수 있다는 설정을 해요. 그래서 그게 나오지 않으면, 계속 사람을 쪼는 거예요. 그래서 엄청난 문제인 거죠. 사실은. 그게 사람이 아니고, 실지 기계인 거죠. 그러니까 뭐 거의 화장실도 못가고. 그때는. 오줌소태 이런 게. 저도 신장이 계속 안 좋아서 붓

---

15 김귀옥, 2004, "1960, 70년대 의류봉제업 노동자 형성과정", 『경제와 사회』 (통권 61호), 25쪽.

는데, 이 때 이렇게 방광염 뭐 이런 거.(김준희, 2010, 24쪽)

매수 체크기가 표준화된 노동시간을 산출한다. 이 시간에 따른 공정분석의 기준이 설정되면, 이 기준을 중심으로 노동력을 강제하는 시스템이 적용된다. 표준화된 노동시간에 따른 작업 공정은 앞서 살펴본 최적의 공간 배치에 따른 흐름을 타고 움직이도록 배치되어 있다. 이 숨 막히는 공정은 30여년이 지난 지금에야 겨우 말할 수 있을 만큼 떠올리기 싫은 기억 중의 하나다.

화장실 갔다 오면 이렇게 쭉 공정이 흘러요. 이렇게 컨베어[컨베이어]가 아니다 하더라도 이렇게 그 공정 순서대로 쫙 앉혀요. 이제 레이 아웃이라고 하는데. 공정에 따라서 쭉 사람을 앉혀놓으면 거기서 이렇게 흐르기 때문에 앞에 미싱 하나에, 앞에 이렇게 흐름대가 있어요. 고걸 받아가지고 그 앞사람이 하기 때문에 화장실를 가도 뛰어 갔다 와야 되고. 거의 이런 상황이 되는 거잖아요. 안 그러면 막 밀리니까. 그리고 앞에서 앉으면, 탁탁 뚜드려 탁탁 뚜드려, 빨리 내놔 막 이렇게 얘기를 하고 [웃음] 예. 참 지금에나 웃을 수 있는 건데, 그렇게 일했었어요.(김준희, 2010, 24~25쪽)

이러한 거대한 작업공정 속에서 소위 관리를 담당했던 남성 노동자들 또는 간부들은 공장을 대상으로 한 블랙코미디의 주연을 맡은 등장인물들이다. 푸코의 표현을 빌자면, "발에 쇠고랑을 차고 있으면서도 자신을 신으로 오인하고 있는"[16]자들이 이들이다. 남성 관리자 또는 회사 측에 편승했던 작업반장들은 한국의 산업화 시기 대규모 사업장에서 여성노동자들 위에 자신이 군림하고 있다고 착각했다. 그러나 이들 역시 이촌향도를 통해 저임금 장시간 노동을 감당했던 산업화의 실질적 주역들인 가난한 10대의 농촌 출신 여성노동자들과 마찬가지로 자본권력의 무한팽창을 구가하던 한국 근대공장의 "판옵티콘적 '거대한 구금'에 속한 주 고객들"[17]이었을 뿐이다.

16 Michel Foucault, 1973, translated by Richard Howard, *Madness and Civilization: A History of Insanity in the Age of Reason*, New York: Vintage Books, p. 29.

17 Michel Foucault, 1973, translated by Richard Howard, *Madness and Civilization: A History of Insanity in the Age of Reason*, New York: Vintage Books, p. 230 참조.

저항주체와 비판이론

1_ 비관적 정치이론과 주체의 소멸

지금까지 살펴본 바와 같이 1970년대 한국의 생산현장은 자본권력 뿐만 아니라 정치권력에 의한 강력한 이중적 판옵티콘 체제 속에 있었다. 어떻게 이 파편화되고, 숨 막히는 권력장치 속에서 민주화를 향한 저항이 가능할 수 있었을까? 여성노동자들은 '강철로 만든 철창'(Iron Cage)인 판옵티콘 체제를 우회하거나 회피하지 않고 정면으로 '돌파'했다. 이 강고한 이중적 판옵티콘을 돌파한 동력은 무엇일까? 만일 『역사와 계급의식』의 저자인 루카치(G. Lukàcs)가 답을 한다면, 1970년대 한국 여성노동자들의 저항동력은 '역사적 · 혁명적 계급의식'이라고 답할 듯하다.

루카치는 20세기 초반 진보진영을 강타했던 독일비판이론의 핵심 논지의 한 복판에 자리하는 사상가이다. 그는 자본주의의 야누스적 정체를 폭로한 것으로 유명하다. 야누스의 한쪽 면은 막스 베버(M. Weber)의 자본주의의 얼굴을 하고 있다. 베버는 자본주의의 특성을 가치중립적 관점에서 보편적이고 불가피한 '합리화'(Rationalisierung)로 파악했다. 또 다른 한쪽 얼굴은 마르크스(K. Marx)의 자본주의이다. 마르크스의 자본주의는 '자기소외'(Selbstentfremdung)라고 하는 명백하게 부정적인 관점에서 분석이 시작되고, 종국에는 극복해야 할 대상이다.

　루카치는 베버의 '합리화' 개념과 마르크스의 '상품 물신성'(fetishism of commodities)[1] 개념을 종합하여 자신의 '물화'(reification, Verdinglichung) 개념을 제시한다. 이 물화 개념에 따르면, 자본주의에서는 보편화된 상품생산 때문에 자본주의적 생산의 사회적 성격이 인식되지 못한다. 마찬가지로 이 자본주의적 생산과정에서 인간의 관계는 인간들 사이의 관계가 아니라 사물들 사이의 관계로 전도된다. 즉 '노동자로서의 인간'이 사라지고 정해진 시간 동안 표준화된 생산력을 발휘해야 하는 기계적 존재가 노동자로서의 인간을 대체한다. 다시 말해, 루카치가 제시한 '물화'란 프롤레타리아들이 보편적인 상품연관 속에서 '인간의 가치'가 아닌 하나의 상품, 즉 '교환관계 속의 사물'로 전화되는 것을 말한다. 루카치의 이 물

1　상품물신숭배(Warenfetischismus)는 마르크스가 자본주의에서 사회적 관계의 사물화를 지칭한 용어이다. 자본주의에서는 보편화된 상품생산 때문에 자본주의적 생산의 사회적 성격이 인식되지 못한다. 마찬가지로 이 자본주의적 생산과정에서 인간의 관계는 인간들 사이의 관계가 아니라 사물들, 물체들 사이의 관계로 간주된다.(『철학대사전』, 동녘, p. 661 참조)

화 개념은 앞서 우리가 살펴본 판옵티콘적 권력장치, 즉 근대적 공장의 기율권력과 감시장치 속에 포섭된 '기계적 존재'로서의 노동자 현실을 적실성 있게 설명한다.

반면, 푸코의 판옵티콘과 기율권력은 생산현장이 요구하는 노동 주체의 '훈육(discipline)'을 담당한다. 노동자는 스스로 감시받고 있다고 여기며 자기가 자기행위를 스스로 규율하고, 생산현장에서 여타의 미시사법을 스스로 준수하는 훈육된 노동자가 된다. 자본권력이 꿈꾸는 작업장의 이상적 노동자로 탄생하는 것이다. 1970년대 정치권력의 비호 아래 자본축적에 혈안이 되었던 한국의 대기업들은 자신들의 공장이 엄격한 기율에 기초해 있는 감옥의 노역소와 동일해지기를 바랐을 것이다. 이 바램을 일종의 '자본의 유토피아'라고 한다면, 1970년대 한국사회에서 공장제의 판옵티콘적 관철과 정치사회의 감시체제는 이 '자본의 유토피아'를 현실로 만들었다.

이 '물화'가 고발하는 또 다른 측면은 노동자가 사물화되는 한편 사물에 '동화'(assimilation)된다고 하는 점이다.[2] 푸코의 '주체제조론'이 판옵티콘 구조의 영향을 받는 훈육된 '주체'를 고발하는 것이라면, 루카치의 물화 개념은 자본주의적 생산양식 속에서 '상품화' 또는 '사물화'되고 '동화'된 노동자를 세상에 드러낸다. 루카치는 노동력이 노동자의 '인성(personality)'으로부터 분리된다는 점과

---

2   Jürgen Habermas, 1984, translated by Thomas McCarthy, *The Theory of Communicative Action vol 1: Reason and The Rationalization of Society*, Boston: Beacon Press, p. 355.(이하 본문 속에서 TCA1.으로 표기함)

노동력이 시장에서 판매되는 '대상(사물)'으로 변화된다는 점에 주목했다.(TCA1, 358) 푸코가 생산과정에 속한 노동자의 상황을 판옵티콘적 권력장치로 분석했다면, 루카치는 노동자의 노동이 낳은 결과물이 상품으로 전화되며, 노동력을 노동자로부터 분리시켜 또 다른 교환가치로 전환시키는 측면을 분석했다. 물화 개념을 통해 루카치는 우리들에게 인간 상호간의 관계를 사물 세계로 동화시키는 폭력적 강요를 고발한 것이다.

비판이론의 대표 논자들인 호르크하이머(M. Horkheimer)와 아도르노(T. W. Adorno)는 이 '물화' 개념을 자본주의적 경제체계가 발생하는 특별한 역사적 맥락이나 인간 상호간의 관계뿐만 아니라 시간적, 실제적 차원에서 일반화시킨다. 이들은 루카치의 이 물화 개념을 노동관계만이 아니라 자본주의 사회 일반으로 확장하여 적용한다. 물화 개념을 통해 호르크하이머와 아도르노가 제시하고 있는 자본주의 사회의 특징은 '동질화'와 '획일성'이다. 이 동질화와 획일성 원리는 '문화산업'의 이름으로 대중을 기만하고, '재신화화'한다.[3]

이들의 표현에 따르면, 문화산업은 '순진한' 동일화(Identifikation)에 사람들을 초대하지만 이러한 동일화는 곧 바로 철회되고, 유적 존재로서의 인간을 고약한 방식으로 제조해낸다. 고약한 방식이란, 모든 사람이 대체 가능한 하나의 부품으로 전락해 버리는 것을 의

---

3   Max Horkheimer, & Theodor W. Adorno, 1969, *Dialektik der Aufklärung*, 김유동 외, 1995, 『계몽의 변증법』, 문예출판사, 170~171쪽.

미한다. 인간들은 자본주의 사회에서 교체 가능한 복제물에 불과하게 되었다. 하나의 개인으로서 각자는 절대적으로 대체 가능한 존재로서 절대적인 무(無)가 된다.(같은 책, 202) 루카치의 물화 개념을 사회 일반으로 확장시킨 문화산업테제의 극단에서 결국 민주주의와 그 주체는 진보적 대안으로서의 가능성을 상실한다. 주체가 모두 동일화되고, 획일화됨으로써 소멸하고 만다.

이러한 비관적 견해는 푸코의 판옵티콘적 분석에서 재현된다. 푸코가 보는 근대적 주체는 권력기술적으로 제조된 주체이다. 영어 subject의 이중적 의미와 같이 '주체화'된다는 것은 동시에 '종복'(從僕)당하는 것을 의미한다. 베버의 '강철우리(iron cage)'가 기율시선의 완벽한 구현체로 부활하여 탈출구 없는 거대한 판옵티콘이 탄생하는 것이다. 질식할 것 같은 감시의 시선에 종속되어 있는 주체를 탈출시키려는 이론적 시도가 없었던 것은 아니다. 베버는 '카리스마적 지도자'의 출현을 말했다. 루카치는 인간의 주관적 본성에서 물화에 저항할 수 있는 어떤 여지를 중시하였다. 루카치에 따르면, 노동자는 물화과정에 저항하면서 자신의 현존재를 내적으로 완전하게 객관화 할 수 있게 되는데, 그는 이것을 '계급의식'이라고 명했다.

루카치의 이러한 강변에도 불구하고 유토피아적 대안으로서의 위대한 프롤레타리아트 의식은 많은 의구심을 자아낸다. 도대체 이 위대한 프롤레타리아트 의식은 어떻게 형성되는 것인가? 도시 산업선교회나 노동자 야학 등과 같은 계몽활동을 통해, 즉 외적 교육을 통해 계몽적으로 만들어지는 것인가? 외부에서 투입된 '학출'

이나 내부의 탁월한 선진적 노동자들을 통해 주입되고 형성되는 것인가? 사정이 이렇다면, 여성노동자들은 뛰어난 현자로부터 지도받아야 하는 피동적 주체가 될 수밖에 없는 것인가? 외부의 엘리트를 통하여 계몽적 노동운동을 위한 특정지식이 주입되어야 하고, 이를 통해 혁명적 노동자를 만들 수 있다는 발상은 또 하나의 전위 교육 독재론의 재판이 될 위험성이 크다. 1970년대 한국의 노동현장에는 이러한 혁명적 프롤레타리아트가 존재하지 않았다. 군부 권위주의의 판옵티콘 체제 하에서 여성노동자들은 혁명적 계급의식을 장착하기 위해 특별한 교육을 받아서 노동현장의 모순에 분노한 것이 아니다.

2 _ 소통이론적 대안 : 여전히 남은 문제들

하버마스는 판옵티콘적 권력 장치와 '동일성'과 '획일성'의 원리 아래 '질식사' 해버린 주체에 생기를 불어 넣고자 했다. 소통행위이론은 획일화되고 침윤된 주체를 복원하고자 하는 이론가들에게 각광을 받았고, 20세기 말의 정치철학을 풍미했다. 하버마스는 초기 비판이론이 극단적 회의론으로 좌초할 수밖에 없었던 이유가 개인을 중심에 둔 의식철학적 패러다임에 갇혀 있었기 때문이라고 진단한다. 그는 주체와 주체 사이의 '관계'에 주목할 것을 제시한다. 이 주체와 주체 사이에 이루어지는 '소통'을 통해 새로운 대안적 동력을 만들 수 있다는 것이다.(TCA1, 386) 즉, 노동현장에서 판옵티콘적 권력장치와 노동자 개인의 수직적 관계만 보지 말고, 노동자와 노동자 사이에서 형성되는 수평적 소통원리에 주목할 필요가 있다는 것이다. 그는 이 수평적 소통과정이 판옵티콘적 권력장치가 의도하는 목적과 다른 가치들을 창출한다고 확신했다.

하버마스에 따르면, 근대 합리화 과정은 목적합리성만이 아니라 소통적 합리성의 동시 공존으로 파악된다. 이 소통적 합리성을 통하여 새로운 저항의 가능성이 열릴 수 있다는 것이다. 그는 소통 합리성의 근거지로써 '생활세계'(life-world)를 제시했다. 생활세계란 참여자의 배후에서 참여자들을 받쳐주고 있는 일종의 배경을 말한다. 그것은 우리가 직관적으로 알고 있고, 아무런 문제점이 없으며 분해될 수 없는 총체적인 배경을 이룬다. 생활세계는 하나의 지평을 이룰 뿐만 아니라, 동시에 문화적 자명성의 저장소가 된다. 이 저장소로부터 소통의 참여자들은 해석을 시도하면서 승인된 해석의 모형을 얻는다.(TCA2, 113~197 참조) 경제체계가 '화폐'를 매개로 작동하고, 정치체계가 '권력'을 매개로 한다면, 생활세계는 '언어'를 매개로 한다. 언어행위가 생활세계의 소통행위를 가능하게 만들어주는 매개다. 하버마스의 소통행위이론에 기반한 이 기획에서 주체는 소멸하지 않고, 주체와 주체의 소통을 통해 새로운 잠재력을 부여받는다.

그러나 하버마스의 소통행위이론에 기반한 '토의'(토론·소통, discursive or deliberative) 민주주의가 이론적 측면에서 근대의 합리성을 정치와 경제, 생활세계를 중심으로 준별함으로써 민주주의의 주체를 복원하는 데 일부 기여했지만, 이 이론틀을 무차별적으로 1970년대 노동현장의 여성노동자들에게 적용하기는 어렵다. 하버마스는 주체의 활동방식과 조건이 지극히 단편적으로 제한된 '이상적 대화상황'을 전제한 바탕 위에서 자신의 소통행위이론을 전개하고 있기 때문이다. 하버마스가 상정하는 민주주의의 주체는 '공론장'(public sphere)에서 합리적 논거와 언변으로 '동의'와 '합의'를 만들어낼 수 있는 능력을 지닌 엘리트다. 또한 이 공론장은 정치적·경제적 영향력으로부터 차단된 '이상적 대화상황'을 전제한다. 그러나 정치적-경제적 판옵티콘 장치가 이중적으로 강력하게 작동하는 한국의 1970년대 노동현장에서, 그리고 자신의 주장을 합리적 논변으로 제기할만한 변변한 공론적 수단조차 부재한 상황에서, 12~18시간의 '곱빼기' 노동에 찌든 노동현장에서, 고향을 떠나 서울로 갓 올라온 어린 여성노동자에게서 하버마스가 말하는 민주적 주체의 원형은 흔적조차 찾을 수 없다.

하버마스의 합리적 이성에 기반한 소통적 민주주의는 최소한 절차적 민주주의가 제대로 구현된 조건 위에서 논의될 수 있는 상당히 협소한 기반 위에 서 있다. 하버마스의 소통 모델은 20세기를 지배해 온 백인, 남성, 엘리트들이 주도하는 사회적 질서를 조금 다른 언어로 재생산하는 것일 수 있다. 실천적 여성학자인 영(Iris M. Young)은 토의의 규범 자체가 정신과 육체, 이성과 감성 사이의 대립을 전제하고, 감성적 표현을 배제하고 냉정함을 객관과 동일시하는 오류에 빠져 있다고 비판하였다.(Young, 1996, 123) 센더스(Sanders) 역시 토의의 규범이 비감성적이고 추상적 언술을 특권화한다고 비판하였다.(Sanders, 1997, 347~373)

소통모델에 대한 영이나 센더스의 비판은 하버마스가 마치 법원과 같은 논리의 극단적 대치상황을 전제해 놓고, 백인 남성 변호사들의 합리적 언변만을 특권화하고 있다는 말이다. 초기 비판이론의 의식철학적 패러다임을 극복할 수 있는 원천을 생활세계로부터 도출한 하버마스의 이론적 성과를 보다 적실성 있는 논의로 발전시키기 위해서는 영과 센더스가 강조한 것과 같이 생활세계의 영역에서 이성만이 아니라 '감성적인 것'과 '일상적인 것'이 갖는 힘에 주목할 필요가 있다. 오랜 습관의 저장소이자 규범의 벨트인 생활세계는 이성보다는 감성적, 경험론적 측면과 조응하는 영역이기 때문이다.

민주주의가 제대로 정착하지 못한 1970년대, 여성노동자들이 주도하던 각 사업장에 민주노조의 열풍이 불었다. 그 힘과 동력이 하버마스가 주장하듯이 여성노동자들의 탁월한 언변과 이성적·합리적 설득으로부터 온 것인가? 필자가 접한 1970년대 민주노조운동을 이끈 여성노동자들의 리더십은 이성적·합리적인 것과 거리가 멀었다. 루카치가 말한 혁명적 계급의식도 아니었다. 한국의 1970년대 상황을 돌이켜 보건대, 한국사회는 분명 '이상적 대화상황'이나 '합리적 소통'과 거리가 멀었다(물론 현재도 그렇게 나아지지 않았다!). 그러나 곳곳의 노동현장에서 여성노동자들이 1970년대 한국사회 공장의 민주화를 추동했다.

1970년대 각 사업장에서 민주노조를 추진하고, 최선두에서 투쟁한 여성노동자들은 대학에서 혁명적 계급이론을 학습한 전투적 현장 활동가들도 아니고, 혁명이론을 탁월하게 구사하는 직업 혁명

가들이나 소위 선진적 노동인자도 아니다. 노동운동에 나서게 된 동기들을 살펴보면, 이 여성노동자들의 리더십은 가장 인간적이고 감성적인 차원에서부터 발동되어 노동현장 동료들의 보편적 공감대를 통해 강화되었다. 인간적 '신뢰'로부터 출발한 동지애가 감히 상상할 수 없는 힘으로 판옵티콘적 장치들을 무력화시켜 나갔던 것이다. 이 원인과 동력을 설명하기 위해서는 새로운 관점의 접근이 필요하다.

1970년대 한국의 노동현장은 독일의 제1세대 비판이론가들이나 푸코가 절망적으로 고발했던 동질화와 획일성의 이념형적 실체라고 할 정도로 강력한 판옵티콘적 권력장치 아래 있었다. 그러나 호르크하이머나 아도르노, 푸코의 예견과 달리 이 판옵티콘의 권력장치에 정면으로 노출되어 있던 한국의 여성노동자들은 '물화'된 기계적 노동과정에서 획일화·동일화된 무비판적 주체로 소멸하지 않았다. 그녀들은 분노할 줄 알았고, 그 분노가 '공분'(公憤)을 일으켰다. 그 분노의 발단은 평범하고 일상적인 것이었지만 가장 인간적인 차원에서 촉발되었다. 여성노동자들은 노동현장의 각종 비인간적 처사에 대해 누가 가르쳐 주지 않았어도 본능적으로 시시비비를 가릴 줄 알았다.

회사가 상으로 주는 '밍크담요'를 휩쓸던 일 잘하는 '억척 또순이'들은 동료들과 같이 울고, 아파할 줄 알았다. 거창한 프롤레타리아트 계급의식이 무엇인지 몰랐어도 동료들의 억울함과 눈물에 공분했다. 이 공감대가 옆 라인을 넘어 공장 전체로 폭발적인 공감적 연대의 동력으로 확산되어 나간 것이다. 그녀들의 리더십은 '공론장'이 아니라—공론장에 빗대어 '공감장'(sympathetic sphere)이라는 개념을 쓸 수 있다면—'공감장'을 기반으로 작동했다. 행위자, 즉 억척 또순이 큰 언니들과 관찰자인 동료 여성노동자들 사이에는 공론장 이전에 '공감대' 또는 '공감장'이 기저에 자리하고 있다. 정치적 대리 대의행위에서 능력보다 더 중시되는 것은 합리성이 아니라, 대리되는 자아들의 인격적 존재의미와 감정에 민감하게 반응할 수 있는 대의자의 공감능력이다. 대의자의 권한과 지위는 공감적 '신임' 즉 공감감정으로서의 '믿음'에 달려 있다.[4]

과연 여성 노동자들이 밀집해 있는 대형공장에서 그녀들을 분노하도록 만든 것은 무엇일까? 1970년대 여성노동자들의 노동현장 속으로 들어가 보자.

---

4   황태연, 2015, 『감정과 공감의 해석학2』, 청계, 2001쪽.

04

공 장 과 신 화

공장의 분노

1_폭력, 불공정, 그리고 분노

각종 미시사법과 판옵티콘적 기율권력에 철저히 포섭되어 있었고, 다른 동료보다 한 푼이라도 더 벌기 위해 새벽 같이 미싱을 타야하는 경쟁관계에 내몰려 있었지만 이러한 노동구조가 여성노동자들의 본성적 '도덕감각(moral sense)'까지 말살하지는 못했다. 도급제라는 비인간적 생산방식 하에서 주변의 동료들이 때로는 동료가 아닌 경쟁자로 다가오는 노동현장에서도 여성노동자들은 분명 따뜻한 가슴을 지닌 인간 그 자체였던 것이다. 낯선 서울의 대형공장에서 하루 12시간 이상을 부대끼며 생활해 온 이들에게 이기적 욕구 외에 이와 구별되는 다른 감정인 '사회적 연대감(fellow-feeling)'이 작동하고 있었다. 여성노동자들은 인간을 인간으로 대우하지 않는 비인간적 만행에 특히 분노했다.

1) 깜빡 졸았다고 뺨을 때리나?

대규모 사업장의 여성노동자들이 노동운동에 나서게 된 계기는 어찌 보면 단순한 데서 비롯되었다. 자신들의 동료가 야근 중에 잠깐 졸았다는 이유로 비인간적 모멸감을 받았던 것에 대한 분노가 한 원인이기도 했다.

박말순이라는 동료가 야간작업을 하면서 잠깐 졸았다. 순찰을 돌던 남성 관리자가 박말순의 조는 모습을 보고 작업장으로 들어와서 박말순을 바(bar)에 올라서라고 했다. 그러고는 다짜고짜 뺨을 때렸다. 신미자는 40여 년이 지난 지금까지도 그 문계장을 절대 잊을 수 없다고 한다.

> 졸면 동료들끼리 찔러주고 이렇게 하는데, 그 문계장이라는 사람이 경상도 사람인데 나는 잊을 수가 없어. 박말순이! 그러는 거야. 딱 들어오더니 문을 딱 열고 깜짝 놀라게 다른 사람들. 그 친구를 바에다 딱 올려놨어요. 딱 때리는 거예요. 졸았다고. 그것을 보니까 견딜 수가 없었어요. 아니 야간을 하다 보면 졸릴 수도 있는 거지, 안 그래요? 졸지 말라고 야단만 치면 되지 이름 부르더니 뺨을 딱 때리는 거예요. 우리가 막 화가 나서 뒤에 대고 나쁜 감정을 막 표현을 했지. 나간 다음에. 앞에 대고는 못하니까. 우리가 분개를 했어요. 저는 누구도 없냐? 동생도 없냐? 막 하면서. 너무 속상하잖아.(신미자, 2010, 28쪽)

롯데의 여성노동자들이 분노한 것은 문계장의 체벌이 통상적인 도덕감각의 허용범위를 넘어선 폭력 행사였기 때문이다. 여성노동자들은 이 비인간적 폭력행사를 목격하고 본능적으로 분노했다. 이 분노의 밑바탕에는 용납할 수 없는 손찌검을 당한 동료에 대한 연민과 사랑이 자리하고 있다. 일찍이 인간 본성에 주목했던 맹자의 표현을 빌자면, 이때 롯데 여성노동자들의 분노는 주변의 고통을 차마 견딜 수 없는 '측은지심(惻隱之心)'의 발로였다.

장시간 노동에 이은 야간노동은 언제나 고역이었다. 기계도 쉬지 않고 돌리면 고장 나는 데 하물며 인간이야 더 말할 나위가 있겠는가. 10대 후반~20대 초반의 젊은 체력이라도 계속되는 야간노동에는 버텨 낼 재간이 없는 것이다. 여성노동자들의 상당수가 취업 후 장기간 노동과 부족한 영양섭취 등으로 월경불순과 냉증에 시달렸다.[1]

1970년대 노동현장의 야간작업을 상징하는 것 중 하나는 쏟아지는 잠을 피하기 위해 당시 여성노동자들이 작업복 주머니 속에 넣고 다니던 '잠 오지 않는 약', 일명 '타이밍'이다. 타이밍은 여성노동자들은 물론 지금 50~60대 기성세대들은 이름만 대면 알 수 있을 정도로 1970년대 유행했다. 타이밍은 교감신경계 특히 중추신경계를 흥분시켜 수면을 방해하고, 혈압을 올리는 약이다. 이 약은 중독증을 일으키고, 장기 복용을 하면 두통과 복통은 물론 환각과 정

---

1   이태호, 1984, 『불꽃이여 이 어둠을 밝혀라 : 70년대 여성노동자의 투쟁』, 돌베개, 70~71쪽.

신분열까지 일으키는 위험성을 가지고 있다. 당시 여성노동자들이 이런 부작용을 알지도 못했지만, 당장 눈앞의 졸음을 쫓아야 하는 절박함 속에서 이런 부작용을 따질 겨를도 없었다. 여성노동자들은 타이밍을 작업복 주머니에 넣고 다니면서 갖은 애를 쓰며 야간작업을 하는데, 관리자가 자기 잘 거 다 자고 나와서 동료들을 함부로 대하는 현실에 분노한 것이다. 김순옥이 전하는 이야기다.

> 너무 졸리면 꼬빡꼬빡 졸기도 해요. 그러면 와갖고 막 따귀도 때리고 그랬어요. 그러면 제가 그런 일을 생리적인 현상인데 어쩌면 따귀를 때릴 수 있느냐? 조심하라 이러면 될 거지. 졸음을 참기 위해 약을 먹고, 그 잠 오지 않는 약 '타이밍' 그거 전부 주머니에, 작업복 주머니에 넣고 다녔어. 그거 먹고 다니고. 그런 게 너무너무 싫었어요. 자기(관리자)는 엎드려서 이렇게 자면서 내려와서 응? 정말 여공들이 깜빡 존 거 따귀 때리고 그랬다니까. 그리고 머리가 길면 모자를 이렇게 하면 머리 꼬랑지가 뒤로 나오잖아요? 깜빡 졸면 뒤에 와서 머리 막 심하게 당기고 이랬어요.(김순옥, 2010, 57쪽)

제대로 된 노동사박물관이 만들어진다면, 전시공간의 구석자리에라도 소개되어야 할 정도로 타이밍은 산업화 시기 한국 여성노동자들이 자주 복용하던 약이다. 그녀들은 몸에 어떤 부작용이 있을지 생각할 겨를도 없이 당장 각성제를 먹고서라도 쏟아지는 잠을 쫓아야만 했다.

2) 관리자들의 폭행과 특권의식

1970년대 노동현장에서 관리직들이 여성노동자를 폭행하는 일이 다반사로 일어났다. 대일화학에서는 책임자 마음에 들지 않는다는 이유로 일하던 여성노동자가 마구 얻어맞는 일도 있었다. 심지어 그 관리자는 여성노동자의 목을 졸라 기절시키기까지 했다. 노동조합이라는 것이 존재하지 않았던 시절, 여성노동자들은 관리자들의 폭행을 견디다 못해 집단행동을 했다. 대일화학의 여성노동자들은 집단적인 공분을 표출하고, 결국 이 책임자를 쫓아냈다. 대일화학의 노동현장의 수기 『서울로 가는 길』에 기록된 내용이다.

> 그곳에서 일하는 아가씨 하나가 책임자 마음에 들지 않는다는 이유로 마구 얻어 맞은 사고가 일어났다. 어떤 사람은 일하는 아가씨를 때리고 목까지 졸라 기절을 시킨 일도 있었다. 우리들은 그런 이야기를 듣고 이런 일이 있어서는 도저히 안되겠다는 생각을 하게 되었다.[2]

이 관리자 혹은 책임자들은 대부분 대학을 졸업한 남성들이다. 같은 생산현장에서 일하는 조장이나 반장은 이렇게까지 심하게 하지는 않았다. 1970년대 대기업 공장의 남성 관리자들은 일종의 특권의식을 가지고 있었다. 이 관리자들은 욕을 입에 달고 다녔고, 툭

---

2   송효순, 『서울로 가는 길』, 60쪽.

하면 여성노동자들에게 폭력을 행사했다.

조장이나 이런 사람들은 우리랑 같이 하니까 그렇게 까지는 못해
요. 자기네들도 우리랑 똑같이 일하고 같이 있으니까 친하잖아요.
그러니까 그렇게 까지는 못하는데, 사무실 계장이 순찰 나왔다가
그렇게 하는 거예요. 관리직에 있는 사무실 사람들. 나와서 딱 때
리는데 이것은 아니더라고. 그리고 이래저래 뭐 잘못하는 경우는
그렇게 욕을 하더라고. 무시하고.(신미자, 2010, 29쪽)

심하게 다루는 것, 뭐 못한다고 문제제기 하면서 심하게 말하고 그
런 것들이 저희한테는 조금 충격적이었고, 같은 여자 입장에 있는
조장 언니도 그랬고, 그 위에는 주임이나 이런 사람들은 다 남자
잖아요. 그런 남자분들이 그렇게 대하는 이런 부분들이. 그래서 노
동자들끼리 '어떤 사람은 어떻다'라는 얘기를 많이 했죠. 심하다,
문제 있다, 욕하고.(배옥병, 2010, 16쪽)

배옥병이 또 다른 곳에서 증언한 이 관리직들의 폭행 고발 내
용은 훨씬 심각하다.

관리자들이 여성노동자들에 대해서 함부로 대하고 그 다음에 떠들
었다고 해서 군출신인 관리자가 겨울에 눈밭에서 여성노동자를 막
굴림시키고, 토끼뜀 뛰게 하고, 또 불러내 가지고 자기 책상 옆에
다가 손들고 벌서게 하고, 두들겨 패고, 머리 잡아서 흔들어 가지

고 부딪치게 하는 이런 비인간적인 행위들이 참 저희들을 힘들게
했던 것 같아요.(김지선 외, 2003)

3) 성별 위계질서의 만연과 남용

서구 사회에서 남성노동자와 여성노동자의 대립은 노동시장의
노동력 공급을 둘러싸고 일어났다. 반면, 1970년대 한국의 노동시
장은 고정적인 성별분업 체계가 자리 잡고 있어서 노동력 공급을
둘러싼 남녀 간 대립은 드물었다. 여성노동자들은 주로 여성노동력
을 필요로 하는 경공업에 집중되었기 때문에 남성들과 취업경쟁을
하지 않아도 됐지만 문제는 작업장 내에서 작동하는 성차별에 근거
한 '수직적인 위계질서'가 심각한 문제였다.[3] 남성 관리자들은 자신
의 권한을 악용해 여성노동자들을 희롱하기도 했다.

생산부 2과는 테이프 작업을 하는 곳인데 그곳 과장은 자기 부서
의 아가씨들을 농락하기도 하였다는 소문이 돌았다. 월급을 남들보
다 더 올려준다는 조건으로 공장내 여공들을 데리고 다니며 놀았
다는 것이었다.[4]

여성노동자가 많았던 롯데제과의 민주노조 초대 위원장은 이례

---

3   김 원, 『여공』, 294~95쪽.
4   송효순, 『서울로 가는 길』, 60쪽.

적으로 남성인 신태웅이었다. 그는 1970년대 민주노조에서 특이하게 남성이 노조위원장이 된 경우다. 그는 산업선교회나 여타 다른 루트를 통해 노동운동에 대한 교육을 받거나 하지 않았다. 그가 롯데의 민주노조 지부장이 될 수 있었던 것은 인간적 모멸감에 대한 분노의 표출로부터 시작되었다. 신태웅은 관리직 남성들이 얼마 되지도 않는 자신들의 권한을 악용해 여성노동자들에게 비인간적 행위를 하는 것에 분노했다.

> 사무실에 기사, 계장, 과장급들이 아주 막강하다는 얘기예요 … 말단에 있는 저희 같은 직원들이 아주 비열할 정도로 굽실거려야 하고 … 처음에는 시키는 사람보다 그리 당하는 사람들이 순순히 하는 사람들이 더 밉더라고요. 거의가 여자들이 많잖아요. 여자들이 많다 보니까 남자 공원들은 좀 비열하게 굽실거리면서 하고, 여자들은 심하게 말하면 관리자 원하는 거하고, 그런 쪽에 여자직원들이 원하는 거가 맞아 떨어지는 거야. 여공들이 퇴근해가지고 노는 바운더리가 영등포 부근이잖아요. 여공들도 마찬가지고, 관리 직원들도 마찬가지고. 걔들이 즈그끼리 만나요. 그 부근에서 만나는 거예요. 저희들 눈에 띄는 거죠. 밖에서 만나고 하는 사람들 보면은 지금 우리가 봤을 때는 아무 것도 아니지만 그 당시는 자리(공장의 라인을 말한다)를 여기서 여기로 옮기는게 대단한 거거든요. (편한 라인으로) 자리를 옮기는 여공들 보면은 관리자들하고 관계가 있고. 어느 시점에 가니까 관리자들이 더 싫어지는 거예요. 쟤들은 어쩔 수 없으니까, 먹고 살기 위해서, 살아가기 위해서 저래 하지만 너

희(관리자)들은 조그마한 무슨 쾌락을 응? …농락하고, 농간하는 그게 참 분노를 느끼게 되더라구요. 그렇다 보니까 항상 그 관리자들과 부딪치게 되는 거예요.(신태웅, 2010, 18쪽)

4) 검 신

일명 '검신' 또는 '센타'는 1970년대 공장을 상징하는 전문용어 중 하나다. 공장 퇴근시에 혹시 노동자들이 훔쳐가는 물건이 없는지 일일이 몸수색을 했는데, 이 몸수색을 검신을 한다고 하거나 속된 말로 센타를 친다고 했다. 검신 문제는 당시 일간지(동아일보)에도 심각한 인권유린으로 보도될 정도로 문제가 되었다. 구로공단의 경우 매일 오후 6~7시 반 사이의 낮 근무자 퇴근시간이나 밤 10시~11시 야근자 퇴근시간이면 어느 공장 정문에서고 몸수색을 하는 풍경을 볼 수 있었다.

16일 오후 6시경 신사복 수출회사인 H피복 수위실. 굳게 닫힌 정문 쪽으로 계속 몰려 나오는 여공들이 좁은 수위실을 통해 나오면서 검신을 받는다. 한사람씩 좁은 수위실로 들어서면 40대 여자 사감이 두 팔을 벌리게 하고 상의에서 하의까지 손으로 더듬고 핸드백, 손지갑을 일일이 열어 보고서야 내보낸다. 남자공원들의 경우는 남자 수위가 같은 방법으로 몸수색을 한다. 심한 경우 소지품은 물론 구두까지 벗기고 검신을 한다는 것. B사 제2공장의 경우 검신을 하는 수위실이 도로변에 있는데다 커튼조차 쳐져 있지 않아 공장바깥 도로변에서도 검신하는 모습이 모두 들여다보이는 실정. 4개월 전 지방에서 상경, H피복공장에서 일하고 있는 朴모양(19)은 '매일 퇴근시간 마다 검신을 한다'며 '칸막이조차 없는 수위실에서 검신을 할 때 남자직원들과 면회 온 가족들이 지켜보기도 해 부끄럽기 짝이 없다'고 호소했다. 또 金모양(23)은 '회사측으로부터 불신을 받고 있다고 생각하면 견딜 수 없지만 구로공단에서는 검신을 안하는 공장이 드물기 때문에 참고 지낼 수밖에 없다'고 말했다. B사 제2공장 미싱공 金모양(24)은 '현금을 취급하는 버스 안내양들에 대한 몸수색도 거의 없어졌는데 신사양복을 만드는 공장에서 검신을 매일 같이 하는 것은 이해할 수 없다'고 말했다(동아일보 1978. 10. 18일자).

1978년 10월 18일자 동아일보

　　여성노동자들은 검신을 받으면서 자괴감과 분노를 느꼈다. 여성
노동자들은 심지어 "월급 많은 것보다 인간대접받기를 희망"했다.
문제는 이 검신 행위가 당시의 근로기준법으로도 위법이었다는 점
이다. 민주노조가 자리를 잡으면서야 노동현장에서 검신이 점차 사
라졌다. 그러나 민주노조가 결성되기 전까지 대규모 사업장에서 '검
신'은 항상 골칫거리였다. 반도상사에서는 설 명절을 앞두고 고향에
내려가려고 마음이 급한 노동자들을 대상으로 회사가 검신을 강행
하면서 한 여성노동자가 뇌진탕으로 쓰러지는 대형사고가 발생했다.

　　설이 가까워져 5시 퇴근하고 자기 형제들 만나서 함께 시골에 가
기로 했어요. 퇴근 후에 약속들을 지키기 위해서 한결 같이 사람
들이 완전히 쫙 몰렸죠. 평상시도 검신은 계속 했어요. 그 때는 명
절 무렵이고 하니까 한 2백 명 넘는 인원이 쫙 한 줄로 섰어요. 검

신하는 사람들이 많아서 **빨리빨리** 해주면 좋은 데 한 사람이 하니까 시간이 굉장히 많이 소요되지요. 보통 기다리면 어떤 때는 1시간 넘게 기다리는 수도 있거든요. 검신을 빨리 하고 나와야 통근버스를 타는데 늦게 타면 통근버스 놓쳐요. 그때 나이 어린 친구가 있었어요. 열일곱 살인가, 열여덟 살 정도 먹은 친군데 자기 언니는 다른 회사 다니고, 언니랑 시골 가기로 해서 표를 끊어 놓고 기다리는 장소에 갈려고 이 친구가 새치기를 했어요. 빨리 갈라고. 근데 줄을 서 있으면 경비원들이 이런 몽둥이, 플라스틱 몽둥인지, 나무 몽둥인지 모르겠어요. 몽둥일 들고 줄을 서도록 사람들을 막 때려요. 근데 그 친구가 새치기를 해서 이제 맞았어요. 맞아서 가 보니 뇌진탕이 일어났어요. 머리를 맞아 넘어진 거야. 넘어져 갖고 병원에 실려 가고 피흘리면서 실려 가고. …(장현자, 2011, 79~80쪽)

설 연휴를 앞두고 2백 명이 넘는 인원을 한 사람이 검신을 했다. 다른 공장에 다니는 언니를 만나 같이 고향으로 가려고 차표를 끊어 놓은 10대 후반의 여성노동자는 차시간이 임박해 자신을 기다리고 있을 언니를 생각하며 발을 동동거렸다. 도저히 줄을 서서 그 시간을 기다리고 있을 수 없었던 것이다. 통근버스를 놓치면 언니와 만나기로 한 약속 시간에 늦을 뿐만 아니라 고향에 가는 차를 놓칠 형편이었다. 이 어린 여성노동자는 검신과정에서 경비원에 의해 머리를 맞고 뇌진탕으로 병원에 실려 갔고, 결국 고향에 가지 못했다.

5) 누구만 입이냐?

1970년대 쌀 부족을 해결한다고 농림부가 대대적으로 혼·분식을 장려하는 캠페인을 벌였다. 혼·분식이 곧 애국이었다. 신문에서도 "애국하는 마음으로 혼·분식을 합시다"라고 헤드라인 기사를 뽑을 정도로 전사회적으로 혼·분식이 강조되었다. 혼·분식 장려운동은 1969년 1월 23일 정부의 행정명령으로 시작되었는데, 정부가 직접 나서서 위반업소를 엄중 처벌할 정도로 강력하게 추진되었다. 이 행정명령은 식량자급에 성공한 1977년에야 해소되었다. 학교에서도 선생님들이 학생들 도시락에 보리 등 잡곡이 25%이상 섞여 있는지 매일 검사했다. 노동현장이라고 예외가 아니었다. 반도상사 같은 경우는 일주일에 이틀 혼·분식장려 차원에서 수요일과 토요일 분식을 실시했다. 천여 명이 넘는 인원이 거의 같은 시간대에 국수로 식사를 한다는 것은 쉽지 않은 일이었다. 통통 불은 국수로 천여 명의 인원이 식사를 대신했다.

> 국가정책적으로 어~ 일주일에 두 번은 분식을 하게끔 했어요. 수요일, 토요일 날은 분식을 주거든요. 근데 인제 국수가 그 한 천 여명 넘게 먹는다고 생각해 보세요. 그 통통 불은 국수를 물에 말아서 그냥 주는데 제대로 맛있게 먹겠습니까?(장현자, 2011, 81쪽)

1970년대 섬유업은 대표적 활황 산업 중 하나였기 때문에 노동자 수가 빠르게 늘어났다. 초기보다 점차 식사의 질이 떨어졌는데,

그 이유는 노동자 수가 늘어나고 공장이 커지는 것만큼 회사가 식사비용을 제대로 충당하지 않았기 때문이다.

> 일반 식사 나와도 옛날 우리 초기 때 내가 첨에 들어갔을 때 참 식사가 깔끔하고 괜찮았어요. 아주 맛있게 줬거든. 근데 사람이 많아지고 나니까 국 같은 경우는 뭐 정말 국물만 있다시피 하고 김치, 콩나물 정말 형편없는 식사였거든요.(장현자, 2011, 81쪽)

국가시책이라고 하니 퉁퉁 불은 국수를 먹는 것을 감수할 수 있었다. 또 고기가 지나간 국물도 먹을 수 있었지만 여성노동자들이 정말 견디기 힘들었던 것은 '차별'이었다. 물론 모르고 지나갈 때에는 문제가 되지 않았지만 반도상사에서는 식사의 차별이 확인되는 계기가 있었다. 이때 노동자들의 엄청난 분노가 일어났다. 한순임이 공교롭게 물건이 들어오고 나가는 걸 체크하는 검수 역할을 맡은 적이 있었다. 혼·분식날의 식사차별을 직접 확인한 것이다. 노동자들이 혼식을 먹을 때 관리직들은 쌀밥을 먹었고, 분식을 해야 하는 날에도 관리직들은 떡갈비와 설렁탕으로 식사를 하고 있었던 것이다.

> 관리직 사원들 식당은 따로 였어요. 관리직 식당과 일반 종업원들 식당은 따로 있었거든요. 저희가 분식을 먹을 때 그쪽에서는 떡갈비를 먹을 수 있도록 식재료가 들어와요. 그 사람들은 뭐 설렁탕을 먹는다거나 하고 우린 그냥 퉁퉁 불은 국수 주고. 철야를 한다거

나 꼬박 24시간 동안 일을 하게 되면 얼마나 입이 칼칼하고 잠 못
자고 그러겠어요. 아예 밥맛이 없으니까 그냥 밥만 뜨다 밥이 없어
딱딱 그냥 쓰레기통에 집어 넣는 거예요. 제대로 먹을 수가 없으니
까. 누구는 입이고 누구는 뭐냐? 식사 같은 것도 이렇게 먹는 것까
지 차별이 돼야 하는가.(장현자, 2011, 81쪽)

동료가 검수를 하면서 알게 된 이러한 차별적 관행은 반도상사
만이 아니라 1970년대 공장 곳곳에 존재했다. 어떤 공장에서는 기
준 없는 임금체계가 문제가 되었다. 여성노동자들은 공장 내에서
이해할 수 없는 이런 부조리들을 체험하면서 이 부조리를 해결해야
할 필요성을 절감했다.

2 _ 저항의 동력

노동현장에서 여성노동자들은 깜빡 졸았다는 이유로 뺨을 맞는
동료를 보고, 도를 넘은 관리자들의 폭행과 폭언, 특권의식을 보고,
여성노동자들을 범죄자 취급하는 검신을 당하고, 식사마저 차별적
인 현실을 접하고 분노할 수밖에 없었다. 인간이라면 그렇게 할 수
없는, 그렇게 해서는 안 되는 최소한의 선을 넘어선 것에 대한 분
노였다. 이 비인간적 현실에 대한 분노는 노동현장의 대다수 노동
자들의 공분 속에서 급속히 확산되었다. 무형의 공감대가 만들어진
것이다.

그렇다고 이러한 분노가 곧장 민주노조 결성으로 직결된 것은 아니다. 무언가 이 분노를 표출하는 방법이 필요했지만, 노동조합은 당시 여성노동자들이 한 번도 경험해보지 못한 것이었기 때문에 민주노조 결성을 통한 해법까지는 외부로부터의 새로운 자극과 경험이 동반될 필요가 있었다. 많은 경우 자극의 계기는 주로 도시산업선교회, 야학, 크리스챤 아카데미 등 당시 노동현장의 개선을 위해 노력하던 종교단체나 대학생들을 통해 만들어졌다. 어렴풋하게라도 노동법과 노동조합에 대한 상이 그려지면서 노동현장의 인간적 모멸과 분노는 점차 이를 해결할 수 있는 조직적 구상으로 모아지고, 구체화되기 시작했다.

1) 외부로부터의 자극

여성노동자들이 민주노조의 필요성을 느끼게 되는 계기들은 다양했다. 개인적 분노를 노동현장의 조직적 저항으로 전환시킬 수 있었던 계기 중 하나는 도시산업선교회와의 인연이었다. 여성노동자들은 산업선교회 활동을 하면서 관리직 계장들의 폭행과 폭언, 여성노동자에 대한 모멸에 대해 느끼고 있던 분노를 해결할 방법을 발견하기도 했다.

> 남자들, 대학 나오고 많이 배웠다는 관리직에 있는 사무실 사람들, 나와서 딱 때리는데 이것은 아니더라고. 아 진짜 그건 아닌데. 조금 뭐 잘못하는 경우 그렇게 욕을 하더라고, 무시하고. 근데 저는

그렇게 차별대우나 무시는 안받고 살았거든요. 그니까 그게 더 힘 들더라고. 그랬는데 산업선교를 알고 이렇게 보니까 우리가 8시간 만 일해도 되고, 근로기준법이 있고, 이렇게 지켜야 될 게 있구나. 그리고 우리가 장시간 노동하는 게 불법이구나 이런 것을 알게 되잖아요. 그러니까 이거를 해야 되겠는 거예요. 불법을 바로 잡아야 한다. 그때 가니까 (목사님께서) 너 네는 노동조합이 있다. (가서) 있는지 알아봐라.(신미자, 2010, 29쪽)

놀라운 것은 신미자가 산업선교회에서 노동조합이라는 것에 대해 듣기 전까지는 롯데제과에 다니면서도 회사 내에 비록 어용노조지만 노조가 있다는 사실조차 모르고 있었다는 것이다. 비단 신미자 뿐 아니라 대부분의 여성노동자들이 노동조합이라는 실체를 몰랐기 때문에 자신이 다니는 공장에 노동조합이 있다는 상상조차 하지 못했다. 신미자는 산업선교회에서 다른 사업장 동료들의 이야기를 듣고, 노동조합에 대해 처음 알게 되었다. 그녀는 기독교 신자였기 때문에 산업선교회를 처음 찾는 과정이 그다지 부담스럽지 않았다고 한다. 그러나 종교가 기독교가 아닌 경우 산업선교회를 찾기까지는 상당한 마음의 갈등이 있는 경우도 많았다. 기독교 신자가 아닌 경우 여성노동자들이 장시간 노동에 지친 몸으로 퇴근 후에 산업선교회를 찾는 것은 쉽지 않은 일이었다.

여성노동자들이 산업선교회를 처음 방문하게 된 계기는 대부분 개인적 필요에 의해서였다. 대일화학의 송효순은 탈의실에서 동료들이 하는 이야기를 듣고 산업선교회를 알게 되었다. 처음에는 산업선교회라는 곳에 관심이 전혀 없었다. 그런데 같이 일하는 언니가 거기서 뜨개질이나 요리도 가르쳐주고, 저축도 할 수 있다는 것을 알려주자 저축할 수 있다는 사실에 매력을 느꼈다. 그동안 월급이 적어서 은행을 못가고 있었는데 거기서는 1원도 환영한다는 말을 듣고 송효순은 망설임 끝에 산업선교회를 찾았다. 처음 저축을 하러 간 이후 점차 산업선교회의 소그룹 활동에 참여하게 되었고, 노동법 강의를 듣고, 노동법 관련 책도 보면서 지금까지와는 다른 문제의식이 생기기 시작했다. 자신이 받던 급여를 따져 보게 되었고, 맨날 코피를 쏟아야 했던 장시간의 노동이 주마등처럼 스쳐 지나갔다. 그동안 당연하게 생각하고 있던 문제들이 새롭게 다가왔다.

> 처음에는 몇 조 몇 항이 어떻구 이해가 잘 안되잖아요. 그런데 얘기를 한번 듣고 보니까 우리가 월급을 너무 작게 받고 있구나. 그리고 8시간 일해서 먹고 살아야 되는데 12시간 막 … 코피가 굉장히 많이 나더라구요. 그때 일을 많이 하니까 아무래도. 인제 성장기잖아요. 17, 18살이면. 일을 많이 하니까 맨 날 코피 나고. 어 이거는 아니다 싶은 생각이 드는 거죠.(송효순, 2010, 34쪽)

여성노동자들이 노동여건 개선을 위한 투쟁을 시작한 계기는 비단 산업선교회만 도화선이 되었던 것은 아니다. 크리스천 아카데미, 야학 등 다양한 경로의 경험이 여성노동자들에게 새로운 돌파구를 만들어 주었다. 장현자는 원래 수녀가 되려고 했다. 그래서 열심히 성당활동도 하고 교리신학원을 다녔던 경험도 있다. 반도상사에서 본격적으로 노동운동을 하기 전까지 장현자는 시골에서 하고 싶어도 할 수 없었던 공부를 해보려고 애를 썼다. 그랬던 그녀가 크리스천 아카데미의 4박5일 교육에 참여하게 되었고 이 경험을 계기로 그렇게 염원했던 공부보다 노동운동을 더 중요한 가치로 삼게 되었다. 배옥병은 1975년 서울통상에 입사한 이후 3년이 지난 1978년 야학에 참여하게 되면서 자신을 둘러싼 주변 노동현실에 대해 새로운 문제의식을 갖기 시작했다. 배옥병은 야학을 하는 동안 〈전태일 일기〉, 〈어느 돌멩이의 외침〉 등을 읽었고, 자신과 같은 처지에 있던 동일방직 여성노동자들의 '똥물사건' 등을 접했다.

그런데 여기서 주목해야 할 것은 앞선 〈보론2〉에서 살펴본 바와 같이 루카치 식의 프롤레타리아트 계급의식을 주입하는 방식이나 교육독재론적인 전략적 접근으로는 여성노동자들의 마음을 열 수 없었다는 점이다. 현장의 여성노동자들은 노동현장에서 느낀 분노의 공감대를 표출하고 모순을 해결할 방법을 찾던 중이었고, 마침 산업선교회나 크리스천 아카데미, 노동야학 등에서 그 구체적 방법을 알게 된 것이다. 이 공간들은 여성노동자들이 노동현장의 고민을 토로하고, 함께 연대감을 형성할 수 있는 사랑방 역할을 충실히 했다.

2) 변 화

분명 산업선교회나 크리스천 아카데미, 노동야학 등은 자신들의 목적의식적인 노동운동의 전략을 가지고 있었다. 그러나 이러한 전략들이 아무리 치밀하고 논리적이라 하더라도 노동현장에서 여성노동자의 입장으로 공감할 수 없는 경우에는 관철되지 못했을 뿐만 아니라 때로는 역효과가 나기도 했다. 가장 중요한 것은 아래로부터 공감대를 형성할 수 있어야 한다. 특히 지식인 또는 엘리트의 관점으로 여성노동자들의 처지를 이해하지 못하는 경우 여성노동자들의 심각한 반발에 직면했다.

아래 경우는 이미 노동현장에서 활동가로 성장해 있던 반도상사 여성노동자 허성례의 이야기이다. 그녀는 생존의 절박함을 이해하지 못하는 외부의 제안을 결코 수용하지 않았다. 여성노동자들은 노동현장의 노동자로써 일하고, 활동하는데 필요한 조력자를 원했지, 여성노동자들의 생활을 제대로 이해하지도 못하면서 특정 활동을 강제당하는 것을 원치 않았다. 현장에서 해고된 후 생계 압박에 시달려 현장을 떠나 버스안내양으로 나가는 동료들에게 산업선교회의 한 인사가 다음과 같이 말했다.

목사님은 그때 '너희들은 돈 벌기 위해서 어떤 일을 선택해서는 안 돼', '너희들은 활동가이기 때문에 현장에 가서 활동을 해야 돼'였어요. 그런데 우리한테는 생존 그 자체가 절박했거든요. 쌀도 없어, 라면 없이 두 달을 살았어. 팬티가 있어? 신발 떨어져, 돈 떨어져 … 걔들이 안내양을 하는데 버스 타는 데까지 보따리 들고서 같이 가는데 목사님을 만났어요. 목사님이 예뻐하는 애들이 다 안내양으로 가는 거야 … (목사님은) 밥을 사주면서 '너희들이 어떻게 안내양을 갈 수가 있냐? 현장활동을 해야지' 그러시는 거야. 그러

니까 돈 벌러 간다 이거예요. 안내양이 월급이 굉장히 많거든. 그
러니까 내가 화가 나는 거야. 목사님이 우리를 위해서 희생하고 목
사님의 많은 것들을 버리고 고생하시지만 우리가 정말 어렵고 힘
든 걸 저렇게 모르실까, 지금 그걸 야단쳐야 하겠는가, 지금 너무
절박한데. 그날 한숨도 못 잤어요. 다음날 일쩍 목사님을 찾아갔어
요. 막 따졌죠. 목사님 우리가 생존을 위해 돈을 벌어야 된다는 걸
그렇게 모르겠느냐고 … 그때 당신은 외부의 그런 것들을 받았겠죠.
현장 활동가 출신들로 현장에 배치해야 한다는 것이 사명이었겠지.
그런데 난 목사님은 편하시다. 목사님은 노동이 신성하다고 하셨지
만 노동했냐? 사람은 똑같다고 했지만 자본주의에서는 사람은 똑같
지 않다. 우리가 라면도 없이 두 달 석 달을 살고 옥상에서 울고 그
러는 것을 목사님은 아냐? … 해고당하고 갈 데 없어 갔는데 … [5]

그녀는 생존을 위한 노동의 절박성을 이해하지 못하는 목사님
을 도저히 인정할 수 없었다. 여성노동자들은 생계를 위한 노동자
였지 직업적 운동가들이 아니었기 때문이다. 산업선교회에서 진행
하는 강좌의 강사나 인명진 목사 등이 여성노동자들의 정체성과 충
돌한다고 생각할 경우 그 반발은 더 크게 나타났다. 허성례는 그들
을 그 '지식인들'로 통칭하면서, 해고되면 당장 굶어야 하는 자신들
과 지식인들은 맞지 않는다고 그 차이를 단적으로 지적했다. 현장

---

5   성공회대 사회문화원 노동사연구소 노동구술자료 276번. 김귀옥, 권진관, "황
    영환, 허성례 구술녹취록"(반도상사). 권진관, "집단적 배움의 과정으로서의 사
    회운동: 1970년대 산업선교를 중심으로", 85쪽 재인용.

에서 파업을 주도하고, 노동조합을 결성하는 것은 일련의 프로그램 매뉴얼에 따라 진행할 수 있는 것이 아니다. 여성노동자들로서는 그야말로 모든 것을 내건 절박한 싸움이었다.

> 그 지식인들하고 우리 같은 사람이 안 맞는 게, 우리는 회사에서 쫓겨나면 막말로 … 당장 굶는 거잖아요. 그래서 파업을 주도한다고, 사실은. 해야 된다고 그러고, 하라고 그러는데, 그러면은 난 성질이 나갖고 "야, 너 그러면 니가 직접 취업해. 회사 들어와 갖고" 이런 식이지. 안 하지, 해?[6]

그럼에도 불구하고 산업선교회가 여성노동자들에게 강한 호소력을 가질 수 있었던 것은 노동현장의 병영적이고 폭력적인 통제와 대비되는 산업선교회만의 독특한 공간적·인적 네트워크와 특성 덕분이었다. 산업선교회는 교양 강의 개설을 비롯하여 노동자들이 함께 어울려 놀 수 있는 공간과 기회를 제공해주었다. (목사님들의) 아버지 같은 친절함은 여성노동자들에게 서로의 처지를 위로하며 함께 버틸 수 있는 힘이 되었다.[7]

이러한 분위기와 더불어 여성노동자들이 정을 붙이고, 피곤한

---

6   성공회대 사회문화원 노동사연구소 노동구술자료 276번. 김귀옥, 권진관, "황영환, 허성례 구술녹취록"(반도상사). 권진관, "집단적 배움의 과정으로서의 사회운동: 1970년대 산업선교를 중심으로", 86쪽 재인용.

7   박해광, 2008, 「1960~70년대 노동자계급의 문화와 일상생활」, 이종구 외, 『1960~70년대 한국노동자의 계급문화와 정체성』, 한울아카데미, 68~69쪽.

몸을 이끌고 산업선교회를 계속 찾을 수 있었던 또 하나의 중요한 이유는 소그룹(모임) 활동이었다. 소그룹 활동이 만들어내는 정서적 연대의 힘은 대단했다. 롯데제과의 경우 산업선교회를 거쳐 간 여성노동자의 숫자가 줄잡아 200여명이나 될 정도였다. 1978년을 전후 해 산업선교회 활동을 했던 신미자는 '거울'이라는 이름의 소그룹 활동을 했다. 소그룹 활동은 주로 회사별로 이루어졌는데, 그 활동의 일단을 소개해보면 다음과 같다.

> 음식 만들기, 케이크 만들기, 그때는 우리가 한참 신부 수업을 할 나이잖아요. 근데 인제 객지에 나왔으니까. 매주 음식을 만드는 팀, 꽃꽂이 그룹 그런 프로그램이 돌아갔어요.(신미자, 2010, 30쪽)

앞서 언급했듯이 송효순은 1976년 초 저축하기 위해 산업선교회를 찾았다. 당시 산업선교회에서 '다람쥐회'가 저축을 담당했다. 송효순이 산업선교회를 찾을 무렵 대일화학의 한 다이(라인)는 40명 정도였는데, 이 중 7, 8명 정도가 산업선교회를 찾았다. 소그룹은 대일화학 동료들과 함께 5~7명 정도의 인원으로 유지되었는데, 이 소모임 이름은 '차돌'이었다. 소모임의 이름은 성원들의 의사를 반영하여 함께 지었다. 성원들이 서로 상의해서 같이 소그룹 활동으로 하고 싶은 활동 주제를 산업선교회에 미리 알려주고, 재료비를 맡겨두면 산업선교회 실무자들이 소그룹 활동을 준비해주는 방식이었다.

> 뜨개질도 하고 … 우리가 다음 주에는 '도넛츠를 만들고 싶어요'

미리 신청을 해요. 그러면 선생님이 준비를 해놓으셔요. 그리고 '꽃 만들고 싶어요' 하면 세운상가 가서 꽃재료를 사다 들국화 꽃도 만들고.(송효순, 2010, 29쪽)

대일화학은 문래동에 있었고, 산업선교회는 당산동에 있어서 거리가 꽤 먼 편이었다. 그런데 영등포 일대 여성노동자들은 그 거리를 대부분 걸어 다녔다. 송효순은 퇴근 후에 피곤해도 1시간이 넘는 거리를 버스비를 아끼기 위해 걸어 다녔다. 가끔 아낀 버스비로 저녁 대신 쥐포 한 마리를 사 먹으면서 가기도 했다. 당시 산업선교회는 가정집 23평형 정도의 아담한 크기였다. 그 내부는 큰방이 하나 있고, 작은 방 한개, 구석방 하나가 있었다. 저녁시간에 해태, 롯데, 원풍, 방림방직, 태창메리야스, 남영나일론 등의 여성노동자들이 모이면 산업선교회 공간이 비좁아서 일부는 마루 연탄 넣는 곳에서 소그룹 활동을 해야 할 정도로 인기가 많았다. 그 당시 산업선교회에는 인명진 목사, 조지송 목사, 신철영, 명노선, 신영희 등이 활동하고 있었다.(송효순, 2010, 30~31쪽) 이복례가 산업선교회를 다니게 된 이유는 아무도 자신들의 편을 들어주지 않았는데 산업선교회는 노동자의 입장을 이해해주었기 때문이다.

그 당시에 노동자를 위해서 말해주는 데가 없었는데 산업선교회를 가니까 노동자를 위해서 말을 많이 해주더라구요. 아 진짜 노동자를 위해서 이렇게 좋은 말을 해주는 데도 있구나. 그걸 알았기 때문에 다녔죠.(이복례, 2010, 38쪽)

물론 1980년대에 접어들면서 노동현장과 산업선교회 사이에 심각한 갈등이 불거지기도 했다.[8] 하지만, 1970년대 산업선교회는 노동현장의 민주노조 운동을 활발하게 지원하는 거름으로써의 역할을 충실히 했다. 산업선교회가 이런 역할을 감당할 수 있었던 것은 여성노동자들이 공동체 활동을 지속할 수 있도록 감성적·정서적 프로그램을 운용하며 여성노동자들과 공감대를 형성하려고 노력했기 때문이다. 송효순은 "재미가 있어서 산업선교회 소그룹 활동을 계속하다가 노동법을 알게 되고, 노동조합을 해야겠다는 마음을 먹고 나서는 소그룹 활동이 눈에 들어오지 않게 되었다"고 한다. "그런 것(소그룹 활동)들은 인제 새로 온 사람들에게 양보를 하고, 조직을 정하고 노동법이나 노동조합에 대한 교육을 받았다."(송효순, 2010, 33쪽) 노동자 동료들과의 공감대가 형성되고, 산업선교회에 대한 신뢰가 형성되고 나서 여성노동자들은 자연스럽게 노동법이나 노동조합에 대한 내용들을 받아들이는 단계로 성장해 나갈 수 있었다.

---

8   산업선교회와 현장 노동자들과 갈등이 심각하게 대두된 것은 1982년 원풍모방 사건이었다. 1982년 12월 10일 인명진 목사가 영등포산업선교회관에서 원풍모방 노동조합의 철수를 요구하는 일이 있었다. 이 사건을 계기로 영등포산업선교회와 원풍모방 노동조합 및 노동자들이 결별을 하고, 오늘날까지 서운한 감정을 갖고 있다. 자세한 내용은 권진관, 2005, 「1970년대 산업선교지도자들의 입장과 활동의 특징에 대한 연구」, 『1960~1970년대 노동자의 생활세계와 정체성』, 한울; 김남일, 2010, 『원풍모방 노동운동사』, 삶이 보이는 창, 637~672쪽 참조.

3) 공감의 원천

어린 나이에 서울로 상경한 여성노동자들은 공장에 기숙사가 있는 경우가 아니면 형제·자매들과 생활하거나 공장 동료들과 생활하기도 했다. 관심이 거의 유사한 또래 세대들과 노동현장에서 하루 종일 같이 생활하다시피 했다. 외출, 외박이 자유롭지 않은 기숙사에서 생활하는 대규모 공장의 여성노동자들은 퇴근 후에도 거의 모든 시간을 함께 생활했기 때문에 서로에 대한 친밀도는 가족 이상으로 높았다.

> 밥도 같이 먹으러 가고, 12시간 하고 나면 인자 아침에 밥 먹고 와서 자잖아요? 점심 먹어야 되면 12시나 돼서 깨워요. 그래 가지고 12시에 같이 밥 먹으러 또 식당, 기숙사에선 식당까지 갈라면 한참 걸어요. 그래 갖고 같이 밥 먹고 올라가고 이렇게 하고.(박순애, 2010, 30쪽)

함께 식당까지 가는 길에 고향에 대한 이야기, 부모에 대한 이야기, 꿈에 대한 이야기들로 끝없는 수다가 이어졌다. 기숙사 생활은 일장일단이 있었다. 기숙사에서 거주하던 여성노동자들은 주말에도 고용주가 원할 때 언제든지 동원 가능한 노동력으로 여겨졌다. 강제잔업이 가능할 수 있었던 것은 기숙사의 역할이 컸다. 반면 1970년대 공장에서 기숙사는 노조결성, 파업이나 태업 등 집단적 행동을 조직해내는 은밀한 대항공간이자 교감과 소통의 공간이기도

했다. 즉 기숙사는 '관리와 연대'라는 양면성을 동시에 충족시키는 이중적 기능을 담당했다.[9]

기숙사보다 규모는 작았지만 자취를 하는 여성노동자의 주거 공간도 가족에 대한 걱정, 건강, 친구, 연애, 학업, 진로 문제 등 다양한 고민이 공유되고 교차하는 공간이었다. 이러한 주거공간의 특성과 노동현장의 소모임 활동을 통해 여성노동자들은 서로의 '생애사'를 공유하면서 강한 동질감을 형성할 수 있었다. 특히 숨기고 싶고 부끄러웠던 가난, 빈곤, 가정불화, 좌절된 배움의 욕구, 작업장의 고통 등이 공유되면서 이전에 경험하지 못했던 새로운 인간관계가 형성되었다. 자신만의 부끄러운 과거사가 아니라 똑같은 아픔을 공유하는 동료들에 대한 연민과 신뢰가 만들어진 것이다. 이러한 밀도 높은 공감은 향후 노동현장의 문제를 해결하는데 있어 여성노동자들의 공감과 소통의 동력을 이끌어 내는 구조적 동력으로 작용한다.

4) 큰 언니 리더십

밀도 높은 공감장이 노동현장의 민주화를 이루는 배후의 기반 역할을 하였다면, 현장마다 이 공감장에 불을 당기는 도화선의 역할을 한 여성노동자들이 존재했다. 이 여성노동자들은 공통적으로 '큰 언니'의 이미지를 가지고 있었고, 공감 능력이 뛰어났다. 형제,

---

9   김원, 『여공』, 616~17쪽. 참조.

자매가 많았던 당시 여성노동자들은 대부분 '언니'가 있었고, 낯선 서울의 공장에서 나이가 한 살이라도 많은 언니들을 친언니처럼 의지하고 따르는 경우가 많았다. 여성노동자들에게 '언니'는 편안함과 정서적 안정감의 연결고리다. 각각의 노동현장에서 여성노동자들의 리더로 통한 인물들은 동생들의 고충을 들어주고 포용해 준 '큰 언니'들이었다.

반도상사의 장현자는 크리스천 아카데미 교육에서 처음으로 사회교육이라는 것을 경험했다. 제3기 교육 당시 여성노동자는 장현자를 포함해 2명에 불과했고, 대부분 남성노동자들이었다. 그녀는 그때까지 선생님이라는 호칭을 할 줄 몰랐다. 크리스천 아카데미에서 교육을 담당했던 신인령 선생에게 마음이 끌렸는데, 그 마음을 표현하고 싶은 호칭이 '언니'였다. 장현자는 신인령 선생께 이렇게 물었다. "저기 언니라 그래도 돼요?" 이렇듯 '언니'는 상대에 대한 전적인 신뢰를 배경으로 하는 호칭인 경우가 많았다.

> 난 선생님이라는 그 칭호를 할 줄 몰랐어요, 진짜로. 그래 갖고 그 신인령 선생님한테 내가 지금 생각하면은 내가 그 때 어찌 그렇게 순진했나 생각이 드는데, '어, 저기 언니라 그래도 돼요?'(장현자, 2011, 142쪽)

노동수기 『서울로 가는 길』에는 여성노동자들이 가졌던 '언니' 이미지가 잘 나타나 있다. 이 책은 '순희 언니'[10]라는 장을 별도로

---

10 '순희언니'의 실제 인물은 김순회 씨다. 김씨는 여러 산업 현장을 전전하다가

할애하고 있다. 대일화학에서 인연을 맺은 '언니'의 생애사는 '순희 언니'의 이야기이자 필자인 송효순 자신의 이야기다. 동시에 같은 시대를 살았던 다른 여성노동자들의 이야기이기도 하다. 수기에서 전하는 순희 언니의 이야기다.

(언니는) 양장점에서 시다도 해보고 버스안내양도 하였단다. 안내양을 할 때는 발에 무좀이 생겨 고생을 하였고, 하루 종일 시달리며 생활하다 보면 모든 것이 부정적으로만 보였단다. 그러나 어머니만 생각하면 조금이라도 도와드려야 하겠다는 일념으로 이를 악물고 참아가며 일을 했다며 지금도 우리에게 안내양을 보면 말이라도 잘해주자고 부탁을 한다. 순희 언니는 모든 사람들이 자기가 겪어 보지 않고 아파보지 않으면 그 사람의 심정을 이해할 수 없다며 항상 상대방의 입장에 서서 생각해 보고 말 한마디라도 하고 이 나라의 노동자들의 아픔을 함께 나누고 싶다고 늘 이야기하곤 했다.[11]

순희 언니는 대일화학에서 나이가 가장 많았고, 몸이 아파 할머니처럼 행동한다고 해서 '할머니'라는 별명이 붙었다. 순희 언니는 할머니처럼 자상하고 인정이 많았다. 그래서 대일화학 여성노동자

1976년 5월 7일에 대일화학에 입사했다. 1977년부터 영등포 산업선교회에 나가기 시작했고, 노조민주화운동에 앞장을 섰다. '대일화학의 맏언니'라고 불리 정도로 신망이 높았고, 조직력이 뛰어났다. 1980년 12월 12일 오산공장에서 해고되었으나, 해고된 이후에도 구미에서 노동상담 활동을 하고, 다른 노동현장들에 취업하여 노동운동을 전개했다.

11   송효순, 『서울로 가는 길』, 112쪽.

들 중에는 유독 이 '할머니 언니'를 따르는 사람이 많았다. 순희 언니가 대일화학에 재직 중일 때의 일화를 보면, 얼마나 많은 여성노동자들이 순희 언니를 따랐는지 알 수 있다. 대일화학 재직 중에 순희 언니가 한 번은 척추결핵을 앓았다. 이 사실을 알게 된 동료 여성노동자들이 팔을 걷어 부쳤다. 그녀들은 산업선교회 신용협동조합에서 대부를 받아 볼펜을 구입해서 그것을 팔아 순희 언니의 치료비를 마련해 주었다.

순희 언니에 대한 애정은 가족 간의 정을 넘어설 정도다. 2011년 필자가 '순희 언니'의 실제 주인공(본명 김순회)의 구술인터뷰를 진행할 때 순희 언니는 거의 정상적인 의사소통이 불가능할 정도로 건강이 좋지 않았다. 인터뷰 장소는 당산동에 위치한 산업선교회였는데, 대일화학의 동료였던 주월화, 송효순이 같이 동석해 순희 언니의 어눌한 발음을 필자에게 해석해 주고, 일일이 언니의 수발을 들어 주었다. 놀랍게도 필자가 알아들을 수 없었던 순희 언니의 말을 두 사람의 옛 동료들은 정확히 알아듣고, 통역 아닌 통역을 해주었다. 2011년 구술 당시 가족 없이 혼자 투병 중인 김순회의 병상을 지키는 것도 대일화학의 전 동료들의 몫이었다. '순희 언니'에게 이 동료들은 가족보다 더 소중한 존재들이다.

대우어패럴의 김준희가 노동운동을 시작하게 된 것도 나이가 조금 더 어렸던 동생들에 대한 언니로서의 책임감이 많이 작용했다. 김준희는 노동운동에 대해서는 전혀 몰랐다. "어떤 것도, 의식도 뭐 얘기를 누구랑 해본 적도 없으니까. 그땐 아마 그렇게 하지 않으면 안됐고. 그래서 공부한다는 이유로 산에도 안 따라 갔지. 뭐 어디 사람들하고 별로 사귈 생각도 안했지. 뭐 그냥 회사에서 [웃음] (와이셔츠) 매수를 얼마나 잘 뺄 것인가 뭐 그런 얘기나 하고 … 산에 딱 한 번 갔어요. 하도 그 때 위원장이 저 1과 재단반에 있었어요. 김준용 씨가.[12] 그 사람이 애들한테 좋은 언니들을 물색했던 것 같아요."(김준희, 2010, 31쪽), "그 김준용 위원장이 '니가 제일 좋아하는 언니는?'하고 물어보니까 동생들이 저를 지목했다고 하는 얘기를 들었거든요."(김준희, 2010, 35쪽) 실제 그녀가 나중에 노동조합 활동을 할 때에는 이 '언니' 리더십의 덕을 톡톡히 보았다. 동생들이 "아주 잘 따라줬고, 그런 것들이 훨씬 더 가깝게 와 닿았던 것 같아요. 굉장히 많은 사람들이 실제로 (노동조합에-필자) 가입을 했어요. 그때."(김준희, 2010, 38쪽)

YH의 최순영은 '지부장 언니'로 통했다. 세월이 한참 흐른 지금도 YH 조합원 '동생'들이 부르는 호칭이 '지부장 언니'다. 구술 인터뷰 과정에서 "지부장으로 활동하면서 조합원들을 아우르고 할 때 가장 역점을 두거나 특별한 노하우가 있었는지"를 물었다. 최순영은 큰언니의 역할이 가장 중요했다고 답했다. "뭐 그냥 저기 그 조합원들하고 그냥 가깝게 저도 같은 입장으로 해서 모든 조합원들이 정말 큰언니처럼 생각을 한 거예요, 저를. 큰언니처럼 생각하고, 모든 거를 다 와서 얘기도 하고 서로 그런 관계, 인간관계가 참 좋았던 거 같애."(최순영, 2011, 66쪽), "우리는 위원장이 아니라, 지부장

---

12 김준용은 청계피복노동조합에서 활동한 사람이었다. 1982년 대우어패럴에 입사한 그는 친목 모임을 운영하고, 따로 소모임을 만들어 노동법이나 노동조합에 관한 학습을 하는 등 노동조합 설립을 준비했다.

언니. 지부장 언니라고 그래요. [웃음] 그래서 그때 제가 나이도 많고 이러니까, 상담역할도 다 해주고 정말 큰언니 역할을 다 한 거죠. 친구들이 그냥 푸근하고 그냥 좋은 상담자고 뭐 이랬던 기억들이 인제 있는 거예요."(최순영, 2011, 103쪽)

이 '큰언니' 리더십은 여성노동자 문화의 특징으로 제시되고 있는 '자매애(sisterhood, female solidarity)'와 상당한 연관성을 가지고 있다. 그 동안 일부 연구자들이 1970년대 여성노조의 특성으로 여성들 사이의 연대감을 창출한 자매애에 주목한 바 있다. 이 자매애는 여성노동자들이 작업장과 생활공간에서 개인적 문제들을 공유하는 친밀감의 기제였고, 여성노동자들의 연대감을 고양시킨 중요한 배경이라고 할 수 있다. 1970년대 노동현장에서는 뛰어나고 화려한 언변을 자랑하는 혁명적 투사의 설득이 아니라 산전수전 겪은 언니들, 가난과 이촌향도의 외로움을 달래주고 의지할 수 있는 언니들에게 믿음이 갔고 신뢰가 느껴졌다. 또한 이 신뢰를 바탕으로 노동현장의 리더십이 형성될 수 있었다. 공교롭게 민주노조 결성을 주도하던 여성노동자들은 공장 내에서 대부분 우수한 평가를 받고 있던 억척 또순이 출신들이었다.

회사가 깜짝 놀란 게 그 보너스를 주잖아요. 100%, 120%짜리 있어요. 근데 대표(민주노조 대의원)로 뽑힌 사람들이 다 120%짜리야. 산업선교회 무서운 놈들이다. 왜냐? 다 모범생만 뽑아 갔다는 거예요. 인제 지각이나 하고 결근이나 하고 이러면 핑계 잡아서 해고도 시키고 징계도 먹이고 시말서도 쓰게 하는데, 산업선교회 나간 그 친구들이 다 모범생 흠잡을 데가 없는 거예요. 보너스도 매번 120%씩 받는 사람들. 그런 성실한 사람들을 쫙 뽑아가 가지고 교육을 시켜서 다시 배치했다고. 어떻게 하다보니까 그렇게 된 거예요. 회사가 뭔가 이 사람들을 제지할 수 없나, 뭔가 잘못을 저질러야 징계를 먹이잖아요. 근데 어떻게 하나같이 다 모범생으로 결근도 안하고, 지각도 안하고 이러니까 어쩔 수가 없어.(신미자, 2010, 35쪽)

대일화학의 송효순도 공장 내에서 일 잘하는 억척 모범생으로 유명했다.

저는 일 잘하는 모범생으로 표창도 많이 받고, 시무식에서 모범상도 수상하고, 시계도 받고, 이불도 받고 월급도 다른 사람보다 조금 더 받고 그랬어요.(송효순, 2010, 27~28쪽)

이 언니들은 동료들의 억울함을 보면 견딜 수 없이 안타까워했다. 어느새 사무실로 쫓아 올라가서 관리자들에게 항의하고, 힘들어하는 동료들을 다독이고 있었다. 그리고 이 언니들이 민주노조를 결성하자고 나섰을 때, 8시간 노동제를 해야겠다고 나섰을 때 주변의 동료들은 강력한 신뢰의 기반 위에서 주저하지 않고 함께 어깨를 걸었다.

제 **II** 부

공 장 과 신 화

영등포공단
여성노동자
이야기

01

해고에 맞선 대일화학 여성노동자[1]

1_ 갈등의 시작

1) 야유회 사건과 서명운동

1976년 봄꽃이 한창이던 5월 대일화학의 여성노동자들은 고된 생산현장에서 잠시 벗어날 수 있는 기회를 얻었다. 라인마다 삼삼 오오 짝을 지어 일요일 야외 나들이 계획을 짜느라 분주했다. 황순애, 송효순, 김겸순, 김경애, 윤순억, 홍형순, 오설자 등 8명도 영등포산업선교회가 준비한 헌인릉 야유회에 참여할 생각에 들떠 있었다. 끝없이 이어지는 야근과 장시간 노동에 지쳐 있는 그녀들에게

---

1 제1장 대일화학 노동운동의 주요 내용은 대일화학 여성노동자였던 송효순의 노동수기, 1982, 『서울로 가는 길』(형성사)를 바탕으로 한 것이다. 이외에 추가로 조사한 자료들은 별도로 출처를 명시하였다.

화창한 봄날 공장을 벗어난다는 것은 생각만 해도 설레는 일이었다. 대일화학 여성노동자들은 기대감에 충만하여 5월 23일을 손꼽아 기다렸다. 그러나 야속하게도 공장은 여성노동자들이 손꼽아 기다려 왔던 이날 특근을 통보했다. 그러나 대부분의 대일화학 여성노동자들은 오랜만의 나들이 계획을 포기하고 싶지 않았다. 그대로 진행하겠다는 팀이 많았다. 이 8명도 계획대로 헌인릉 야유회에 참여하기로 했다.

그런데 김경애가 산업선교회 야유회에 가기로 했다는 사실을 고모부에게 들키고 말았다. 김경애의 고모부는 대일화학 새마을 차장이었다. 고모부는 회사의 특근 통보 사실을 알고 있었기 때문에 야유회 참석을 허락하지 않았다. 결국 김경애를 제외한 7명만 야유회를 다녀왔다. 그런데 문제는 그 고모부가 회사에 야유회 사실을 알려 놓은 것이다. 야유회에 참석한 다음날 월요일 출근해보니 이미 회사에서는 야단이 나 있었다. 보통 특근 날에는 사정이 있는 2~3명만 결근하는 정도였는데, 일요일 특근에 생산 5과 포장반 40명 중 7명만 출근했다는 것이다.

공장장이 직접 나섰다. 공장장은 생산부 사무실로 한 사람씩 불러 출근 하지 않은 이유에 대해 시말서를 쓰도록 했다. 그런데 헌인릉 야유회에 다녀온 사람들이 문제가 되었다. 영등포산업선교회 야유회가 아닌 다른 곳에 다녀 온 것으로 모두 입을 맞추어 놓았는데 인쇄실의 신수정이 미처 그 사실을 모르고 누구누구가 갔다 왔다고 모두 이야기해 버린 것이다. 회사는 여성노동자들이 산업선교회가 주관한 야유회에 참여한 것을 못마땅해 했다. 회사는 이들에게 다짜고짜 앞으로 산업선교회에 나가지 말라고 엄포를 놓았다. 이 일로 생산부 B포장반은 회사의 주목대상이 되기 시작했다.

사태가 심상치 않게 돌아가자 여성노동자들은 퇴근 후 영등포 산업선교회를 찾아가 산업선교회 실무자들과 상의한 끝에 노동청장과 대일화학 사장에게 호소문을 쓰고 동료들의 서명을 받기로 했다. 기왕 호소문을 쓸 거면 그 동안 느끼고 있던 문제들을 다 적기로 했다. 가장 큰 불만은 월급이었다. 1976년 월급을 일당으로 계산하면 대부분의 노동자들이 460원밖에 되지 않았다. 적은 사람은 300원짜리도 있었다. 당시 냉면 한 그릇이 470원이었으니 하루 종일 일해도 냉면 한 그릇 먹기 어려운 실정이었다. 호소문의 내용은 이렇다.

첫째, 임금을 올려주십시오. 현재 우리 회사는 월 2만원이 못되는 근로자가 반이나 됩니다. 타회사와 수준을 맞춰 최소한 50%는 올라야 생활유지를 할 수가 있습니다.

둘째, 청소시간도 근무시간으로 인정해 주십시오. 매 아침마다 새마을운동이라는 명목으로 7시 30분에 출근하여 무료로 청소를 하였는데, 청소시간도 근무시간으로 인정해 주십시오.

셋째, 법정휴일에 쉴 수 있게 하여 주십시오. 지난 5월 23일 저희 근로자 몇 명이 야유회를 갔다 왔는데, 회사에서는 정당하게 쉬어야 하는 일요일임에도 불구하고 저희들을 불러다 일요일날 출근을 하지 않았으므로 이유서를 써내라, 월급 오르는데 지장이 있다고 야단을 쳤습니다. 그러니 법정휴일에는 마음 놓고 쉴 수 있게 하여 주십시오.

넷째, 철야노동을 중단시켜 주십시오. 저희 회사에서는 매주 토요일이면 24시간 철야노동을 하고 있습니다. 토요일 오전 8시 반에 출근하여 일요일날 8시 반까지 쉬지 않고 일을 계속하고 있습니다. 그렇게 일을 하려면 너무나 힘이 들어 견딜 수가 없으니 고쳐 주십시오.

다섯째, 잔업을 너무 심하게 시키지 마십시오. 매일 퇴근 후에 잔업을 강제로 저녁 9시 반까지 하고 있습니다. 어쩌다 한번 일찍 퇴근을 하려고 하면 눈물을 흘리고 사정을 하여도 잘 빼주지 않습니다. 그러니 법정시간인 8시간만 일하게 하여 주십시오.

퇴직금을 법대로 받을 수 있게 하여 주십시오 … 노동청에서 조사 나올 때 자유롭게 이야기할 수 있게 하여 주십시오. 가끔 노동청에서 근로자들의 애로사항을 조사하러 나오지만 우리들의 애로사항을 이야기하면 회사에서는 마구 야단을 칩니다. 지난번에도 김ㅇ원 차장이 회사에 불리한 이야기를 하였다고 개인적으로 불러다가 야단을 친 일이 있습니다. 우리들의 애로점을 부담 없이 이야기 하게 하여 주십시오. 여러 가지 어려운 일이 일어날 것을 예상하면서도 드리는 이 연약한 호소를 꼭 들어 주시기 바랍니다.

76. 5. 21.

여성노동자들은 다음날 아침 출근하자마자 호소문을 동료들에게 보여주며 요구사항을 설명하고, 협조를 구했다. 현장 주임급들은 서명을 하지 않았지만, 반장까지는 전부 서명해 주었다. A포장반의 서명은 황염순의 도움을 받았다. 오전에만 80명의 서명을 받았다. 약속한 대로 점심시간에 산업선교회에서 실무자가 면회를 왔고 서명 받은 것을 넘겨주었다. 얼마 후 이 사실이 회사에 알려졌고, 퇴근 시간 무렵 회사가 발칵 뒤집혔다. 이날 저녁 퇴근 후 훨씬 많은 여성노동자들이 산업선교회를 찾아서 그간의 억울함을 토로했다.

다음날 드디어 문제가 터지고 말았다. 조회시간에 사장이 언성을 높이며 집안일을 밖으로 끌고 나갔다고 여성노동자들을 나무랐다. 현장에서는 과장이 과원들을 모아놓고 소리를 지르며 야단을 했다. 생산부 사무실에서는 공장장과 새마을 차장이 파스, 밴드부서의 주동자를 나오라고 했다. 놀랍게도 파스와 밴드부서의 노동자들 모두가 자신이 주동자라고 나서는 일이 벌어졌다. 간부들은 하는 수 없이 다시 제자리로 가서 작업하라고 명령하고 일단 돌아섰다.

2) 부당 인사이동

회사는 서명운동을 주도한 여성노동자들을 더욱 못살게 굴었다. 며칠 후 인사명령이 내려왔다. 서명을 주도한 여성노동자들이 경리부 사무실, 총무과, 영업1부, 영업2부, 새마을 식당, 뿐지[2] 등으로 발령이 났다. 발령지들은 업무의 성격상 하나 같이 여성노동자들이 감당할 수 없는 일들을 다루는 곳이었다. 사무실로 발령 난 경우는 배운 것이 부족해 일을 할 수 없었고, 뿐지 같은 경우는 워낙 노동강도가 높아 남성노동자들도 꺼리는 곳이었다. 이는 누가 봐도 보복성 인사였다. 그러나 군인 출신 공장장은 발령지로 가라며 막무

---

2   뿐지는 종이 테이프에 구멍을 뚫는 곳으로 먼지가 많이 나고 작업조건이 가장 열악한 곳으로 유명했다.

가내로 소리만 질러대고 있었다.

　여성노동자들은 하는 수 없이 각자 발령지로 흩어질 수밖에 없었다. 하루 종일 발령지에 있다가 생산부 사무실로 모이라는 연락이 와서 내려가 보니 새로 부임해 온 상무가 생산부장, 공장장, 새마을 차장, 총무부장 등을 불러 누가 인사이동을 시켰냐고 야단을 쳤다. 알고 보니 이 말도 안 되는 인사이동은 사장이 시킨 것이 아니라 밑에서 꾸민 연극이었던 것이다. 상무는 자신도 어려서 고생을 해봐서 여러분들의 고통을 잘 알고 있다며 조금만 참으라고 얼렀다. 예상치 못했던 상무의 따뜻한 말 한마디에 생산부 사무실은 삽시간에 여성노동자들의 울음소리로 가득 찼다. 낯선 업무로 발령 났을 때의 두려움과 서글픔이 갑자기 복받쳐 오른 것이다. 높은 간부가 자신들의 편을 들어준 것은 지금까지 경험하지 못했던 일대 사건이었다. 이 일로 서명운동의 여파가 잠잠해지는가 싶었는데, 회사가 그렇게 호락호락하지 않았다. 결국 며칠 후 서명운동의 주동자 몇 명이 가나안 농군학교로 새마을 교육을 가는 것으로 이 사건은 일단락되었다.

3) 노동조건 개선

　서명운동을 주도했던 생산5과에서 소그룹 활동을 하던 산업선교회원들은 현장에서 빈번하게 발생하는 폭행사건을 막기 위하여 폭력 행사자를 처벌해 달라는 진정을 하기로 했다. 진정서는 직접 폭행을 당한 신수정과 황순애가 작성하여 제출했다.

수신 : 노동청장님, 사장님

제목 : 폭행자 처벌에 관한 진정서

　　저희 회사에서는 관리자 인영기 씨가 걸핏하면 연약한 여성 근로자들에 대하여 폭행을 자주하고 있습니다. 신수정, 김헌자, 안영숙 등은 인영기 씨로 인해 현장에서 작업도중 잘못한 일도 없는데 구타를 당하여 코피를 흘리는가 하면 목이 졸려서 기절한 사실도 있습니다. 아무리 근로자들이 잘못하였다 하여도 폭행은 없어야 하는 것으로 알고 있습니다. 그런데 별 잘못도 없는 근로자들에게 심하게 폭행을 하는 인영기 씨를 처벌하여 주십시오.

진정인 : 황순애, 신수정

　　결국 인영기 관리자는 폭행 사건으로 해고 조치되었다. 진정서가 제출되고 근로조건을 개선하려는 대일화학 여성노동자들의 노력 덕분이었다. 회사에서는 박○원 상무를 통해 여성노동자들과 대화를 시도했다. 박 상무는 여성노동자들의 애로사항을 경청했고, 이러한 대화는 그 후에도 자주 이어졌다. 이러한 노력의 성과였는지 일당이 450원에서 650원 선으로 인상되었고, 잔업도 원하는 사람만 하게 되었다. 일상적으로 행사되던 작업현장의 폭행도 없어졌다. 월급도 줄서서 타지 않고 반장이 직접 타다 주었다. 그리고 아침 저녁 부르던 새마을 노래도 중단되었다. 암탉이 울면 집안이 망한다고 시비를 걸던 남성노동자들도 영등포 산업선교회원들이 똑똑하다며 성화였다.

4) 야근

『서울로 가는 길』에 서술된 추운 겨울밤 대일화학의 야근상황
을 옮겨 본다.

추운 겨울 새벽 한 시에 조회를 선다고 생각하면 끔찍하다. 야근을
하면 너무나 춥고 고달프다. 12시간 근무에다 야식시간을 이용하
여 잠을 자다 작업시간에 못 일어날까봐 야식시간 10분을 빼앗아
조회를 실시한다. 한 부서에서 한 명만 참석을 하지 않아도 그 부
서 전체 인원이 현장에 들어가지 못하고 한 사람이 나올 때까지 서
서 떨며 기다려야 한다. 야식시간에는 스팀도 들어오지 않는다. 일
을 하지 않으니 스팀을 주지 않는다는 것이다. 돈 때문에 야근을
한다고 하지만 조회를 하러 철 계단을 내려가는 마음은 누구도 알
지 못할 것이다. 차라리 이 철계단에서 떨어져 버릴까 하는 마음이
굴뚝 같다.

조회가 끝나고 들어와 떨리는 몸으로 웅크리고 앉아서 또 일을 한
다. 새벽 두시까지는 그런대로 참아가며 맡은 숫자를 달성하기 위
하여 아침 8시까지 버텨보려고 열심히 한다. 하지만 손은 자꾸 느
려진다. 새벽 3시가 되면 15분간 휴식이다. 3시가 되면 1분이라도
놓칠세라 일하는 다이 밑에다 박스를 깔고 황지(노란종이)를 이불
삼아 꼬랑내가 나는지도 모르고 잠을 잔다. 시멘트 바닥에서 냉기
가 올라와도 좋다. 잠만 자게 해준다면 내 목숨 다 바쳐 아까울 게
없을 것 같다.

깜빡할 사이에 15분이 지나간다. 책임자들과 숙직관들이 자는 사람을 깨우러 다니느라 정신이 없다. "일어나서 일해! 여기가 호텔이야 여관이야! 작업시간 5분이 지났잖아. 빨리 일어나지 못해" 우리들은 놀라서 기겁을 하고 일어난다. 일어나다 다이에 부딪쳐 머리를 찧기도 하고 쓰러지기도 한다. 정신을 차리려고 살을 꼬집어도 감각이 없다.

새벽 3시가 지나 밀려오는 졸음은 겪어보지 못한 사람들은 아무리 설명을 해도 알지 못할 것이다. 바람을 쏘여도 소용이 없다. 어쩌다 조는 모습을 보기라도 할라치면 간부는 몽둥이를 들고 와서 일하는 다이를 세게 내려친다. 꽝하는 소리에 우리들은 비명을 지른다. 너무나 놀라 말도 나오지 않는다. 숙직관들이 오면 물어본다. "과장님은 동생 있어요?" "있어." "그럼 과장님 동생이 이런데서 일한다면 어떻게 생각하세요?" "우리 동생은 이런 일 시킬 수 없지." 자기 동생들은 소중하다는 이야기다. 새벽 4시가 지나면 속이 쓰리기 시작한다. 밤새 앉아서 일을 하면 소화가 제대로 안되니까 헛배만 부르고 속이 아파서 견딜 수가 없다. 창자가 금방이라도 끊어져 나가는 느낌이다. 그런 고통을 참아가며 일을 하고 아침 8시 30분에 퇴근을 하려면 몸이 이상하다.

5) 새마을 조회

정부의 방침에 따라 대일화학도 새마을운동의 일환으로 조회를 실시했다. 한 여름의 조회는 아주 고역이었다. 한 여름에 새마을 조회는 햇볕이 쨍쨍 내리쬐는 곳에서 이루어졌는데 노동자들은 군인들처럼 부동자세로 서서 상사의 이야기를 듣고 사장의 이야기를 경청해야 했다. 잘 먹지 못해 가뜩이나 허약한 여성노동자들이 빈혈이 생기고 일사병이 걸려 숙녀의 체면은 고사하고 픽픽 쓰러지기 일쑤였다.

처음 한 두 명이 쓰러졌을 때는 본체만체 이야기를 하던 사장은 두 명, 세 명 자꾸 쓰러지자 "왜 그렇게 기운이 없나? 밥을 제대로 못 먹나? 왜 그렇게 쓰러지는가?"하고 야단이었다. 그렇게 정신이 희미해서 무슨 일들을 한다고 하는 것인지 이해가 안 간다고 불호령을 했다. "기분 나빠서 이야기 하겠나, 어른이 이야기 하는데 쓰러지기나 하고."

어떤 때는 남자들도 쓰러졌다. 그러면 사장은 도대체 남자들이 왜 쓰러지느냐고 소리를 지르며, "그런 사람은 일할 자격이 없는 사람이요, 퇴근 하면 곧바로 집으로 가서 쉬어야지 쓸데없이 돌아다니니까 그런 일이 생기지 않나?"하고 엉뚱한 일로 트집 잡고, 호통치기 일쑤였다. 새마을조회는 공장 안에서 이루어졌기 때문에 그나마 조금 나았다. 남북관계가 악화될 때마다 정부는 영문도 모르고 동원된 노동자들을 여의도 광장에 집결시키고 궐기대회를 했다. 노동자들은 관제행사에 동원되어 밑도 끝도 없이 '북한 타도'를 외쳐야 했다.

6) 노동조합이 서다

1978년 3월 윤순덕을 비롯한 남자사원들 몇 명이 의견을 모아 대일화학의 유령 노동조합을 정상적인 노동조합으로 바꾸기 위한 작업을 시작했다. 현장 노동자들은 새로운 노동조합 결성 소식에 적극적으로 호응했다. 대일 노동자들은 쉬는 시간이면 옹기종기 모여 노동조합에 대한 기대와 자신들의 조직이 생긴다는 기쁨으로 이야기꽃을 피웠다. 대의원 선거는 각과별로 무기명 비밀투표로 진행하되 후보자를 추천하여 표를 많이 얻은 사람 순으로 대의원을 정하기로 했다.

이 대의원 투표는 대일화학 역사상 처음으로 노동자들이 투표를 통해 노동조합 임원을 선출하는 일대 사건이었다. 대의원은 조합원 30명당 1명의 비율로 선출하기로 했다. 윤순덕, 이유자, 송효순 등 14명이 대의원으로 뽑혔다. 투표로 뽑힌 14명의 대의원이 모여 지부장 선거를 논의했다. 지부장 후보자는 대의원 2명의 동의를 얻어 입후보시키고 무기명 비밀투표로 하기로 했다. 개표 결과 지부장에 홍○아가 뽑혔고, 부지부장에 손○환이 뽑혔다. 그런데 처음 노동조합을 만들다보니 부족한 것이 한두 가지가 아니었다. 노동조합 결성과 관련해서 신고할 일도 많고 손이 가야할 일이 산적해 있는데 12시간 정상근무를 하고 나머지 시간에 조합 일을 하려니 제대로 일이 진행될 리 없었다.

노동조합에서는 회사에 지부장 전임을 건의했으나 회사는 노동조합에 전임인력을 두는 문제에 대해 일체 동의해주지 않았다. 지금은 노동조합에 전임인력을 배치하는 것이 당연한 권리이지만 당시로서는 어림도 없는 일이었다. 지부장은 동요하기 시작했다. 결국 별다른 해결책을 찾지 못한 지부장은 하혈을 한다고 회사에 1주일

휴가를 낸 뒤 선출된 지 4개월 만에 노동조합에서 손을 떼고 말았다. 대의원들은 임시대의원대회를 열어 노동조합 회계 일을 맡았던 윤○현을 지부장으로 선출하고, 부지부장은 유임하는 것으로 결정했다.

7) 일요일 정상근무를 둘러싼 갈등

1978년 8월 24일 노동조합 상집 간부들과 대의원들이 합동대회를 열고 일요일 낮 1시 맞교대 근무를 폐지할 것을 결의했다. 이 결의사항을 가지고 지부장이 회사 중역진들과 간담회를 가졌으나 해결책을 찾지 못했다. 회사에서 일요일 노동시간 축소에 강력하게 반대한 것이다. 상집 간부들과 대의원들은 회사에서 이 일요일 맞교대 폐지 요구를 들어주지 않을 경우 일방적으로 노동조합이 나서서 맞교대를 하지 않기로 결정했다. 노동조합은 이러한 내용의 공고를 붙이고, 회사와 강경하게 싸울 것을 결의하였다.

노동조합이 A조는 18시간, B조는 19시간 20분씩 근무하던 것을 모두 12시간으로 줄인다고 공고를 붙이자 조합원들이 일제히 지지하고 나섰다. 그러나 회사의 입장은 단호했다. 회사는 단체협약 갱신에 조금도 응해주지 않았다. 지부장 전임문제와 단체협약 문제를 놓고 여러 차례 노사협의를 가졌으나 합의점을 찾을 수 없었다. 오히려 회사는 체육부장인 윤○익의 직책을 박탈하고 부당인사이동 조치를 하는 등 노동조합을 무시하고 초강수로 응수하였다. 노동조합이 이 문제를 묵과하지 않고 서울시에 고발하려고 하자 회사에서는 어쩔 수 없이 윤○익을 복직시켰으나 그 외에는 일체 노동조합의 요구를 들어주지 않았다. 회사와 노동조합 사이에 갈등의 골이 깊어지기 시작했다.

2 _ 회사의 손아귀로 들어간 노동조합

1) 임기대의원대회

1979년 6월 지부장 임기대의원대회가 있었다. 회사가 회사 쪽 사람을 지부장으로 세우기 위한 선거운동을 먼저 시작하자 노조지부장은 자신감을 상실하고 말았다. 노조지부장은 지부장 선출을 위한 임기대의원대회를 내년으로 연기하자는 소극적 자세로 나왔다. 그러나 임기대의원대회는 지부장의 바램대로 연기되지 않았다. 그런데 6월 30일 막상 임기대의원대회에서 뚜껑을 열어보니 회사가 자신들의 지부장을 세우기 위해 여러 가지 공작을 했음에도 불구하고 현 지부장이 다시 선출되었다. 부지부장 손○환이 고사하여 이유자가 부지부장으로 선출되었을 뿐 다른 변동이 없었다.

그러나 재선출된 지부장은 무슨 이유에서인지 자신감 있게 일을 추진하지 못했다. 그러자 회사는 오산공장 조합원들에 대해 노조 탈퇴 압력을 행사하기 시작했다. 노조는 이러한 회사측의 노조 탈퇴 압력을 알면서도 속수무책으로 당하고 말았다. 지부장은 오산공장 조합원들에 대한 회사의 탄압을 알면서도 이 문제를 가지고 상집회의나 대의원 간담회조차 열려고 하지 않았다. 지부장이 이렇듯 소극적 자세로 나오자 대의원들 중 권익순과 장금숙, 송효순 등이 주도하여 회사 측의 오산공장 노조 탄압에 대응하기 위한 별도의 모임을 만들었다.

나중에 확인해 보니 지부장이 소극적인 자세로 일관하게 된 것은 이 무렵 노동운동의 성장에 대한 정부의 탄압강도가 높아졌기 때문이었다. 현 지부장은 대일화학을 둘러싼 살얼음판 같은 대외적 상황에 상당한 압박을 받고 있었던 것이다. 이 무렵 YH 여성노동자들이 신민당사에서 농성을 전개하고 있었고, 영등포공단 인근의 해태제과에서는 8시간 일하기 투쟁이 벌어지고 있었다. 8월 11일 YH 사건이 터지자 산업선교회의 인명진 목사가 구속되고, 해태제과에서는 8시간 노동을 요구하는 노동자들이 회사 측의 폭행과 탄압으로 고초를 겪고 있던 때였다. 연일 언론에서는 산업선교회에 대한 비판을 1면 톱기사로 다루었다. 1979년 8월 20일자 〈경향신문〉, 〈동아일보〉 등을 보면 '산업체 침투 외부세력'에 대한 기사가 실렸고, 정부는 노동문제를 공안문제로 호도하면서 대검찰청 특별조사반(박준양 특별조사반장)을 설치해 대대적으로 조사하겠다는 엄포를 놓았다.

이 보도 이후 산업선교회에 대한 용공시비가 계속 이어졌다. 1979년 9월 14일 특별조사반장의 기자회견 내용은 "도산, 용공 증거를 발견 못했다"는 내용이었으나 신문 전체의 논조는 특별조사반장의 기자회견 내용에도 불구하고 산업선교회가 선교와 농민운동 명목으로 계급투쟁을 조장하면서 불만을 유도하고, 불법농성 및 태업을 조장했다고 몰아세웠다. 산업선교회에 전적인 책임을 묻는 내용이 주를 이루었다.

1979년 8월 20일자 경향신문(좌)과 동아일보(우)

2) 산업선교회에 대한 공안탄압

산업선교회가 용공으로 몰리자 대일화학 노동조합에서 소모임에 참여하던 조합원들이 탄압의 대상이 되기 시작했다. 산업선교회에 대한 조사를 하기 위해 특별조사반의 검찰청 공안부 검사가 대일화학 사업장에까지 찾아와 산업선교회 회원들을 조사했다. 회사는 산업선교회에 대한 흑색선전을 위한 강좌를 개설하고 강제로 수강하도록 했다.

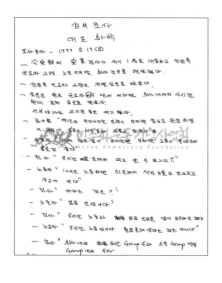
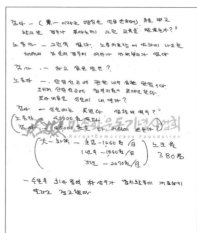

위 자료는 당시 검찰청 공안부에서 대일화학으로 직접 나와 조사한 내용이다. 검사는 "옷을 벗고 항의한 경우가 있다는데 그런 교육을 받았는가?"라며 동일방직 사례를 거론하고 있다. 또 산업선교회의 배후조종이 있었다고 몰아가고 있다. 그러나 '노동자'로만 표기되어 있어 누구인지 이름을 알 수 없는 피조사자인 대일화학의 한 여성노동자는 '하고 싶은 말'을 묻는 검사의 질문에 놀랍게도 "산업선교에 관한 너무 심한 탄압이다. 오히려 산업선교에 정부지원이 있으면 한다. 조사내용을 신문에 내달라"고 요청하고 있다. 그리고 수일 후 이 노동자에게 박상무가 정치활동에 개입하지 말라고 경고했다는 메모가 마지막에 기재되어 있다.

산업선교회에 대한 대대적 공안탄압으로 대일화학을 비롯한 각 사업장의 노동조합 활동이 위축되지 않을 수 없었다. 위 조사내용에 제시된 임금은 초봉이 일 1,260원으로 제시되어 있는데 이는 앞서 살펴본 바와 같이 냉면 한 그릇 값도 되지 않던 당시 대일화학

임금 수준에 비해 상당히 부풀려진 것이다.

3) 새마음봉사단

정부의 대대적인 산업선교회 탄압과 이에 편승한 회사 측의 노동조합 탄압으로 노동조합이 제대로 돌아가지 않자 뜻있는 대의원들과 당시 자재과에 근무하던 전○구가 노동조합을 보다 조직적으로 운영하기 위해 새로운 방안을 강구하기 시작하였다. 산업선교회 소모임 활동을 하는 조합원들이 주축이 되었는데, 조합원들이 탄압을 받고 있기 때문에 조직의 이름을 정부에서 주관하고 있는 새마을운동과 가까운 '새마음봉사단'으로 하기로 했다.

일은 노동조합활동으로 하기로 하고 위로는 위원장을 두고, 총무와 봉사단장을 두었다. 정부의 대대적 공안탄압에 위축되어 있었지만 아직 노조의 지부장으로 권한을 가지고 있는 현 지부장에게 보고하고 승인을 얻어 양남동에 있는 중국집에서 새마음봉사단 발족식을 열었다. 지부장이 위원장을 맡고 총무는 전○구가 맡기로 했는데, 지부장과 윤○덕, 이유자는 마지못해 따라주기는 했으나 적극적인 활동의 의지는 없었다. 새마음봉사단의 주축은 조합원들이 맡았다.

4) 오산공장의 위기

서울 본사공장보다 노조활동이 상대적으로 취약한 조건에 있었던 오산공장에 대한 회사 측의 노조탈퇴 압력이 본격화되기 시작했다. 회사는 노조에 아무런 사전 통보 없이 오산에서 조직부장으로 일하던 이재호와 교육선전차장 유군상을 본사로 인사발령 했다. 노동조합에서는 서울·오산 합동으로 상집대의원대회를 열어 두 사람을 복귀시킬 것을 요구했으나 회사는 미동도 하지 않았다. 다른 한편, 회사에서는 척추결핵수술을 받은 김순회를 본인의 의사와 상관없이 일방적으로 사표 수리했다.[3]

지부장은 YH 사건 후 산업선교회에 대한 비판에만 열을 올릴 뿐 조합 일에 대해서는 별로 신경 쓰지 않고 있었다. 10월이 되자 오산공장 조합원들의 조합비가 공제되지 않기 시작했고, 노동조합으로 오산공장의 조합비가 넘어오지 않았다. 회사에서 일방적으로 조합원을 탈퇴시키기 위한 조치를 취한 것이다. 회사 측 간부들이 강제로 탈퇴를 압박하자 노조 대의원들은 화학노조 본조에 오산공장문제를 위임하며 도움을 청했다. 그런데 도움을 요청받은 화학노조가 이틀 후 오산공장 조합원 전체를 탈퇴시키는 만행을 저질렀다. 지부장은 지금은 시기가 어려우니 세월이 좋아지면 오산공장 노동조합을 다시 하자며 한발 물러섰다. 지부장의 이런 소극적 대처가 점차 노동조합에 대한 위기로 이어졌다. 지부장과 대의원들의

---

3   1980년 4월 박상무가 여성조합원들에 대한 폭행사건으로 처벌받은 인영기 씨가 지난날의 잘못을 뉘우치고 새로운 마음으로 일을 하겠다고 하니 다시 일할 수 있는 기회를 주는 게 좋지 않겠느냐는 연락을 하였다. 여성조합원들은 회사가 아무런 잘못 없이 해고된 김순회의 복직을 허용해주면 인영기 씨의 복직문제를 고민하겠다고 제안하였고, 결국 인영기 씨는 영업부로, '순희 언니' 김순회는 생산 2과로 복직되었다. 송효순, 『서울로 가는 길』, 127~28쪽.

간격이 벌어지기 시작했고, 대의원들은 지부장을 신임하지 못하는 지경에 이르게 되었다. 지부장이 계속해서 회사 측을 대변하는 입장을 고수하자 대의원모임에서는 결국 지부장에 대한 불신임 의견이 강하게 제기되었다.

대의원들은 대의원 2/3의 서명을 받아 정식으로 지부장 불신임을 위한 임시대의원대회 개최를 요구했다. 임시대의원대회가 1980년 2월 13일로 정해졌다. 어수선하지만 새 집행부 구성에 대한 논의가 한창인 가운데 회사가 먼저 발 빠르게 움직였다. 새 집행부 구성을 주도적으로 준비하던 전○구를 2월 12일자로 조합원 자격이 없는 기획실로 인사조치한 것이다. 그럼에도 불구하고 대의원대회는 예정대로 열렸고, 대의원 12명 중 오산공장 2명의 대의원이 불참한 가운데 10명의 대의원이 지부장 불신임안을 제의하자 지부장이 일방적으로 폐회를 선언하고 퇴장해 버렸다. 남은 대의원들은 임시의장을 뽑아 회의를 계속했고, 대의원 10명 중 2명의 기권, 8명의 찬성으로 이○호를 새 지부장으로 선출했다. 회사에서는 새 지부장이 된 이○호를 인정하지 않고, 전임 지부장 윤○현을 지지한다는 입장을 노골적으로 밝혔다. 손○한를 중심으로 새 지부장에 대해 직접적인 방해까지 하였다. 윤○덕, 이유자도 새 지부장을 인정할 수 없다고 주장했다. 노동조합조직이 회사 측의 회유에 넘어간 구집행부들과 신집행부로 갈라지기 시작했다.

회사는 곧 2월 말에 있을 대의원 선거를 겨냥해 기존 대의원들을 강하게 비난하며 윤○덕, 이유자를 통해 노동조합의 비리사실을 찾아내려고 총력을 기울였다. 뿐만 아니라 지부장 불신임 과정에서 임시의장을 무기명 비밀투표에 부치지 않았다고 트집을 잡아 회의를 무효화하려고 시도했다. 회사 측의 대대적 공세로 대의원 선거에서 송효순을 제외하고 대부분의 산업선교회원들이 낙선했다. 회사에서는 새롭게 선출된 회사측 대의원들을 총동원하여 이○호 지부장을 불신임하기 위한 사전 정지작업에 들어갔다. 작업시간에도 손○한, 이유자, 윤○덕이 중심이 되어 지부장 불신임운동을 하고, 심지어 지부장 불신임 예행연습까지 할 정도였다. 조합원들은 회사 측에서 대의원들을 조종하고 있으니 조합원 전체 총회를 열어야 한다고 맞섰으나 대의원의 대부분이 회사측 인물로 교체된 상황에서 이를 관철시키기에는 역부족이었다.

5) 다시 회사의 손아귀로

결국 1980년 3월 20일 임시대의원대회에서 불신임안이 통과되었다. 이○호 지부장이 선출된 지 40일 만이었다. 회사 측의 입장을 대변하며 이○호 지부장을 방해했던 손○한이 지부장으로 선출되었고, 다시 이유자가 부지부장이 되었다. 남자 지부장은 공무과에 근무하는 사람이 되었다. 대일화학의 산선 회원들은 이대로 노동조합이 어용화되는 것이 너무도 억울했다. 그 동안의 경위를 써서 전 조합원에게 알렸다. 회사가 불합리한 방법을 동원하여 노동조합을 어용화하고 있다고 몇 차례나 조합원들에게 알렸고, 노동조합 측에 그 동안의 경위를 지부장이 전 조합원에게 설명할 것을 요청하였다. 새로운 노동조합은 노사협의에도 성의가 없었고, 중역들을 두 번 만나서 임금협상을 마무리하는 등 일사천리로 회사 측 입장을 대변하면서 일을 진행해나갔다. 회사는 오산공장 노동조합의 조합원을 1명도 남김없이 탈퇴시켰다.

상황이 점점 심각해지자 조합원들은 노동조합에 계속 상황 설명을 요구했고, 신임 지부장은 4월 30일에 그 동안의 경위를 발표하겠다고 하더니 구로상담소에 근무하는 김○희라는 사람을 불러 조합원의 자세에 대해 교육하는 것으로 상황을 모면하려고 했다. 교육이 끝나고 질문을 받겠다던 지부장은 질문을 받지 않고 일방적으로 교육을 종료하고 퇴장했다. 송효순이 지부장이 안 된다면 부지부장이라도 만나야겠다고 했으나 부지부장도 다음에 하자고 발뺌했다. 조합원 10여 명이 왜 해명을 안 하는지 알아야겠다고 경비실에서 기다리자 회사 간부들이 부지부장 이유자를 후문으로 빼돌려 조합원들과의 접촉을 차단했다. 조합원들은 이 사실을 알았지만 통금시간이 될 때까지 경비실에서 계속 기다렸다. 회사는 산선 회원들이 이유자를 때려죽이려고 기다렸다고 헛소문을 퍼뜨리며 사건을 호도했다. 이제 노동조합이 완전히 회사의 손아귀로 들어가 버렸다.

5월이 되자 산선 회원들은 지부장을 비롯한 노동조합 간부들을 믿지 못하게 되었고, 다시 독자적인 소그룹 활동을 전개하기로 하였다.

3_노동조합 탄압

1) 임마누엘 수도원 수련회

1980년 5월 17일은 한국 현대사에서 중요한 날이다. 이 날은 전두환 신군부가 계엄령을 확대 선포한 날이자 광주민중항쟁 바로 전날이었다. 영등포산업선교회에 다니던 대일화학 여성노동자 40여명은 5월 16일 서울 세검정에 있는 임마누엘 수도원에서 1박2일 수련회를 가졌다. 수련회 주제는 '참된 삶'이었다. 그날 밤 새벽 1시까지 프로그램이 이어졌고, 이튿날 일정을 위해 모두가 수면을 취하려던 참이었다. 낯선 사람들이 수도원 창문을 두드렸다. 인명진 목사를 연행하려고 경찰들이 들이닥친 것이다. 놀라서 창문으로 내다보니 밖에는 총을 든 계엄군인들 몇 백 명이 진을 치고 서 있었다. 그들은 빨리 나오지 않으면 끌어내겠다고 협박했다. 여성노동자들은 밤이 깊었으니 날이 밝으면 오라고 했지만 경찰들은 막무가내였다.

공포탄을 쏘면서 창문을 마구 두드리고 호루라기를 불면서 삼엄한 분위기가 이어졌다. 동네 개들이 마구 짖어대고 마치 전쟁이라도 난 듯한 공포 분위기가 조성되었다. 경찰들은 빨리 문을 열라고 소리를 지르며 마구 문을 두드렸고, 총을 멘 계엄군들은 대열을 지어 수련관 건물을 돌면서 군홧발 소리를 크게 내고 있었다. 당시 계엄군들의 군홧발 소리는 건물이 울릴 정도로 무섭게 들렸다. 여성노동자들은 두려움에 숨이 멎을 것만 같았다. 그래도 문을 열지 않고 버티자 경찰은 수련관 주인을 데리고 와서 강제로 문을 열고 군화를 신은 채 방안으로 들어와 인명진 목사를 끌고 갔다. 여성노동자들이 잘못한 일도 없는 사람을 왜 죄인처럼 끌고 나가는 거냐고 항의했지만 경찰과 계엄군으로부터 돌아온 답변은 '반항하면 총으로 쏴죽이겠다'는 엄포였다. 경찰과 군인들은 승용차에 인명진 목사의 머리를 처박고 강제로 태웠다. 여성노동자들이 승용차라도 막아보려고 했지만 밀쳐졌고 차는 어둠 속으로 사라졌다. 군인들 일부는 아침까지 수련관에 남아서 여성노동자들을 감시했다.

여성노동자들은 뜬눈으로 밤을 새우고 산선으로 돌아왔다. 돌아와 보니 인명진 목사뿐만 아니라 다른 민주인사들도 밤새 대부분 감금되었다. 그리고 전두환 신군부가 계엄령을 확대한다고 발표했다. 며칠 뒤 광주에서는 시민들이 계엄군에게 저항한다는 소리가 들려왔다. 1980년 5월 광주시민들을 총칼로 짓밟으면서 권력을 장악한 전두환 신군부는 '국가보위입법회의'를 설치하여 본격적으로 노동계 정화조치를 단행하였다. 노동청은 7월 1일 〈비상계엄하 노동조합 활동〉이라는 제목의 공문을 한국노총 산별노조 위원장들 앞으로 보냈다. 아예 신규노조 결성을 금지하고 집단행동을 자제하라는 지시였다. 전두환 신군부는 그해 7월부터 1970년대 민주노동운동을 해 왔던 노동조합 지도자들과 노동자들에 대한 난폭한 탄압을 시작하였고, 민주노동운동을 해왔던 수많은 노동자들이 해고되었다.

2) 5·17 계엄과 회사의 노동조합 탄압

산선 인명진 목사의 구속 직후 회사에서는 산선 회원들을 노골적으로 비난하며 앞으로 새로운 노사문화를 만들어야 한다고 강조했다. 조합원들은 노동조합과 회사측에 전○구의 복직을 요구했으나 거절당했다. 현장의 문제점을 건의해도 전혀 수용되지 않았다. 조합원들은 위해작업업소 문제와 12시간 노동을 이유로 고발장을 작성하여 노동청에 제출했다. 그러나 계엄령 하에서 노동청은 미동도 하지 않고 자신들의 업무를 방기했다. 여성노동자들의 고발에 전혀 관심을 갖지 않았다. 이 고발은 결국 유야무야 끝나고 말았다.

약 1개월 반 뒤인 7월 4일 회사는 산선 회원들을 본격적으로 탄압하기 시작했다. 아침 작업시간에 송효순, 박득순, 김진희 등이 과장의 지시에 따라 운동장으로 모였다. 뒤이어 ○홍옥과 ○현남이 울면서 운동장으로 나왔다. 회사 간부가 그녀들에게 남는 인원이라고 했다는 것이다. 김 차장이 나와서 운동장에 모인 조합원들에게 회사에서 남는 인원들이라고 설명하고, 호미를 들고 꽃밭을 가꾸라고 지시했다. 꽃밭을 부지런히 다 매자 김 차장은 창고에 할 일이 많다며, 뿐찌에 있는 2층에 올라가서 테이프 불량품을 매직으로 칠하라고 했다. 매직 냄새가 지독했고, 박스들은 낡고 썩어 있었다. 조합원들은 금방 먼지범벅이 되었다.

휴식시간이 되어 현장에 가니까 모두들 걱정하고 있었다. 조합원들이 꽃밭을 매고, 창고청소를 하는 동안 회사 측 입장을 대변하던 노조간부인 이유자가 악질 조합원들이 인사이동된다고 신이 나서 떠들고 다녔다고 한다. 김 차장이 들고 있던 명단에 송효순, 박득순, 김진희 등 1차에 이어 ○명춘, ○윤옥, ○금숙, ○옥순 등 다른 조합원들도 인사이동 대상이라는 사실이 드러났다.

다음날 현장 라인에서 일하던 조합원들이 갖은 수모를 겪고 다시 창고로 모여 매직 칠을 하기 시작하였다. 조합원들은 매일 현장 라인으로 출근하고, 김 차장이 현장을 찾아와 소리를 지르며 조합원들을 창고로 끌어내는 일이 되풀이되었다. 뻔찌 창고의 일이 끝나자 이번에는 조합원들을 자재과 창고로 데려갔다. 자재과 창고 구석에 사다리를 놓고 올라가야 하는 다락방은 창문 하나 없는 곳으로 반품 들어 온 물건들을 쌓아두는 곳이었다.

한 여름에 스레트 지붕으로 쏟아지는 열기와 먼지가 수북하게 쌓인 다락방은 생지옥이나 다름없었다. 결국 알아서 사표를 내라는 회사의 노골적 의사표시였다. 조합원들은 모두 이대로는 더 다닐 수 없다고 사표를 낸다고 야단이었으나 송효순, 익순, 덕순 등 고참급 언니들이 좌절하는 후배들을 위로하며 버텼다. 회사는 버티기 힘든 근무여건으로 사표를 종용했고 일부 동료들의 손가락질이 더해지자 상황은 점점 악화되어 갔다. 쉬는 시간이면 현장의 동료들이 찾아와 격려해주고 가는 것이 유일한 낙이었다.

3) 죽기 아니면 까무러치기

다락방 일이 끝나자 다른 일이 기다렸다. 옛 식당 뒤편 좁은 골목의 부엌으로 불려갔다. 이곳은 옛날 식당 주방으로 쓰던 곳인데 창문이나 틈을 모두 막아 놓고 파스와 의약품을 보관하는 창고로 쓰고 있었다. 공기를 통하지 않게 막아 놓고 파스 등을 쌓아 놓았기 때문에 문을 열면 파스 썩는 냄새가 진동을 했다. 조합원들이 할 일은 그곳에서 불태우려고 쌓아 놓았던 것들 중 쓸 만 한 것들을 다시 고르는 작업이었다. 물파스를 선별하다가 집에 가서 눈이라도 비비는 날에는 눈이 따가워서 견딜 수 없었다. 최악의 작업환경이었다. 어디 올려 놓고 할 데도 없어 8명이 마주 앉아 무릎 위에다 걸쳐 놓고 그 위에 물건들을 모아놓고 일해야 했다. 썩은 창고 구석에서 일을 하다가 식사시간이 되어 식당으로 가면 남자 직장들이 손가락질하기 일쑤였다. 금방이라도 폐병이 조합원들을 '요놈'하며 덮치는 것 같았다. 점심시간만 되면 조합원들은 식사를 대충 하고 생산부 공장장 사무실 등을 찾아 원직복직을 요구했다.

창고에서 지쳐 쓰러지기 직전까지 일하면서 공기 한 점만 통해도, 냄새만 나지 않아도 살 것 같았다. 그나마 조합원들이 버틸 수 있었던 것은 전부터 안면이 있었던 창고에서 반품을 담당하는 아저씨 덕분이었다. 그곳에서 일할 수 있는 일거리가 떨어지면 일부러 다른 데서 찾아다 주기도 했다. 그 아저씨는 회사에서는 여기 있는 사람들 사표내기만 기다리고 있으니 좌절하지 말고 끈기 있게 버텨서 현장에 복직하라고 위로해 주었다. 또 여기서 쓰러지면 2차로 뽑힌 사람들이 어떻게 되겠느냐고 조합원들을 격려해 주었다.

회사에서는 누구 하나 이 조합원들에게 신경 쓰지 않았다. 2차 명단에 들어간 동료들은 자신들이 2차로 뽑혀 있다는 것을 알면서도 쉬는 시간이면 과자를 사가지고 창고로 와서 위로해 주곤

했다. 조합원들은 보리밥에 김치를 먹기 위해서 이 수모와 고통을 감내하는 것이 감사하기는커녕 하나님이 원망스럽기까지 했으나 사람과 사람 속에서 싹트는 인정으로 모든 것을 참아내며 버텼다. 노조 지부장은 조합원들이 쫓겨 다니며 일을 하는데도 한 번도 찾아보지 않았다. 조합원들이 지부장을 찾아가 대의원이 인사이동되었는데도 노동조합에서는 가만 있느냐고 다그치면 마지못해 노력해 보겠다는 말만 되풀이하고 회사 간부들과 함께 휩쓸려 다니기 바빴다.

4) 인내의 승리

끝까지 굽히지 않고 8명이 버틴 결과 창고 생활 한 달만인 1980년 8월 2일 1차로 지목된 조합원들이 현장으로 복귀하는 기쁨이 찾아왔다. 조합원 중 유일한 대의원으로 남은 송효순은 현장으로 복귀하자마자 분임토의를 통해 현장 동료들과 만났다. 송효순은 "앞으로 언제 또 누가 그런 일을 당할지 모르는 일입니다. 그러면 우리는 같은 입장에 있는 사람들로서 서로가 서로를 위로해 주고 격려를 해준다면 누구도 절망은 하지 않을 거예요. 그리고 항상 단결이라는 두 글자는 잊어서는 안됩니다"라고 강조했다.

이 과정을 지켜보던 과장이 바로 회사에 이 내용을 보고했다. 다음날 아침 생산부장이 현장으로 와서 호통을 치자 송효순이 나서서 이렇게 답했다. "사람은 감정의 동물이라고 하는데 저희도 감정은 있습니다. 아무 죄도 짓지 않았는데도 창고에서 죄인들처럼 죽을 고생을 다하다가 싸워서 이겼습니다. 승리감 때문에 의욕도 생겼습니다. 그래서 단결하여 뭉치면 산다는 이야기를 대의원의 입장에서 하였는데 무엇이 잘못되었다고 이렇게 야단하시는지 이해가 가지 않습니다." 구구절절 옳은 소리에 부장은 "네 말도 맞는 말이다"며 우물쭈물하다가 그냥 가버렸다. 조합원들이 박수로 환호하였다.

4_ 해고와 블랙리스트

1) 다시 식당 대기조로

현장 복귀 후 불과 4달이 채 안되어 회사 분위기가 또 이상하게 돌아갔다. 김○림 차장이 인원을 줄인다고 떠들고 다녔다. 불뚱이 조합원들에게 가장 먼저 튈 것이 분명했다. 회사는 지난 10월 20일부터 열흘간 놀았는데도 창고의 재고가 줄지 않아 이번에는 아주 인원을 빼기로 했다는 것이다. 갑자기 포장반 인원 중 8명을 오산공장으로 1주일간 파견 보낸다면서 이름을 불렀다. 나머지 인원은 식당에서 할 일 없이 대기한다는 것이었다. 계엄령 직후 산업선교회가 공안탄압으로 위축된 상황에서 현장마다 산선 회원들을 포함한 조합원들에 대한 탄압이 한층 강화되고 있었다. 산선 회원 대부분이 식당조로 편입되었다.

산선 회원들을 포함하여 식당대기조로 분류된 조합원이 40여

명이나 되었다. 회사는 필요한 인원만 남겨서 월급도 올려주고 보너스도 더 타게 해주어 잘 살게 해줄 방침이라고 했다. 하루아침에 40여 명이 할 일 없이 식당에 우두커니 앉아 있는 신세가 되었다. 부동자세로 하루 종일 앉아 있는 일은 여간 고역이 아니었다. 갑자기 식당이 현장 노동자 40여명의 출근부서가 된 것이다. 차장들과 과장들이 돌아가면서 식당을 찾아와 교육을 했는데, 회사를 위해 얼마나 노력하였는가를 돌아보고 회사를 위해 순직해야 한다며 목청을 높였다. 며칠 후부터는 종이와 펜을 주고 '회사와 나', '작업과 작업량' 등 정해진 주제에 따라 하루 종일 글을 쓰도록 시켰다. 회사는 조합원들이 쓴 글을 통해 조합원들이 무슨 생각을 하는지 파악하고자 했다.

2) 오산공장으로

1980년 11월 25일 송효순 외 20명에게 오산공장으로 출근하라는 일방적 통보가 떨어졌다. 갑자기 하루아침에 서울 생활하던 노동자들이 경기도 오산에 있는 제2공장으로 출근한다는 것은 불가능했다. 오산공장으로 부당 인사이동을 당한 조합원들은 영등포산업선교회에서 함께 숙식을 하고 이튿날 본사로 출근하였으나 회사 간부와 30여 명의 남자들이 정문에서 막아섰다. 어제까지 그녀들이 출근하던 본사인데 하루아침에 사람을 시켜 정문부터 그녀들을 막아선 것이다. 조합원들이 밀고 들어가려고 하는 과정에서 몸싸움이 일어났다. 회사 간부들은 집단행동으로 간주하고 계엄합동수사본부와 경찰서에 고발하겠다고 협박하였다. 어쩔 수 없었다. 억울하지만 오산공장으로 출근하는 것 외에 다른 방법이 없었다.

오산 제2공장으로 쫓겨난 20명의 노동자들은 당시 도림동, 개봉동, 화곡동 등에서 살고 있었는데, 영등포역에서 6시 30분에 출발하는 통근버스를 타야 했다. 그 통근버스를 타려면 5시~5시 30분에는 집에서 나와야 차를 탈 수 있다. 그나마 회사 측에서 통근버스를 사전예고도 없이 운행 중단하여 대중교통을 이용해야 할 때도 있었다. 그로 인하여 지각을 하게 되었고, 무단결근 처리를 당해야 했다.

11월 25일 오산공장 명령을 받고, 26일은 본사로 출근해 결근 처리가 되고, 27일에 오산으로 첫 출근을 했다. 도착하자마자 안○옹 생산부장이 조합원들을 식당으로 데리고 가서 "여러분들은 본사에서 말썽이 제일 많은 사람으로 알고 있습니다"하며 교육을 시켰다. 본사에서 조합원들을 오산으로 발령 낸 이유가 여실히 드러났다. 며칠을 두고 보던 회사에서는 사표를 낼 사람을 추리기 위해 본사에서 내려온 조합원들과 일일이 퇴직을 종용하는 면담을 진행했다. 조합원들은 미리 면담의 분위기를 간파하고 여기서 꺾일 수 없다며 미리 입을 맞추어 두고, 벽지수당을 주면 오산에 방을 얻어 살겠다고 회사에 엄포를 놓았다. 생산부장은 오산으로 발령을 내면 그녀들이 견디지 못하고 사표를 낼 것으로 기대했다가 아예 오산으로 내려와 살겠다는 의외의 반응에 놀랐다.

조합원들은 집이 멀어 아침에 출근시간을 맞출 수 없어 산업선교회 회관에서 같이 자는 날이 많았다. 그러면서 오산으로 보냈다고 사표를 내면 다른 사람들이 똑같이 당할 테니까 오산으로 이사해서 공동생활을 하기로 했다. 새벽에 통근버스로 출근하고 서울로 돌아오면 컴컴한 밤이 되었기 때문에 도저히 방을 구할 시간이 없었다. 본사의 조합원 중 장금숙, 문옥순이 하루 휴가를 내 오산에서 지낼 방을 알아봐 주었다.

3) 이래도 버티나 보자

오산으로 발령을 내도 사표를 내지 않자 공장에서는 본사에서 내려온 조합원들을 힘든 작업으로만 내몰기 시작했다. 제 풀에 지쳐 사표를 내라는 것이었다. 자동포장기를 시작으로 컨베이어에 테이프를 넣는 일을 교대로 시켰다. 돌아가는 컨베이어에 테이프를 넣는 것은 1분에 160번 손을 왔다갔다 움직여야 하는 일이다. 회사는 조합원들을 고된 작업으로만 돌리면서 다른 한편으로는 노조 탈퇴를 종용했다. 오산공장에서 일하던 사람들에게는 본사에서 내려오는 사람들하고 일체 대화를 하지 말라고 미리 단단히 교육 시켜두었기 때문에 본사에서 내려온 조합원들 주변에는 오산공장에서 누구 하나 가까이 오는 사람이 없었다.

퇴근 후엔 물젖은 솜뭉치 같은 몸을 이끌고 산선회관으로 찾아들었다. 집을 잃고 객지에서 부모 찾아 헤매다 엄마를 만난 것처럼 회관에 도착하면 서러운 눈물이 하염없이 흘렀다. 다른 회사 동료들까지 나서서 그녀들을 위로하고, 격려해 주었다. 다른 회사의 동료들이 새벽 같이 일어나 오산으로 가는 통근버스를 탈 수 있도록 새벽밥을 지어 주던 일은 지금도 잊을 수 없는 고마운 기억으로 남아 있다.

12월 2일 지금까지 보다 훨씬 열악한 작업이 시작되었다. 여자들이 도저히 할 수 없는 일을 시키기 시작한 것이다. 회사에서는 본사에서 내려온 조합원들에게 사람 키만한 쇳덩어리인 코아가 기계에서 나오면 그걸 받아 내리고 테이프 감아진 것을 빼고 다시 새 코아를 기계에 끼워 넣는 작업을 시켰다. 사람 키만한 쇳덩어리를 가슴 높이까지 들어 올려서 기계에 넣는 작업은 남자도 잘 못하는 일이다. 이제 그녀들에게 오산공장은 전쟁을 하는 싸움터 그 자체였다. 그 코아를 샤후드라고 불렀는데, 이 샤후드를 드는 작업은 계속해서 그녀들을 괴롭혔다. 몸이 약한 주월화 같은 경우 샤후드는 아예 그녀의 힘으로 움직일 수조차 없는 무게였다. 하도 딱해서 오산공장의 남자노동자가 도와주려고 하면 옆에서 지키고 서 있던 관리자들이 도와주지 못하게 말렸다. 주월화는 이 샤후드 앞에서 "도저히 할 수 없어. 기계에 딸려 들어가서 죽는 게 더 나아"하며 통곡했다.

송효순이 처음 그 일에 불려갔을 때, 이 라인테이프 자동포장기가 사람 잡는 기계라고 말했던 것이 어느새 회사로 새나갔다. 회사는 시말서를 쓰라고 닦달했다. 시말서 3번이면 짤린다는 것을 잘 알고 있었기 때문에 완강하게 저항했으나 소용없었다. 시말서는 3번 이상의 경고가 있을 때 쓰는 것이었는데, 20여 명의 남자 간부들이 모여 몽둥이로 책상을 두드리고 고함을 질렀다. 갖은 욕설을 입에 담고, 강제로 시말서를 받아 갔다. 억지도 이런 억지가 없었다.

본인은 12월 29일 라인테이프 자동기계에서 사람 잡는 기계 같다는 말을 하여 전공장의 질서를 문란시키고 작업에 지장을 초래하여 이에 대한 책임을 지고 시말서를 씁니다.

변변한 운동화 하나 없이 슬리퍼를 신고 다니던 조합원들에게 눈이 많이 오는 날은 출퇴근 자체가 엄청난 고통이었다. 아무도 조합원들의 질문에 대꾸하지 않았기 때문에 눈 때문에 통근버스가 운행을 하지 않아도 다른 대중교통수단을 어디서 타느냐고 물어볼 곳조차 없었다. 회사에서는 여전히 틈만 나면 한 달치 월급과 상여금을 줄 테니 사표를 쓰라고 강요했다. 조합원들은 "이번 달만 먹고 살면 끝나는 게 아니에요. 대부금도 갚아야 하고 회사를 더 다녀야 살 수 있어요. 사표는 생각해 본 적도 없어요"라며 매번 회사 측의 사표 종용을 거부했다.

4) 계속되는 시말서 강요

회사에서는 말도 안 되는 일로 트집을 잡으며 계속해서 시말서를 강요했다. 무거운 쇳덩이 무게에 지쳐 이게 몇 kg이나 되냐고 주변에 물어본 것도 문제 삼아 또 시말서를 강요했다. 시말서를 쓰지 말아야 하는 줄 뻔히 알면서도 고문에 못이겨 허위 자백하듯 시말서를 쓰지 않을 수 없었다. 한 사람을 앉혀놓고 빙 둘러선 간부들의 강압적 분위기 속에서 시말서 강요가 계속되었다. 송효순은 벌써 두 번째 시말서를 썼다. 세 번째 시말서를 쓰기까지 그리 오랜 시간이 걸리지 않았다. 어거지로 2번째 시말서를 쓰고 현장으로 오는 길에 바로 시비를 걸어왔다. 안부장이 "유○영 대리가 밖에서 몰래 보니까 송효순이 잡담했다지?" 이야기라고는 테이프 규격을 물어본 것이 전부인데 잡담을 했다고 몰아세웠다. 하지 않은 잡담을 했다고 이미 증인까지 서 있었다.

송효순이 시말서를 쓰지 않고 버티자 박득순이 불려왔다. 박득순이 들어오자 송효순을 한 쪽 구석으로 가 있으라고 하고는 들리지 않게 무언가를 속닥이다가 안부장이 소리를 빽 질렀다. "머리부터 발끝까지 송효순에게 충성을 할 참이야. 비밀로 해 준다니까 왜 그렇게 말이 안 통해?" 나중에 알고 보니 안부장이 박득순에게 송효순이 잡담했다고 시인하고 자기네하고 손잡고 함께 일하자고 꼬시더라는 것이다. 박득순이 딱 잘라 거절했더니 이번에는 박득순이 잡담을 했다고 시말서를 쓰라고 호통을 쳤다.

결국 박득순과 송효순은 잡담을 했다는 이유로 다시 시말서를 써야 했다. "득순아, 내가 잡담했다고 네가 시인을 했다더라", "어머나 나한테는 효순이 언니가 시인을 했다고 그랬어. 거짓말을 한 거네. 하도 여기저기서 야유를 해서 정신이 없어 빨리 쓰지 않고는 배길 수 없게 만들어서 시말서를 쓰게 하다니, 정말 치사해." 박득순은 너무 억울해서 견딜 수가 없다며 현장에서 입을 까만 테이프로 봉해 버리고, 참을 수 없었던지 눈물을 뚝뚝 흘렸다. 김순회도 불려가 송효순과 박득순이 시인했으니 시말서를 쓰라고 강요하여 억지로 시말서를 썼다.

5) 다시 불어오는 해고의 바람

1980년 12월 12일은 대일화학 여성노동자들에게 잊을 수 없는 날이다.[4] 안 부장이 김순회와 송효순을 불러 다짜고짜 "넌 오늘부로 해고야. 이유는 취업규칙 위반이야. 시말서를 3번 썼지?" 말도 안 되는 이유로 시말서를 강요한 결과가 현실로 나타난 것이다. 더 참을 수 없다고 생각한 송효순은 안 부장의 눈을 똑바로 보며 "정말 관리자들이 불쌍합니다. 지금 하는 일이 올바르다고 생각하십니까?"하고 쏘아붙였다. "관리자가 된다고 하여 나이 어린 우리들을 그렇게 모질게도 못살게 굴더니 끝내는 생존권까지 짓밟는군요. 해고장만 던져주면 끝나는 일이 아닙니다. 나는 취업규칙에 어긋나는 일을 하지 않았다고 생각합니다. 시말서도 협박에 못 이겨 쓴 것입니다. 내가 한 일에 조금도 잘못한 일이 없다고 생각합니다. 힘든 일을 시켜놓고 무슨 말이 나오면 그것을 트집 잡아 시말서를 받는 그런 양심 없는 행위를 하는 구 차장님과 안 부장님이 불쌍하다고 생각합니다." 송효순과 김순회는 그 자리에서 가슴에 담아 두었던 말들을 다 쏟아 내었다. 안 부장과 구 차장은 아무 소리도 못하고 담배만 계속 피우더니 "웃사람들의 명령이야" 소리만 되풀이 했다.

다음날 아침 김순회와 송효순은 아침 일찍 기차를 타고 오산공

---

4   송효순의 수기 『서울로 가는 길』에는 1981년 12월 12일로 해고일자가 기록 (195쪽) 되어 있으나 대일화학 오산공장의 해고는 1980년 12월 12일과 12월 22일 두 차례에 걸쳐서 벌어졌다. 그리고 본사의 장금숙과 문옥순은 다음날인 12월 23일 해고장도 받지 못한 채 해고되었다.

장으로 출근투쟁을 했다. 경비실에서부터 출입이 저지되었다. 하는 수 없이 서울로 돌아와야 했다. 끝내 해고되었지만 김순회와 송효순, 그리고 남은 조합원들과 다른 회사 노동자들이 일요일날 함께 오산으로 이사를 했다. 고생하는 사람들을 위해 밥이라도 해줄 요량이었다.

12월 14일 일요일 오산으로 이사를 했다. 화물차를 부를 수 있는 여유가 없었기 때문에 전날 미리 산선회관에 짐을 가져다 놓았다가 모두 함께 완행열차를 타고 이사를 했다. 서울로 올라와 낯선 타지에서 자신을 의지하고 살던 동생과 이별해야 했고, 가족들과 생이별해야 하는 조합원들은 가슴이 미어졌다. 산선회관에 모인 그녀들은 답답함을 달래지 못하고 예배당에서 목 놓아 울었다. 하나님도 무심하십니다. 어떻게 우리들을 그 먼 곳으로 쫓아 보내십니까? 하나님 너무하십니다. 어린 동생은 어떻게 혼자 삽니까? 한번 터진 눈물은 그칠 줄 몰랐다. 장금숙과 조명춘이 따라와 함께 엉겨 붙어 울었다. 일요일 아침 유난히 추웠던 겨울 눈길을 헤치며 이불보따리를 머리에 이고 해고당한 오산을 향해 완행열차로 이사를 했다. 1980년 12월 추운 겨울날 이불보따리를 지고 오산을 향해 이사하던 기억은 30년이 훌쩍 더 지나 구술 인터뷰를 할 때도 여전히 생생한 기억으로 남아 있었다. 오산의 자취방은 그 사이 방을 구할 여력은커녕 필사적으로 출퇴근하기 바빴던 그녀들을 대신해 본사에 남아 있던 장금숙과 문옥순이 구해준 것이었다.

김순회와 송효순은 못 가져 온 짐을 마저 가지러 서울로 다시 왔고, 저녁에 회관에 있는데 오산에서 아직 해고되지 않은 조합원들이 다시 서울로 쫓아 올라 왔다. 그날 남아 있던 6명 모두 시말서를 쓰고 올라왔다. 남은 6명도 회사의 비열한 술수에 말려들었다는 것이다. 전에 라인테이프를 만들고 남은 나머지를 작은 규격으로 잘라 상품으로 포장해주면 어떤 회사에서 사서 쓰겠다고 해서 5cm부터 20cm까지 규격대로 선별하여 다이 위에 쌓아 놓고 규격을 써 붙여 놓았는데, 다음날 출근해보니 그걸 누가 다 포장했는지 보이지 않았다고 했다.

며칠 후 관리자들이 몰려와 6명이 테이프 선별을 뒤죽박죽 해서 반품이 들어 왔으니 모두 책임지고 시말서를 쓰라고 했다는 것이다. 주월화, 조성덕, 박득순, 추재숙, 안윤옥, 조명춘 등 6명은 선별을 정확히 해서 규격대로 쌓아놓고 표시까지 했는데 왜 시말서를 써야 하는지 알 수 없다고 항의했지만 관리자들은 시말서를 쓰지 않으면 시말서를 안쓰겠다고 한 명령불복종에 대한 시말서를 쓰라고 했다는 것이다. 어이가 없었다. 6명의 동료들은 먼저 해고된 언니들이 이런 식으로 해고당했기 때문에 똑같이 당하지 않으려고 무슨 일이 있어도 시말서를 쓰지 않겠다고 버텼다. 회사에 확실한 증거와 완전포장한 사람을 알려달라고 요구했지만 공장 간부들은 막무가내였다. 결국 12월 12일 김순회와 송효순의 해고 이후 꼭 열흘만에 오산공장에 남아 있던 6명도 해고되고 말았다.

다음날인 12월 23일 조합원 중 본사에 남아 있던 장금숙과 문옥순 두 사람에게도 시말서 강요가 있었다. 회사를 중상모략하고 유언비어를 퍼뜨렸다는 것이 그 이유였다. 회사에서 친구들에게 오산공장에서 돈 줄테니 사표 쓰라고 한다고 이야기한 것이 화근이

되었다. 그녀들은 사실을 사실대로 이야기한 것이었지만 오산공장
에서는 그런 사실이 없다고 딱 잡아 떼었다. 1980년 12월 한 달 사
이에 오산공장 8명, 본사 2명 도합 10명이 해고되었다.

회사와 정부는 이들을 해고시킨 것으로 모자라 시골에 있는 부
모님들까지 찾아다니며 괴롭혔다. 당시 대일화학에서 해고당한 여
성노동자들은 시골에 계신 부모님들이 걱정하실까봐 시골에는 연
락을 하지 않고 서울에 있던 해고자들 집이나 산업선교회에 머물고
있었다. 회사 중역들은 시골집을 찾아다니며 댁의 딸이 회사에서
잘못하여 쫓겨나 교회에 있는데 딸이 잘못될까봐 찾아왔다며 빨리
시골로 데리고 오라고 전했다. 혹시 다방 같은 곳으로 빠질까봐 걱
정이 되어서 찾아왔다고 하더란다.

그렇지만 부모님들은 딸들의 성실성을 믿고 있었기에 처음에는
많이 놀랐지만 서울로 찾아와 이야기를 듣고는 안심하고, 끝까지
싸우라며 쌀이 없으면 시골에서 가져다 먹으라고 오히려 격려하는
어머니도 계셨다. 해고 후 생계를 위해서 이들이 정월 대보름날 회
사 앞에서 땅콩을 팔았는데 회사에서는 경비원들을 시켜 땅콩을 사
가는 사람의 명단까지 적게 했다. 정부 역시 회사 편이었다. 진정서
를 내고 호소해 보았으나 노동청에 진정서를 제출하러 가면 한꺼번
에 10명 건을 가져온다고 야단을 치고 윽박지르기 일쑤였다. 자기
들도 피곤해 죽겠는데 진정서를 가져와 일거리를 만든다는 것이 이
유였다.

6) 약속, 그리고 블랙리스트[5]

1980년 12월에 해고된 대일화학 노동자들은 3가지 약속을 했다. 대일화학 10명의 여성 해고노동자들이 위와 같은 약속을 한 것은 상당히 이례적인 것이었다. 대일화학의 해고노동자들은 무기력한 패배감에 젖어 들고 싶지 않았다. 이 약속을 한 이유는 자주적인 노조활동을 한 것이 죄가 되어 억울하게 해고를 당하는 노동자들이 이 땅에서 사라지기를 소원하며 결의한 것이었다. 그 세 가지 약속은 다음과 같다.

첫째, 최소한 1년 안에 결혼을 하지 않는다.

둘째, 퇴직금은 1년 안에 수령하지 않는다.

셋째, 원직복직 되는 날까지 다른 공장에 취업하여 노동자들을 조직하고, 민주노동조합을 조직하는 데 기여한다.

그날 이후 10명의 여성 해고노동자들은 추운 겨울처럼 얼어붙은 마음을 추스르고, 이 약속을 지키기 위해 이력서를 들고 구로공단과 영등포지역에 있는 공장의 문을 두드렸다. 그 당시에는 전봇대나 벽에 붙어 있는 모집공고가 유일한 구인정보였다. 그러나 취업은 생각처럼 쉽지 않았다. 노동자들이 많이 근무하는 비교적 큰

---

5   '약속, 그리고 블랙리스트' 부분은 대일화학 해고노동자들이 해직 이후의 삶과 행보를 간략하게라도 알리겠다는 취지로 공동집필하여 필자에게 보내 온 것을 기초로 했다. 본문의 3가지 약속은 이 책에서 처음 공개되는 내용이다.

공장에 들어가려고 하면 이상하게도 이 10명의 해고노동자들은 불합격이 되었다. 이상하다는 생각이 들었지만 그녀들은 당시에 그 이유를 정확히 알 수 없었다. 어렵게 취업을 한 문옥순은 해고자와 함께 일을 할 수 없다는 이유로 얼마 뒤 또 해고를 당해야 했다.

그 다음부터는 공장 규모가 작고 신원조회에서 걸리지 않을만한 영세공장을 찾아다녔다. 송효순 등 몇 명은 영등포지역을 벗어나 안양에 있는 공장에 취직했다. 조명춘과 조성덕은 세안전자라는 조그만 공장에 취업을 했고, 송효순은 캠브리지 신사복을 만드는 하청공장에 시다로 들어갔다. 하루 노동시간은 12시간 이상 장시간 노동을 했고, 때로는 철야노동을 하였다. 그곳 역시 대일화학의 초창기와 같은 열악한 노동환경이었다. 노동자들은 쉬지 않고 장시간 일을 하지만 저임금으로 생계에 어려움을 겪고 있었다.

송효순은 열악한 노동환경을 사회에 알리기 위하여 대학교 신문 등에 대일화학 여성노동자들의 문제를 고발하고, 여성노동자들의 현실을 알리기 위해 유인물을 만들어 종교집회나 여성단체 집회에서 배포했다. 또한 노동자들을 조직하여 '노동법'과 '노동조합법'을 함께 공부하기도 했다.

하지만 이런 활동도 오래할 수 없었다. 송효순이 미싱사로 유광섬유에서 3개월 쯤 근무할 때였다. 어느 날 조회시간이었는데, 공장 상무가 여기에 빨갱이 한 사람이 들어와 있다며, 그 사람을 조심하고, 그 사람이 다치지 않게 끌어내라고 했다. 그러자 반장이 송효순을 지목하여 현장 밖으로 끌어냈다. 작은 공장으로 갔지만 거기서도 블랙리스트의 위력이 작동하고 있었던 것이다.

1986년 8월 인천 경동산업 파업농성 중 발견된 블랙리스트의 일부

영등포 보영전자에 취직했던 김순희는 동료들을 조직하여 영등
포산업선교회 소그룹 활동을 시작했다. 그들은 산업선교회에서 노
동기본권을 공부하면서 자신들의 권익을 위하여 노동환경을 개선하
려고 하였다. 노동조합 설립을 목적으로 동료들을 설득하고 조직하
였다. 그러자 사장은 바로 주동자를 색출하기 시작했다. 결국 대일
화학에서 해고를 당했고, 도시산업선교회 회원으로 낙인찍혀 있던

김순회가 발각되었고, 보영전자 사장은 산업선교회 활동을 했던 김순열 외 18명의 노동자와 함께 김순회를 해고했다. 김순회는 그 이후 신명전자 등 또 다른 공장에서도 블랙리스트에 의하여 해고를 당해야 했다. 나중에 김순회는 경상도 구미공단으로 내려가서 그곳에서 노동자들을 상담하는 활동을 잠깐 했지만, 앞서 상술한 바와 같이 경찰의 추적으로 그마저도 그만두어야 했다.

추재숙은 1984년 구로공단 대우어패럴에 미싱사로 취업해 있었다. 노동조합을 설립하는데 동참했던 추재숙은 노동조합에서 여성부장으로 활동했다. 추재숙은 노동조합을 파괴하려는 국가기관에 의해 1985년 6월에 노조위원장과 함께 구속되었다. 추재숙 외 대우어패럴 노조간부 3명은 구로공단의 여타 노동조합을 파괴하려는 음모로 구속된 것이다. 구로공단 내 노동조합들이 연합하여 1985년 구로동맹파업이 일어났다. 추재숙은 징역을 살고 나왔고, 그 이후 더욱 강화된 블랙리스트에 의하여 더 이상 취업이 불가능하였다.

이처럼 국가기관은 대일화학에서 해고된 여성노동자들을 혹독하고 지속적인 감시와 탄압으로 다른 사업장에서도 계속 해고를 시켰다. 하물며 자취하는 방까지 몰래 들어와서 뒤지고, 정보과 형사가 일일이 미행을 하였다. 블랙리스트에 의한 반복되는 해고와 감시의 절망적인 상황 속에서도 대일화학 여성 해고노동자들은 노동자들의 권익을 위하여 열심히 활동했다. 1985년 구로동맹파업 당시에는 지지시위를 하다가 연행되어 구류를 살기도 하였고, 각종 집회에 참여하면서 민주주의가 정착된 사회라야 노동자의 인권이 보장된다는 것을 확신하면서 군사 독재시절 민주화운동에 참여하였다. 끝으로 대일화학 여성노동자들이 이 책의 대일화학 부분 마무리에 꼭 넣어달라고 보내온 글을 소개한다.

"지금 경찰, 노동부 등 국가기관으로부터 모진 탄압을 받았던 대일화학 여성 해고노동자들 중에는 정신적으로 심한 고통을 겪으면서 정신과 치료를 받기도 하고, 병원에 입원해 있는 등 고통 속에 있는 사람도 있다. 우리나라는 현재 OECD 국가 11위라는 신화를 창조한 경제대국으로 성장했다. 이러한 결과는 1970년대 장시간 노동과 저임금에 의한 노동자들의 공헌이었으나, 노동자들은 여전히 상대적인 빈곤에 시달리고 있고, 기업주는 독점재벌기업으로 커 나갔다. 경제성장의 잘못된 배분은 경제성장이 이루어진 오늘날 노인 빈곤 세계 1위라는 불명예의 결과를 낳았다. 우리나라 산업화 초기 노동자들은 아무리 일을 해도 먹고 살기 힘들어 미래를 위해 저축을 할 수가 없었다. 노후 대비는 한낱 꿈에 불과한 일이다. 그 결과 노년으로 접어든 산업화 세대의 앞날은 빈곤의 연속으로 어둡기만 하다."

1980년 5월의 민주노조, 롯데제과

1_ 갈등과 긴장의 고조

1) 노동법에 눈을 뜨다

1975년 무렵 민주노조의 불모지 같았던 롯데에 민주노조의 씨앗을 뿌린 인물이 있었다. 당시 롯데에 허울뿐인 노동조합(흔히 어용노조로 불렸다)이었지만 부녀부장을 맡고 있던 허○○[1]가 현장에서

---

1   허○○는 롯데제과의 노조 정상화 이전 노조 부녀부장으로 활동하면서 롯데 노동자들을 대상으로 노동법 등을 교육하는 역할을 했다. JOC(가톨릭노동청년회) 출신으로 알려져 있는데, 노조 정상화 이후 초대 위원장이 된 신○○와 가까웠다고 알려져 있다. 신○○은 JOC와 가깝기는 하였으나 JOC와의 관련성은 없다. 허○○는 어용노조 당시 노동법 교육 등 중요한 역할을 했으나, 노동운동이 한창일 무렵부터는 생산현장으로 돌아갔고, 1980년 롯데제과 여성노동자들의 해직 이후부터 연락이 단절되었다.

노동법을 교육하기 시작했다. 당시 식품업계의 장시간 노동추세에 따라 롯데도 12시간 노동을 하고 있었기 때문에 근무여건상 노동법 교육은 야간 근무 중 야식시간의 짜투리를 이용할 수밖에 없었다. 라면이나 국수를 15분 안에 얼른 먹고 잠깐 눈을 붙이는 야식시간은 야간근무자들에게 무엇과도 바꾸기 힘든 꿀맛 같은 시간이다. 이 황금 같은 자투리 시간을 이용해 노동현장에서 노동법 교육을 한 것이다.

허○○ 부녀부장은 당시 산업선교회와 더불어 노동현장에서 민주노조운동을 이끌던 JOC(가톨릭노동청년회) 출신으로 알려져 있다. 당시 허○○ 부녀부장의 노동법 교육은 롯데의 어용노조 상황 하에서 할 수 있는 최선의 활동이었다. 롯데제과 여성노동자 중에 허○○ 외에는 JOC 회원이 없었던 것으로 보인다. 허○○의 노동법 교육 이외에 JOC의 활동을 기억하는 여성노동자들을 찾을 수 없었다.

신○○, 김○○ 등의 기억에 따르면, 이 노동법 교육에 참여했던 롯데제과 여성노동자들은 그 동안 알지 못하고 지냈던 노동법의 여러 가지 내용을 배우는 과정에서 상당한 흥미를 느꼈고, 졸린 눈을 비비면서도 교육에 참여했다. 롯데제과 작업 현장에 민주노조의 씨앗은 이렇게 뿌려지기 시작했지만 본격적인 여성노동자들의 실천적 활동으로 이어지기까지는 상당한 시간이 더 필요했다.

2) 롯데제과 생산현장과 여성노동자

1973년 롯데제과 여성노동자로 입사한 정○○의 〈준비서면〉[2]에 1970년대 중반 롯데의 여성노동자들과 생산현장의 단상이 나타나 있다.

원고(정○○)는 1973년 2월 14일 18세에 롯데제과에 입사하여 내 손으로 벌어 학교를 다니고 아버지의 약값을 대겠다는 꿈을 갖고 하루 150원의 일당을 위해 12시간의 작업을 시작했었습니다. 하루 종일 사탕을 싸다 보면 손은 닳아져서 피가 나고 그 피가 나는 손으로 조금이라도 더 벌어보려고 사탕에 피가 묻어나도 또 싸고 또 쌌었습니다. 캔디부의 여공들은 손가락이 삐뚤어지고 굳은살이 박혀 흉칙하기 짝이 없게 되었습니다. 12시간 작업을 끝내고 야간 학교로 달려가 밤 11시가 넘도록 칠판과 씨름하고 … 12시간 야근 작업 때는 누렇게 뜬 얼굴로 훤히 밝아오는 동녘 창을 바라보다가 발을 구르며 악을 써대는 기사들의 호령에 몸서리 칠 때가 한 두 번이 아니었습니다. 몸이 무너질 것 같은 고통을 이기고서 다니던 학교는 학교 때문에 능률이 떨어진다고 회사를 그만 두든지 학교를 그만 두든지 하라는 회사의 명령에 중단할 수밖에 없었습니다. 12시간 강제작업은 엄연히 근로기준법 위반이었건만 아무런 제재

---

2   81구 307호 부당노동행위 구제재심신청 기각판정 취소청구 사건에 대해 롯데제과 여성노동자 정○○가 서울고등법원 특별1부에 제출한 준비서면(1981. 10. 28) 중.

도 받지 않고 가능했으며 눈이 오나 비가 오나 8년 동안을 드나들던 회사의 문을 탁 가로막고 '정화'라는 구실로 근로자들을 무더기로 해고 시켰습니다. 회사는 근로자가 건의를 하거나 정당한 권리를 주장할 때는 원고가 당한 것처럼 감시하고 꼬투리 잡기에 혈안이 되어 있고 보복이 뒤따른 다는 것이 상례로 되어 있고 온갖 술수를 다 동원하여 짓밟아 온 것이 그들의 생리였습니다. (후략)

3) 거울 그룹

유신 이후 1979년까지 영등포산업선교회는 '노동자 소그룹' 활동을 강화했다. 1979년도까지 매년 1,500여 회 이상의 소그룹 모임을 진행했다. 1976년도에는 노동자들의 소모임이 100여개에 이르게 되었다.[3] 롯데제과 여성노동자들에게 영등포산업선교회가 알려지기 시작한 것이 이 무렵이다. 1976~77년 무렵 영등포산업선교회 바람이 불기 시작했다. 김○○ 같은 경우는 특이하게 스스로 영등포산업선교회를 찾기도 했다.

김○○은 현장에서 바른 소리를 잘 했기 때문에 생산2과에 적을 두고 있었지만 회사가 여자가 하기 힘든 일을 하도록 강요하는 경우가 많았다. "너무 힘들어서 정말 노동자는 이렇게 당해야 되나? 그런 생각하면서 산업선교회를 찾았어요. 함석헌 선생의 〈뿌리 깊은 나무〉에 산업선교회가 나왔는데 뭘 하는지 구체적으로는

---

3   조지송, 1993, 「새로운 전진을 위하여」, 『산업선교』 제21호, 15쪽.

몰라도 노동자들에게 많은 도움을 준다고 하는 구절을 보고 찾았어요."[4] 김○○ 같은 동기로 산업선교회를 찾는 것은 상당히 이례적인 경우다.

대부분의 경우는 탈의실에서 유니폼을 갈아입으면서 몇몇 산업선교회 회원들이 동료들에게 산업선교회 활동을 권유하거나, 식당에서 권유하는 것이 일반적이었다. 점차 산업선교회에 참여하는 회원이 늘어났다. 산업선교회 활동은 낯선 서울에서 공장 생활에 억눌려 있던 여성노동자들에게 일종의 청량제 같은 것이었다. 산업선교회에 참여했던 롯데제과 여성노동자들은 서로에게 거울이 되자는 의미로 자신들의 소그룹 이름을 '거울 그룹'이라고 명명했다.

여성노동자들은 '거울 그룹' 활동을 하며 먹고 싶은 것을 같이 해먹기도 하고, 노동법 교육을 받는 등 산업선교회 활동에 열심이었다. 당시 롯데 여성노동자들 중에 교회를 다니던 기독교 신자들에게도 산업선교회는 상당히 낯선 체험으로 다가왔다. 다니던 교회에서는 '자신들이 어떤 모델이 되어야 하고, 전도를 해야 되고, 선지자가 되어야 하고' 등등의 패턴을 귀가 따갑게 들었는데, 산업선교회 예배는 인간으로서의 자존감을 깨우는 설교가 주를 이루었다. 산업선교회 활동이 활발해지면서 점차 롯데 여성노동자들의 교감과 소통의 장이 만들어졌다. 산업선교회의 이 공감장에 참여했던 김○○, 신○○, 김○○, 신○○, 김○○, 마○○ 등등 많은 여성노

---

4 2011년도 국사편찬위원회 구술사료 수집작업, 〈1960~1970년대 이촌향도의 경험: 노동자로서의 삶과 운동〉. 전 롯데제과 부지부장 김○○ 구술자료. 70~71쪽. 잡지 〈뿌리깊은 나무〉는 〈씨올의 소리〉의 착오인 것 같다.

동자들이 이후 롯데제과 민주노조 결성 과정에서 디딤돌 역할을 하게 된다.

4) 부당 부서이동 사건

산업선교회 회원들의 활동이 활발해지면서 1978년 하반기부터 여성노동자들이 일요일 휴무, 복지시설 증설, 유해수당 지급 등 각종 근로조건 개선을 위한 요구들을 제기하기 시작했다. 위기의식을 느낀 회사에서는 1979년 4월 이러한 근로조건 개선 요구를 앞장 서 제기해 온 산업선교회 회원 등 29명을 일방적으로 생산 1과, 6과에서 생산 7과로 부서이동 시키겠다고 발표했다. 산업선교회에 다니는 대표적 인물로 알려졌던 김○○이 부서이동 대상에 포함되었다. 부서 이동대상에 포함된 노동자들은 공교롭게 대부분 고참들로 동료들의 신뢰를 받던 '언니'들이었다.

사측의 일방적 부서이동 발표를 기점으로 롯데제과 내에 사측과 노동자들 사이에 본격적인 긴장관계가 형성되기 시작했다. 현장에서는 생산 2과 250여 명이 4월 16일부터 4일간 준법투쟁의 일환으로 '잔업거부'를 하기 시작했다. 4월 20일에는 200여 명이 4시간 동안 작업을 중단하면서 부당한 부서이동에 항의했다. 생산 2과를 중심으로 한 항의가 점차 다른 과로 확산될 조짐을 보이자 회사에서는 부랴부랴 부서 이동을 철회하고, 마지못해 부서이동 대상자들에게 사과하는 것으로 마무리했다. 회사는 부득이한 경우에만 부서이동을 하고, 부서이동의 순서도 신입사원 순으로 하겠다고 약속했다. 표면적으로는 노동자들의 일시적 승리로 보였지만 이것은 더 큰 탄압을 위한 회사의 전략적 양보였다.

5) 보복성 징계

다른 사업장과 마찬가지로 롯데 역시 대부분의 노동자들이 농촌 출신이었기 때문에 웬만한 노동 강도는 크게 문제되지 않았다. 그러나 현장의 노동자들이 가장 견디기 힘든 문제는 일하는 과정에서 받는 비인간적 대우와 모멸감이었다. 특히 중간관리자들이 여성노동자들을 대하는 비인간적 태도나 폭언이 가장 견디기 힘든 일이었다. 12시간 맞교대로 돌아갔기 때문에 여성노동자들은 야간작업을 할 때마다 주머니 속에 넣어 둔 각성제 '타이밍'을 먹었는데, 그래도 누적된 피로를 감당하기 어려웠다. 자신도 모르게 깜빡 졸기도 하였다. 야간작업 때면 주로 계장들이 돌아다니면서 작업을 감시했다. 계장들은 대학을 나온 남성 사무직들이었다. 야간작업에서 여성노동자들을 향한 폭행이 비일비재하게 일어났다. 작업공간이 분리되어 있던 소위 '관리직'들은 여성노동자들을 대할 때마다 아예 반말에, 욕을 입에 달고 살았다.

산업선교회 활동이 점차 활발해지고 현장에서 종종 회사의 노무방침에 항의를 하는 경우가 생기면서 회사는 특히 노동자들의 고충을 대변하고 있던 리더급 노동자들을 야간작업에서 요주의 인물로 찍어 놓고 감시대상으로 삼아 보복을 하곤 했다. 1979년 9월 22일 생산 5과 초콜렛부 대의원으로 활동하던 신○○이 야근 중 졸았다는 이유로 출근정지 처분 7일을 받는 사건이 일어났다.[5] 회사가 미운털이 박혀 있던 신○○을 야간작업 중 찍은 것이다. 신○○이 회사로부터 미운털이 박히게 된 사연은 이렇다.

당시 롯데제과 여성노동자들 역시 다른 사업장과 마찬가지로 검신에 대해 불만이 많았다. 특히 남자 경비원에 의한 검신은 여성노동자들에게 상당히 불쾌한 일이었다. 어떤 여성노동자가 계장에게 여성노동자들은 여성경비원이 검신해 줄 것을 건의했다. 계장은 "남자가 하든 여자가 하든 너희가 안 가져가면 되는 거 아니야!"라며 묵살했다. 여성노동자가 큰 마음 먹고 건의한 일을 계장이 단호하게 묵살하자 옆에 있던 신○○이 나섰다. "계장님 그걸 말이라고 하느냐 그걸. 물건을 가지고 나가고 안가지고 나가는 거는 물론 계장님 말이 맞다. 맞지만 문제는 경비실에서 몸수색을 하고 하는 거 아니냐? 근데 몸수색을 하지 말라는 것도 아니고 몸수색을 하려면 여자를 두고 여자 몸을 수색하라는 거 아니냐? 그게 뭐 잘못된 거냐? 그만두면 되지."[6]

당시 노동현장의 분위기에서 관리직들에게 생산직 노동자가 이런 항의를 하는 경우는 거의 없던 일이다. 순식간에 사무실 분위기가 얼어 붙었다. 관리직들 사이에 "뭐 저런 새끼가 있어?"하는 분위기가 흘렀다. 반면, 현장에서는 겉으로 말을 하지는 않았지만 '아 신

---

5 1976년 2월 16일 롯데제과에 생산직 노동자로 입사한 신○○은 1980년 롯데제과 민주노조의 초대 지부장이 된 사람이다.

6 2010년도 국사편찬위원회 구술사료 수집작업, 〈1960~70년대 도시로의 이주와 노동자의 삶〉, 전 롯데제과 노동조합 지부장 신○○ 구술자료, 20쪽.

○○ 잘했어'하는 분위기가 조성되었다. 이런 몇몇 사건이 축적되자 노동자들은 현장의 불만들을 신○○에게 와서 호소하는 경우가 많아졌다. 이런 불만들을 신○○이 사측에 전달하는 역할을 하면서 신○○은 점차 미운털이 박혔다.

이런 상황에서 신○○에게 7일의 출근정지 조치가 내려지자 현장에서는 회사가 보복성 징계를 했다는 여론이 지배적이었다. 정○○를 비롯해 여성노동자들의 요청으로 당시 롯데제과 노동조합 지부장 정○○, 대의원 신○○, 김○○ 등이 회사 간부를 찾아가 7일간의 출근정지가 너무 과하다고 항의하자 회사에서는 출근정지를 5일로 완화시켜주었다. 그러나 나중에 회사는 이 문제를 꼬투리 잡아 정○○가 노동조합 간부들을 선동(당시 노동조합은 어용노조였다)한 것으로 몰아 그녀를 해직시키는 사유 중의 하나로 삼았다. 이에 대해서는 후술한다.

정○○가 당시 사측에 항의했던 것은 "신○○이 그 부서 조합원의 권익 옹호를 위해 열심이었고 회사로부터 미움을 받아 왔다는 것을 조합원들이 잘 알고 있어 보복이라고 생각"했던 것이다. "그 현장에 있던 동료들은 당시 롯데제과는 어느 누구라도 졸지 않아본 사람은 한 명도 없다 해도 과언이 아닐텐데 자기네들도 언제 그러한 경우를 당할지 몰라 분개했기 때문에 자연발생적으로 일어났던 일"[7]이었다는 것이다.

---

7   이 내용은 나중에 사측으로부터 해고사유 중 하나가 되자 정○○가 서울고등법원에 해고의 부당함으로 호소하며 당시 정황을 밝힌 내용이다. 정○○, 부당노동행위구제재심신청 기각판정 취소청구 사건 〈준비서면(1981. 10. 28)〉 81

이 사건은 당시 해태제과에서 시작된 제과업체 8시간 노동제를 위한 싸움의 영향으로 더 크게 확대되었다. 경쟁사인 해태제과에서 정상근무 시간인 8시간 근무 후 퇴근 투쟁을 하면서 여성노동자들이 폭행당해 병원에 입원하고, 몰매를 맞았다는 눈물겨운 투쟁소식이 롯데제과에도 전해졌던 것이다. 바로 인근에 위치해 있으면서 같은 제과업체였던 해태제과의 이 투쟁소식을 전해 들은 롯데제과의 동료들은 신○○ 징계에 대한 항의표시로 8시간 준법투쟁으로 불만을 표시했고, 이로 인해 이 사건이 더 커졌던 것이다.

6) 검 신

퇴근 시간마다 매일 여성노동자들의 몸을 수색하면서 마치 범인을 색출하는 것 같은 작업이 계속되었다. 업종 특성상 먹을거리들을 감추어 나오다 간혹 검신에 걸리는 경우도 있었다. 낯선 서울 생활에 겨우 생활고를 해결하고 나면 손에 쥐는 돈이 거의 없었지만 열심히 일했던 여성노동자들은 퇴근 시간마다 항상적 예비범죄자로 취급받는 것을 참기 힘든 일과 중 하나로 싫어했다. 남성노동자라고 예외는 아니었다. 남성노동자들도 줄을 서서 경비실을 통과하는 동안 주머니와 가방 등을 뒤지는 검신을 받아야만 퇴근할 수 있었다. 검신 과정은 항상 시간이 오래 걸렸을 뿐만 아니라 경비원들이 쥐를 잡는 고양이 마냥 고압적 자세로 임했기 때문에 퇴근을

구 307호, 3~4쪽.

앞둔 노동자들은 검신에서 항상 스트레스를 받았다.

1979년 12월 중순경의 일이다. 그날따라 출퇴근 카드를 체크하는 4대의 기계 중 2대가 고장이 났다. 퇴근 행렬이 평소보다 길게 늘어섰다. 사람이 밀려서 줄이 평소보다 2배 이상 길어져 있었다. 줄을 조금이라도 줄이기 위해 앞 공간을 두지 않고 바짝 밀착해 있었기 때문에 남성노동자들 사이에 끼어 있던 정○○는 어쩔 수 없이 자기 자리 옆으로 살짝 비껴나서 자신의 차례를 기다리고 있었다. 그때 갑자기 쩌렁쩌렁한 고함소리가 들렸다. 경비원이 전후 사정도 묻지 않은 채 정○○에게 새치기를 했다며 다짜고짜 소리를 지르고 경비실로 끌고 들어갔다. 정○○는 자초지종을 설명했으나 원래 노동자가 안중에 없었던 경비원의 태도는 막무가내였다.

평소 활발하고, 대의원으로 활동하며 동료들의 인정을 받고 있던 정○○였다. 경비원의 고압적 자세에 밀리지 않고 강하게 항의했다. 이 일이 이튿날 노무과장에게까지 알려졌고 문제가 생겼다. 정광용 노무과장이 정○○를 불러 놓고 다짜고짜 경위서를 요구했다. 전후사정을 밝히는 경위서를 쓰게 되면 경비원에게 책임이 돌아갈 것이 뻔한 상황이었기 때문에 정○○는 경위서를 쓰지 않고 먼저 경비실 반장에게 연락을 했다. 아니나 다를까 한쪽 다리가 불편한 원호대상자였던 그 경비원이 경위서를 쓰지 말아달라고 사정해왔다. 그러나 노무과장은 아랑곳하지 않았다. 노무과장이 노무과 직원을 시켜 정○○에게 경위서를 쓰라고 4차례나 재촉했다.

정○○가 마지못해 경비실의 레코드 타임 기계를 고쳐달라는 건의 내용으로 경위서를 대충 작성해서 가져갔다. 노무과장은 그것은 경위서가 아니라며 찢어 버리고 자신이 직접 경위서 초안을 써서 그대로 쓰라고 했다. 미심쩍은 구석이 있어 정○○가 이 경위서로 무엇을 하려고 하느냐고 물었더니 노무과장은 차장 선에서 읽고 끝내려 한다고 말했다. 정○○는 그 말을 믿고 노무과장이 초안을 잡아준 대로 경위서를 써주었다. 그런데 이 경위서가 화근이었다. 노무과장의 의도는 다른데 있었다. 회사에서는 징계위원회를 열어 정○○에게 출근정지 2일의 징계를 내렸다. 해당 경비원은 원호대상자라고 해서 시말서를 받는 것으로 사건을 종결했다. 회사에서는 평소 현장 동료들의 불만을 대신 전달하고, 불의를 보면 항의하면서 찍힐 때로 찍힌 여성노동자 정○○를 징계하고 싶었던 것이다.

출근정지 게시물이 게시판에 붙었다. 순간 속았다고 생각한 정○○는 그 게시물을 뜯어 들고 노조사무실로 찾아갔다. 그런데 노조사무실에 상주하다시피 하던 기관원이 개인적인 일로 싸우지 말고 전체적인 일로나 문제를 삼으라고 해서 하는 수 없이 정○○는 이틀 동안의 출장정지를 감수했다. 그런데 이틀간의 출장정지를 알리는 그 게시물이 이틀이 지나도 떼어지지 않고 일주일이 넘도록 게시판에 붙어 있었다. 정○○는 당직이었던 김○○ 과장에게 이미 지난 공고를 왜 1주일 넘도록 게시하고 있는지 따졌다. 김 과장이 대수롭지 않게 "미스 정 것이니 미스 정이 떼든지 말든지 하라"고 했다.

정○○는 얼른 이 두 번째 공고를 떼어 내었다. 자신의 잘못도 아니고 이틀의 출근정지를 다 감수했기에 문제가 없을 거라고 생각했던 것이다. 그런데 이 문제는 나중에 1980년 정○○가 해고될 때 해고사유 중 하나로 작용하며 애를 먹이게 된다. 경비원의 불이익을 염려해서 경위서를 안쓰려고 했던 것이 도리어 정○○에게 치명적으로 악용된 것이다.

2 _ 노동조합의 변화

1) 14년 장기집권 노동조합

당시 롯데에는 3~4년 이상을 근무해도 노동조합이 있다는 사실조차 모르는 노동자들이 태반이었다. 그러나 공장 한 구석에는 버젓이 '화학노조 롯데지부'라는 현판을 단 노동조합이 자리하고 있었다. 상근자가 4명이나 되는 당시로서는 꽤 규모 있는 노동조합이었다. 노동조합 지부장 정○○는 자그마치 14년 동안 롯데제과 노조위원장으로 재직하고 있는 중이었다. 이 노동조합은 노동법의 구색을 맞추기 위해서 회사가 설립해 놓은 어용노동조합이었다.

정○○ 지부장이 14년 동안 롯데제과 노동조합의 지부장일 수 있었던 것은 롯데 신격호 회장의 외척이었기 때문이라고 알려져 있었다.[8] 그 동안 현장의 노동자들과 차단된 채 거의 소통이 없었던 것도 롯데의 어용노동조합을 14년 장기집권 하도록 만든 요인 중

---

8   2010년도 국사편찬위원회 구술사료 수집작업, 〈1960~70년대 도시로의 이주와 노동자의 삶〉, 전 롯데제과 노동조합 지부장 신○○ 구술자료, 20쪽.

하나다. 그 동안 노동조합의 지부장을 비롯해 대의원들은 한 번도 투표로 선출된 적이 없었다. 전부 회사의 지명으로 임명되는 임명직 간부들이었다. 주로 회사 눈에 들었던 조장과 반장들이 대의원으로 지명되었다.

간혹 나이 많은 조장들의 권유로 현장에서 바른 소리를 하는 여성노동자들을 대의원으로 뽑기도 했는데, 처음 대의원이 된 김○○이 전하는 당시 롯데제과 대의원들의 분위기를 옮겨보면 이렇다.

제가 노동조합 대의원이 된 거는 어떤 뭐 투표를 해서 된 것도 아니고 그냥 이제 조장이, 조장이 하루는 "야 ○○아 네가 하면 참 제격이겠다" 하면서 "너 대의원 티오가 한명 났는데 네가 그 자리에 가서 건의도 좀 열심히 하고 응? 네가 하면 제격이겠다" 하고 권유하는 나이 많은 조장 언니가 있었어요. 석○○ 이라고. 그 언니가 대의원대회 가라고 "야, 지금 몇 시까지 너 어디 어디 찾아가라"고 이렇게 가르쳐 줬어. 그래서 제가 이제 뭐하는지도 모르지만 일단 갔어요. 갔더니 대의원들이 한 30명 쭉 이렇게 의자 놓고서 쭉 앉아 있더라고요. 그래서 이제 거기서 정○○ 노동조합 지부장을 첨으로 이제 대면한 거예요. 첨으로. 그 대면했는데 보니까 모자에 줄이 없는 사람은 저 한 사람이야. 다, 남자들은 다 모자에 줄 두 개짜리, 반장들이었어요. 여자들은 다 모자에 줄 한 개. 조장들이 다 와있는데 모자에 줄이 없는 사람은 김○○ 한 사람 뿐이더라구. 근데 모자에 줄 갖고 간 사람 중에 허○○가 우리 캔디부서에 조합원으로 있다가 그 친구도 저처럼 자꾸 건의하고 이렇게 하니까 그 친구를 조장을 시킨 거야. 그런데 이제 그 친구가 또 이렇게 자기 권리주장을 할 줄 알아. 근데 걔는 인제 천주교 JOC쪽, 그쪽에서 활동을 했나 보더라고요. 그쪽 인원들하고 노동조합 이제 그, 대의원을 하면서 그쪽하고 연결을 좀 했는 거 같더라고요. 근데 그 친구 있고, 모자에 줄 없는 사람은 저 한 사람. 그니까 사람들이 전부 저를 구경하는 거야. 응? 줄도 없는데 갔으니까. 그래서 거기서 '어~ 이건 뭔가 잘못됐다'라는 생각이 들었어요. 첫날, '이건 아니다' 이런 생각이 들었어요. 제가 아는 건 한 가지예요. '노동자를 위해서 대변하고 해야 된다' 열심히 쫓아 다녔습니다. 점심시간마다 쫓아가 어느 때는 뭐 지부장 자리에 없고, 있는 날은 지부장님 이런 이런 일이 있는데 이런 일 개선해주십시오, 막 이렇게 하니까 어이가 없지, 맨 날 쫓아가니까.[9]

노동조합의 이런 사정이 김○○ 같은 여성노동자들에 의해서 조금씩 알려지기 시작했다. 산업선교회 활동이 활성화되면서 점차 노동자들이 노동조합을 방문하는 일이 잦아졌다. 산업선교회 회원들과 김○○, 허○○ 같은 여성노동자 대의원들이 이 유명무실한 노동조합에 문제의식을 느끼기 시작한 것이다.

당시 롯데제과 노동조합은 14년 장기집권 체제를 유지하기 위해 형식적으로 2년에 한 번씩 지부장 선출을 하고 있었다. 처음 대

9   2011년도 국사편찬위원회 구술사료 수집작업, 〈1960~70년대 이촌향도의 경험: 노동자로서의 삶과 운동〉, 전 롯데제과 부지부장 김○○ 구술자료, 55-56쪽.

의원이 된 신○○이 본 지부장 선출 광경이다. 노조 사무장이 "정
누가 나왔으니까 우리 어떻습니까? 우리 이 분을 다시 신임하는 걸
로 이의 있습니까?" "없습니다." "그러면 박수칩시다." 지부장 선출
광경을 처음 본 신참 대의원에게 이러한 지부장 선출과정은 충격이
었다. 신○○은 요식행위로 지부장을 선출하는 것에 항의하기 위해
서 다음날 다시 노조사무실로 찾아갔다. "(위원장 선출) 이거 다시
하자", "무슨 조·반장이 지부장을 선출하느냐?", "무슨 비밀투표로
투표하는 것도 없고, 뭐 박수 한번 쳐버리고 이렇게 하느냐?"고 따
져 물었다. 당황한 노조사무실 관계자들은 "다음에 그렇게 합시다"
하고 대충 넘어가려고 했다. 당시 노조사무실은 현장 노동자들의
고충을 논의하는 공간이 아니라 조·반장들이 놀러 와서 웃고 떠들
던 곳이었다. 신○○은 당연히 굴러온 돌멩이 취급이었다.

  노조 사무실에 모여 있던 반장들이 신○○을 가로 막으며, "어
이 신씨!" "어이 신○○ 씨, 지금 작업시간 아닙니까?" "작업시간
끝내고 할 말 있으면, 작업 끝나고 노조사무실에서 얘기하든가 하
지 작업시간에 와서 무슨 이야기를 합니까?"하는 비아냥이 쏟아졌
다. 신○○도 지지 않고 맞섰다. "아니, 작업시간 끝나고 얘기를 하
려고 하니까 사무실에 다 퇴근하고 사람이 없지 않느냐? 문 닫고
없지 않느냐?" 당시 반장들은 10년 이상 재직한 사람들이 대부분이
었고 회사에 우호적인 인물들이었다. 회사에서는 지부장 선출을 문
제 삼고 나선 신○○을 그냥 두지 않았다. 신○○을 생산 1과에서
자꾸 라인을 옮겨 다니게 해서 천덕꾸러기 신세를 만들더니, 결국

생산 1과에서 생산 5과로 부서 이동을 시켰다.[10]

2) 임금인상 농성 사건

롯데제과의 임금인상은 보통 연중 2차례 있었다. 상반기는 3월 정기 임금인상이 있었고, 하반기는 10월 물가에 따라 임금인상이나 호봉조정을 하는 조정임금인상이 있었다. 1979년 롯데제과의 재정상태는 신축건물을 증축하고, 롯데축산을 설립하고, 후지칼라를 인수할 정도로 양호했다. 1979년 상반기 매출액이 436억 원으로 1978년 상반기 매출 280억 대비 55.3%가 늘었다. 세후 순이익은 12억 4천만 원으로 1978년 상반기 10억 원에 비해 24%가 늘었다.[11]

노동조합의 정○○ 지부장이 사측에 20% 인상요구안을 가지고 노사협의에 들어간다는 소문이 돌았다. 그런데 여성노동자들이 노동조합의 실체 자체를 아예 몰랐을 때와는 상황이 판이하게 달라졌다. 1979년 10월 임금인상 당시 여성노동자들은 노동조합의 임금인상 요구안까지 소문으로 들어 미리 알고 있을 정도로 노동조합의 행보에 관심을 가지고 있었다. 일부 여성노동자들이 물가는 자꾸 오르는데 20%를 요구하면 10%도 받아내기 힘들기 때문에 최소한 30%를 요구해야 한다고 지부장에게 건의했다. 그러나 노동조합

10　2010년도 국사편찬위원회 구술사료 수집작업, 〈1960~70년대 도시로의 이주와 노동자의 삶〉, 전 롯데제과 노동조합 지부장 신○○ 구술자료, 22쪽.

11　〈매일경제〉 1979. 11. 22일자.

은 20% 선에서 요지부동이었다.

롯데제과 노동자들의 임금인상 요구는 당시 한국경제상황에 비추어 보면 절박한 것이었다. 1976년부터 1979년까지 한국경제는 '중동특수'를 누리며 사상최대 호황기를 구가했다. 1976년 10.6%, 1977년 10.0%, 1978년 9.3%의 성장률을 기록했다. 1978년 1인당 GNP가 1,000달러를 넘어 당초 계획을 2년이나 앞질러 달성하고 있었다. 그러나 이러한 성장은 '수치로만 배부른 고도성장'이었다. 살인적인 물가로 서민들의 삶은 갈수록 쪼그라들고 있었다.[12] 경기과열로 물자가 부족해지자 극심한 인플레이션이 일어났고, 부동산 투기도 극성을 부렸다. '복부인', '프리미엄'이라는 신조어가 등장한 것도 이 무렵이다. 1978년 12월 제2차 오일쇼크가 덮치며 서민들의 생활고는 말이 아니었다.

정부는 1979년 3월 국내 석유제품 가격을 9.5% 인상한데 이어 7월에는 59%나 올렸고, 전력요금도 35% 인상했다. 롯데제과의 임금협상이 진행되던 1979년 정부가 발표한 소비자물가상승률은 21%를 기록하고 있었다. 그러나 정부의 물가 상승률 21%의 발표보다 체감물가는 훨씬 더 심각한 수준으로 올랐다. "유류 값 및 전기요금 인상에 이어 관련 제품 값도 최고 48%까지 인상 발표되자 아파트 등 고급 주택가 슈퍼마켓 상가 등에서는 비누, 화장지, 설탕, 식용유 등 생필품을 리어커와 용달차로 한 차씩 사들이는 '사재기'가 또 다시 극성이고 버스요금 인상설에 자극돼 쇠표(토큰)를 사두

---

12 〈동아일보〉 1979. 4. 9일자.

려는 시민들이 판매소에 줄을 이었다. 11일 오전 9시경 서울 종로구 창신동 동대문지하철역 입구에서 신설동까지 길가에 있는 10여 개의 버스 쇠표 판매소에는 모두 쇠표가 떨어져 '토큰 매진' 표지를 붙여 놨다."[13] 이러한 물가고에 노동자들의 실제 생활상태도 최악이었다. 아래 표는 1975년부터 1979년간 제조업노동자의 평균임금과 최저생계비를 대조한 수치다.

1975~79년간의 제조업노동자의 평균임금과 최저생계비

	평균임금(원)	취업자수	부양가족수(인)	최저생계비	연간생계비적자
1975	38,378	221만	3.44	57,994	-5,190억원
1976	51,685	268만	3.44	79,710	-9,006억원
1977	69,168	280만	3.31	97,273	-9,437억원
1978	92,907	302만	3.06	119,610	-9,664억원
1979	114,159	314만	3.06	153,084	-1조4,622억원

※ 자료: 한국기독교교회협의회, 1984, 『1970년대 노동현장과 증언』, 풀빛, 438쪽.

노동 3권이 제약되어 있던 1970년대지만 이와 같은 치명적 경제사정이 반영되어 노동쟁의도 급격히 증가하고 있었다. 노동쟁의는 1976년 754건에서 1977년 1,864건, 1979년 1,697건으로 늘었다.

허○○ 부녀부장의 영향으로 노동조합 내에서 그나마 노동자 편에 서 있던 부녀부 회원들과 일부 대의원들을 중심으로 파업과 농성에 대한 논의가 이어졌다. 허○○ 부녀부장과 가깝게 지냈던 정○○는 체격도 컸고, 괄괄한 성격에 목소리도 유난히 크고, 동

---

13 〈동아일보〉 1979. 7. 11일자

료들 사이에서 친화력이 좋았다. 정○○의 선동으로 1979년 10월 18일 아침 9시에 A, B조 교대시간에 옥상 식당에 500여 명의 노동자가 결집했다. 이 500여 명의 노동자들이 회사 측과 노조 측에 노동자들의 임금인상 요구안을 내걸고 농성하였다. 농성이 시작된 지 1시간 정도 후에 정○○ 지부장이 나와 다른 대안을 만들어 노사협의회에 들어가겠다는 약속을 하자 일단 해산했다. 그러나 결국 회사 측에서 세운 노동조합의 소극적 협상으로 롯데제과의 임금인상은 물가상승률의 절반에도 미치지 못하는 10% 인상에 그치고 말았다. 그 이후 농성에서 주도적인 역할을 했던 정○○가 2회에 걸쳐 당국의 수사를 받았으나 다행히 다른 피해 없이 마무리 되었다.

산업선교회원들은 YH 사건 직후 언론에서 선업선교회에 대한 대대적 이념 공세를 펴던 중이었기 때문에 이 농성과정에서 전면에 나서지 못하고 있었다. '산업체 등에 대한 외부세력 침투세력 특별조사'는 한국노총과 전국 9개 지역 63개 업체에서 383명의 참고인을 대상으로 이루어졌다. 이렇게 특별조사가 실시되자 그 동안 노사문제를 거의 다루지도 않던 각 신문이 일제히 종교계를 비난하는 특별기획물을 쏟아내기 시작했다.[14] '자살' 운운하는 사회적 분위기 탓에 산업선교회원들이 적극적으로 나서지 못했다.

---

14   원풍모방노동운동사발간위원회 기획, 김남일 정리, 2010, 『원풍모방노동운동사』, 삶이 보이는 창, 379~80쪽.

3) 김○○ 해고 사건

김○○는 1978년 1월 25일 롯데제과에 입사해서 생산 2과 캬라멜부 재봉반에서 근무한 여성노동자다. 그런데 1979년 11월 6일 누가 신고를 했는지 김○○가 10·26사태 직전에 현장에서 동료들과 오원춘 사건*, 부마사태** 등에 대해 이야기를 나누었다는 이유로 계엄포고령에 위반(허위사실 유포)으로 영등포경찰서에서 조사를 받고 계엄사로 넘어가는 사건이 발생했다.

* 1970년대 중반부터 정부는 저농산물가격 정책 실현을 위해 행정지도라는 명목으로 신품종 강제 경작을 추진하였다. 이에 적극적으로 농민운동을 전개해 온 가톨릭농민회는 쌀생산비 보장운

동과 농협민주화운동을 중심으로 정부의 획일적인 영농행정에 대응했다. 1979년 5월 5일 보상 활동에 앞장섰던 청기분회장 오원춘이 행방불명되었는데, 20일이 지난 후 안동교구가 납치·감금당했다는 사실을 공식적으로 밝히면서 '안동교구 농민회 사건'이 불거졌다. 안동교구는 1979년 7월 17일 정의구현전국사제단을 통하여 이 사실을 전국에 폭로하게 되었고, '오원춘 사건'에 대한 경찰의 답변을 요구하는 농성을 벌였다. 그러나 경북도경은 안동교구가 허위사실을 유포하고 농민운동 탄압이라는 왜곡된 성명서를 발표했다는 혐의로 신부 및 농민회 간부를 구속하였다. 대통령의 특별조사령, 농민회와 교회에 대한 용공 시비가 일면서 이 사건은 전국적으로 확산되었다. 8월 6일 천주교 안동교구에서 신부 120명, 신자 600여 명이 참석한 가운데 전국 기도회를 열고, 사제단과 가농회원 80여 명이 20일간 항의농성을 벌이는 한편, 8일간의 단식기도, 가두 촛불시위, 공정재판 요구 및 집단 방청 활동을 전개하였고, 명동성당 기도회에는 전국 14개 교구 700여 명의 사제들이 참석하였다. 10월 14일 천주교 안동교구 사제단은 〈오원춘 사건 보고서〉를 발표하여 "경찰 측 발표는 사실과 다르며", 재판과정에서 경찰의 조작과정이 폭로되었음을 밝혔다.(민주화운동기념사업회 연구소 편, 2006, 『한국민주화운동사 연표』, 358쪽)

** 1979년 10월 16일부터 부산과 마산의 학생 및 시민들에 의해서 4·19혁명 이후 최대 규모의 반독재 민주항쟁이 일어났다. 부산에서는 10월 16일 오전 10시에 시작된 부산대생들의

교내시위가 순식간에 4천 여 명으로 불어나면서 거리로 진출하기 시작하였다. 버스에서 내린 학생들이 오후부터 부산시청 앞과 광복동, 남포동 일대에 집결하여 '유신철폐'와 '독재타도'를 부르짖었다. 18일 0시를 기해 부산 일원에 계엄령이 선포되고, 전방 공수부대 2개 여단 5,000여명이 부산에 투입되었다. 그러자 시위는 마산으로 번져갔다. 10월 18일 경남대 학생 1천 여 명이 기동경찰 300여 명과 대치하다 투석전을 벌였고, 3·15 의거탑에서 1천 여 명이 스크럼을 짜서 유신철폐와 독재타도 및 언론자유를 요구하는 시위를 전개하는 등 시내 곳곳에서 대규모 시위가 전개되었다. 대학생과 일부 고교생은 물론 노동자, 폭력배, 구두닦이, 접객업소 종업원 등 도시 하층민들이 대거 가세하여 경찰, 군인과 충돌하면서 격렬한 시위를 벌여 나간 것이다. 정부는 마산의 항쟁이 수출자유지역 노동자와 고교생까지 합세, 더욱 확산될 조짐을 보이자 10월 20일 0시를 기해 마산과 창원 일원에 위수령을 발동하였다. 나흘간의 봉기를 통하여 부산에서 1,058명, 마산에서 505명 등 총 1,563명이 연행되었다. 군법회의에 회부된 87명 (학생 37명, 일반인 50명) 중 단순가담자 67명은 소가 취하되었고, 20명(학생 7명, 일반인 13명)은 실형을 선고 받았다. 일반 검찰에 송치된 31명(학생 26명, 일반인 5명)은 전원이 소가 취하되었고, 651명(이 중 208명은 부산 봉기 학생)은 즉결심판에 회부되었다.(민주화운동기념사업회 연구소 편, 『한국민주화운동사 연표』, 367쪽)

그러나 계엄사에서 조사를 받고 11월 27일 검사가 "네가 한 얘기는 계엄령이 내리기 전이었다고 본인도 이야기했고, 친구들도 똑같이 증언했으므로 긴급조치 9호 위반에 해당되지 계엄 포고령 위반은 아니다. 지금 긴급조치에 위반된 사람들이 모두 석방되고 있으므로 너를 내보내 준다. 앞으로 주의하여라"고 설명하였다. 김○○는 차비 2천원까지 받고 석방되어 나왔다.[15]

긴급조치 9호는 1975년 5월 13일부터 1979년 12월 8일 해제될 때까지 무려 4년 7개월 동안 존속했는데, 김○○가 조사 받을 때는 10·26사태가 있은 지 한 달 정도 지난 시점이어서 공안당국은 긴급조치 9호를 거의 실효성 없는 조치로 판단하고 있었다. 김○○가 '불기소 처분'[16]을 받아 석방되고 나서 약 열흘 후 긴급조치 9호는 해제되었다. 그런데 뜻밖에 롯데제과 사측에서 이를 문제 삼고 나왔다.

석방 다음날 김○○는 회사에 출근하여 과장과 동료들에게 인

---

15 김○○의 〈진정서: 산업문제연구원장에게 보내는 도움 요청의 글〉(1980. 1. 28)
    : 민주화운동기념사업회 오픈 아카이브즈 사료.(등록번호 00341378), 1쪽.

16 김○○는 1980년 8월 19일 수도군단계엄보통군법회의 판결로 유죄판결(징역 10월 집행유예 1년)을 선고 받았는데 그 판결문의 모두 사실에 기재된 연행 이유 및 불기소 처분의 내용은 다음과 같다. "김○○는 1978. 1. 6. 서울 영등포구 양평동 4가 20번지 소재 (주) 롯데제과에 생산직 사원으로 입사하여 재직 중 유신정권이 행한 공장 새마을 운동에 따라 하루 12시간 주·야간 맞교대에 더해 작업시간 1시간 전 출근하여 새마을노래에 맞추어 아침체조를 하고, 잔업 1시간을 무급으로 더 노동하는 등 열악한 노동환경에 항거할 목적으로 점심시간 등을 이용하여 민주노조 결성에 관한 활동을 전개하고, 그 일환으로 남자관리자의 폭언과 폭행에 항의하고 8시간 근무 및 잔업 거부 실천투쟁과 근로기준법 준수 등을 동료들에게 전하는 등의 활동을 하고, 1979. '10·26 사태와 박정희 군부독재 정권 종식에 대한 노동자의 입장'을 작성하여 배포하고, '8시간 노동 쟁취', '노동기본권을 보장하라' 등의 유인물을 동료들에게 전한 것을 이유로 영등포 경찰서로 연행되어 20여 일간 구금 된 후 1979. 11. 27. 불기소 처분"을 받았다.

사하고 "내일부터 출근하여 현장에서 일하겠습니다" 하고 일찍 집으로 돌아왔다. 그런데 11월 30일 노무과장 정○○은 김○○가 포고령 위방으로 입건되었다는 신문기사[17]와 식당에 붙여 놓았던 공고문을 찍은 사진을 들이밀며 신문에 롯데에 이런 사람도 있다고 알려졌기 때문에 김○○가 회사 명예를 훼손했고, 현장에 물의를 일으켜 지장을 초래했으므로 해고한다고 통보했다.

공고문의 내용은 다음과 같다. "금번 1부 1과에 근무하는 김○○ 양이 유언비어로 입건되었음을 방송을 통하여 잘 알고 있을 것입니다. 이는 회사 명예 훼손뿐만 아니라 개인에게도 불미스러운 일로 사내에서 생긴 불상사이므로 시달하니 앞으로 아래사항을 위반하는 자는 시말서를 받고 취업규칙에 의거 엄중 조치하겠음."(① 유언비어를 살포 및 선동적 발언을 하는 자 ② 타인에게 협박하거나 폭행하는 자 ③ 작업장에서 무단 외출하는 자 ④ 무단결근, 지각, 조퇴가 빈번하여 출퇴근이 일정치 않은 자 ⑤ 금연 장소에서 금연을 하지 않는 자 ⑥ 작업시간에 취침하는 자 ⑦ 동료 및 상사를 모략하는 자 ⑧ 허가 없이 사내에서 집회를 하는 자 ⑨ 허가 없이 유인물이나 회람을 돌리는 자 ⑩ 근무태만자 ⑪ 명찰을 부착하지 않는 자 및 남의 명찰을 부착한 자 ⑫ 취업규칙 중 근무자가 준수해야 할 사항을 위반하는 자. 상기 사항을 알면서 관리자에게 보고하지 않는 자는 은폐자로 동일하게 취급하겠음. 1979년 12월)

---

17 사실 확인 결과 김○○의 포고령 위반 입건 사실은 〈동아일보〉 1979. 11. 7 일자 7면에 보도되었다. 〈동아일보〉에는 롯데제과 재직 사실이 드러나지 않고 '공원'으로만 보도되었으나 같은 날짜 〈경향신문〉에 롯데제과 재직사실이 보도되었다.

김○○는 공고문이 붙은 날짜가 신문보도가 난 이후이므로 이 공고문 내용과 자신은 무관하다고 생각하고 계속 출근하려고 했다. 그런데 해고 통보 후 회사 정문에서 경비원들이 못 들어가게 막아섰다. 김○○는 억울함을 호소하며 1979년 12월 5일 부당해고에 대해 노동청 남부지방사무소에 고소하고, 1980년 1월 28일 한국기독교사회문제연구원에 진정서를 제출했다. 김○○는 산업선교회 회원으로 열심이었기 때문에 산선의 인명진 목사가 나서서 1980년 3월 7일 '8시간 근로제 실시와 김○○ 양 복직에 관한 건의서'를 롯데제과 사장 앞으로 제출했다. 1980년 2월 25일 한국기독교사회문제연구원으로부터 해고가 부당하다는 판단서가 발부되고, 3월 20일에는 김○○가 '저를 복직시켜 주십시오'라는 호소문을 작성하여 각계에 배포했다. 롯데 공장현장에서는 산업선교회원들이 김○○의 복직을 요구했다. 점차 여론의 압박이 거세지자 사측은 결국 4월에 김○○를 복직시켰다. 당시 김○○의 호소문 내용은 다음과 같다.

호 소 문

저는 영등포구 양평동 4가 20번지에 소재한 롯데제과주식회사 생산1부 2과 캬라멜부 재봉반에서 1978년 1월 25일부터 근무해 왔습니다. 저는 10.26사태 이전에 현장근로자들과 오원춘 사건, 부·마 사태 등을 화제로 해서 이야기를 나눈 사실은 있었습니다만 포고령 선포 이후에는 전혀 아무런 이야기도 나눈 사실이 없습니다. 그런데 지난 1979년 11월 6일 누가 신고했는지 모르지만 유언비어를 했다하여 계엄포고령 위반으로 영등포경찰서에서 조사를 받고 계엄사로 넘어 갔습니다. 그러나 계엄사에서 다시 조사를 한 후 11월 27일 검찰조사를 할 때 검사님이 "네가 한 얘기는 계엄령이 내리기 전이었다고 본인도 이야기했고 친구들도 똑같이 증언했으므로 긴급조치 9호 위반에 해당되는 것이지, 계엄령 포고령 위반은 아니다. 그러나 지금 긴급조치에 위반된 사람들이 모두 석방되고 있으므로 너를 내보내 준다. 앞으로 주의하여라" 하시며 차비 2천원을 주시기에 받아 가지고 왔습니다. 그리고 다음날인 11월 28일 회사에 들어가 친구들과 과장님께 인사를 드리고 "내일부터 출근하여 현장에서 일하겠습니다"하고 일찍 나왔습니다.

11월 30일 출근하여 일하고 있는데 노무과장님이 부르신다기에 노무과로 갔습니다. 정광용 노무과장님이 제가 포고령 위반으로 입건되었다는 신문기사(79년 11월 7일)를 오려 놓은 것과 식당에 붙여 놓았던 공고문을 칼라로 찍어 놓은 사진을 보여 주시며 신문에 롯데제과에 이런 사람도 있다고 알려져서 회사 명예를 훼손했고 현장에 물의를 일으켜 생산에 지장을 초래했으므로 해고를 시키기로 결정했다고 하였습니다. 이때 보여준 광고문의 내용은 다음과 같은 것이었습니다. "금번 1부2과에 근무하는 김ㅇㅇ 양이 유언비어로 입건되었음을 방송을 통하여 잘 알고 있을 것입니다. 이는 회사명예 훼손 뿐만 아니라 개인에게도 불미스러운 일로 사내에서 생긴 불상사이므로 시달하니 앞으로 아래사항을 위반하는 자는 시말서를 받고 취업 규칙에 의거 엄중 조치하겠음" (나머지 공고문 내용은 위 본문 중에 서술했으므로 생략)

그런데 이 공고문은 근로자의 항의에 의해 며칠 못가 떼어진 바 있습니다만 회사 측은 이 공고문을 사진으로 찍어서 제게 보여 주었던 것입니다. 그러나 제가 이야기 나눈 날짜는 10.26 사태 이전이었고 포고령 위반에 관해서는 무혐의로 석방된 바 있었으며 공고문은 신문보도가 난 날짜인 11월 7일 이후에야 붙여졌습니다. 따라서 저는 공고문에 난 사항과는 아무런 관계도 없었기 때문에 저를 해고시킨 처사가 부당하다고 생각되어 다음날부터 4일간을 계속하여 출근하였으나 회사 정문에서 경비원들이 못 들어가게 막았습니다. 결국 저는 과거 10. 26 사태 이전에 부·마 사태, 오원춘 사건 등에 대한 이야기를 나눈 것이 허위사실 유포로 긴급조치 9호에 위반된다는 사실로 조사받았다가 석방된 적이 있다는 이유에서 해고되었습니다. 그리고 해고된 지 3개월이 지난 지금까지 일자리를 잃고 생활고에 어려움을 당하고 있습니다. 저는 과거사실을 소급해서 해고시킨 회사의 처사는 제가 산업선교회원이라는 이유에서 취한 고의적이고 불법적인 처사라고 생각합니다. 제가 복직될 수 있도록 도와주십시오.

호소인 서울 영등포구 당산동 171-40 김○○

4) 휴일수당 반환

산업선교회원들이 받은 노동법 교육 효과가 현장에서 나타나기 시작했다. 롯데제과는 일거리가 없을 경우 토요일에 휴업하는 때가 많았다. 휴업 수당은 평균임금의 60%로 지불하도록 규정되어 있었는데, 사측은 평균임금이 아닌 기본급의 60%를 지급하는 편법을 쓰고 있었다. 김○○과 신○○ 등 롯데제과 산업선교회원들이 이러한 사측의 편법을 문제 삼아 1979년 12월 3일 노동청 남부지방사무소에 고소장을 제출하였다. 그 결과 평균임금과 기본급의 차액분

3년 치를 되돌려 받게 되었다. 개인당 반환 액수는 1인당 2천~3천 원 정도에 지나지 않았지만 노동자 전체로 하면 액수가 상당했다. 이 사건은 반환받은 액수보다 노동자들이 정당한 권리를 회복하는 경험이라는 측면에서 중요했다. 이 사건으로 롯데제과 현장에서 산업선교회원들이 신뢰를 얻게 되었고, 동료들에게 정당한 노동기본권을 요구해야 하는 필요성에 대해 공감대를 얻었다.

3_투쟁의 성과

1) 대의원 직선제

1978년 무렵부터 여성노동자들의 산업선교회 활동이 활성화되고, 소그룹 모임들이 자리를 잡아가기 시작했다. 롯데에서 산업선교회가 한창 주가를 올릴 때는 200여 명의 여성노동자들이 산업선교회 소그룹 활동을 거쳐 갔을 정도였다. 김○○, 신○○ 등 산업선교회 활동에 열심이었던 여성노동자들이 주축이 되어 노동조합에 대의원 직선제를 요구하였다. 이런 상황에 더해 대의원 직선제가 구체적으로 논의될 수 있었던 계기는 앞선 신○○의 노조지부장 선출 항의사건이 계속 이어져 왔기 때문이었다. 노조지부장 선출에 항의한 대가로 생산 1과에서 5과로 강제 부서이동을 당한 신○○은 혼자서 성명서를 하나 만들었다. 이때는 대의원들도 신○○이란 사람의 존재를 어느 정도 알게 된 후였다. 그는 대의원들이 모이는 자리에서 "대의원을 부서에서 조합원들이 직접 선출하도록 하자"고 주장했다.

> 왜 그러냐면 가만히 생각하니까. 이것을 계장들이 현장에서 조·반장들이 하는 행태를, 이거를 곤치기(고치기) 위해서는 노동조합이 바뀌어야 되겠더란 말입니다. 그거 뭐 계장 뭐 당신이 왜 이렇게 해, 조만간 왜 이렇게 해 아무리 그거는 일시적으로는 되는지 모르지만은 노동조합이 바뀌어지면은 이거는 뭐 자동적으로 바뀌어지겠더라고요. 지부장을 바꿔야 하는데 지부장을 바꿀라 그러면 대의원이 바껴야 되겠다. 그래서 내 스스로가 '지금 대의원을 선출하는 방법을 바꾸자' 이러고 이유를 쭉 해가지고 그거를 낭독을 내가 했죠.(신○○, 2010, 22쪽)

체육관에서 결과가 빤한 대통령 선출을 하다가 직선제를 하자고 했을 때 전두환 정권은 아연실색했다. 노조 대의원들의 반응도 크게 다르지 않았다. 전두환 정권의 반응과 유사했다. 신○○이 대의원 선출을 직선제로 하자고 준비해간 내용을 낭독하자 여기저기서 난리가 났다. 곳곳에서 욕설이 터지고 신○○을 둘러싸고 대의원 서넛이 달려들기도 하고, 심지어 10여 명의 대의원들이 위협하고, 폭행을 가하기도 했다. 그런데 폭행을 가할수록 유리한 것은 역으로 신○○이었다. 신○○의 존재가 점차 롯데제과 노동현장에서 부각되는 결과로 이어졌던 것이다.

롯데에서 대의원 직선제가 관철될 수 있었던 것은 여러 요인들의 복합적 결과였다. 첫째, 현장에서 산업선교회원들이 점차 늘어나면서 이들을 중심으로 직선제 요구가 제기되었던 것이 큰 힘으로 작용했다. 둘째, 신○○을 중심으로 한 돌출적 직선제 요구 사건이 발생한 것도 상당한 영향을 미쳤다. 셋째, 정년퇴임이 얼마 남지 않았던 정○○ 지부장이 자리를 보전할 생각이 없었던 것도 롯데 노동조합에 대의원 직선제가 관철될 수 있는 긍정적 요소 중의 하나였다. 자리에 욕심이 있는 젊은 지부장이었다면, 직선제 요구는 상당한 저항에 직면했을 것이다.

이런 요인들이 긍정적으로 작용하면서 우여곡절 끝에 결국 롯데제과에 직선제 대의원 선거가 관철되었다. 노동조합 대의원을 현장 노동자들의 손으로 선출하는 것은 노동조합을 명실상부한 노동자들의 권리 보호를 위한 조직으로 바꾸어내는 신호탄이라고 할 수 있다. 산업선교회 회원들과 노동조합 지부장의 호응으로 점차 직선제의 골격이 잡혀갔다. 전체 조합원 대비 대의원의 비율이 50명이 안 되는 부서도 있고 해서 약 50명당 1명꼴로 잡았다. 투표는 무기명 비밀투표로 진행하기로 했다.

1979년 롯데제과 노동조합 대의원 선거에 최초로 무기명 직선제 투표가 도입된 것이다. 마○○, 정○○, 김○○ 등 산업선교회 회원들이 대의원으로 출마하여 10여명 가까이 당선되었다. 전체 대의원의 절반 이상이 산업선교회 회원들이었다. 회사 측과 대립각을 세우며 대치했던 신○○은 회사측의 일방적 조치로 현장이 아닌 연구실로 부서 이동 당했고, 연구실 대표로 대의원 선거에 출마했으나 현장이 아닌 연구실 소속이라는 한계를 극복하지 못하고 낙선했다.

2) 민주노조 지부장 선거

1980년 5월 9일 14년 동안 어용노동조합 체제로 유지되어 온 정○○ 지부장 체제가 종지부를 찍었다. 롯데제과에서 사상 최초로 조합원들의 의사가 반영되는 지부장 선거가 치러진 것이다. 14년여 동안 지부장을 맡았던 정○○ 지부장이 사측의 출마요청에도 불구하고 출마를 포기[18]하면서 사측에서는 구○○ 후보를 내세웠다. 그리고 여성노동자들과 산업선교회의 지원을 받은 김○○ 후보와 신○○ 후보의 3파전으로 진행되었다. 선거 결과 1차 투표에서 신○○, 김○○이 1표차의 각축을 벌였다. 어느 후보도 과반수 득표를 하지 못해 1, 2위였던 신○○, 김○○을 후보로 하여 제2차 투표를 치렀다.

현장에서 산업선교회원들의 지지세가 강했던 김○○ 후보의 우세가 점쳐졌으나 2차 투표에서 사측의 구○○후보 지지표가 신○○ 후보에게 대거 몰리면서 예상을 깨고 신○○ 후보가 지부장으로 당선되었다. 1970~80년대 초반 여성노동자가 주축인 현장에서 이례적으로 남성 노동자가 민주노조 지부장으로 당선되는 이변이 일어난 것이다. 남성 노동자가 지부장이 될 수 있었던 것은 롯데제과가 다른 사업장과 달리 오랫동안 정○○ 지부장 체제로 유지되면서 남성 지부장에 대한 선호가 강하게 자리 잡고 있었던 것도 중요한 이

---

18   2011년도 국사편찬위원회 구술사료 수집작업, 〈1960~1970년대 이촌향도의 경험: 노동자로서의 삶과 운동〉전 롯데제과 노동조합 대의원 김○○ 구술자료, 84쪽.

유 중의 하나였다.

신○○ 지부장은 선거 직후 노조 집행부를 구성하는 과정에서부터 난처한 상황에 직면했다. 결선투표에서 회사는 드러내 놓고 산업선교회원들이 지지하는 김○○ 후보가 아니라 신○○ 후보를 지원하는 전략을 택했다. 산업선교회 활동을 하는 대의원들은 이미 표면에 드러나 있던 상황이었다. 산업선교회 활동을 하는 대의원들 대부분이 신○○ 후보를 뽑지 않았다. 회사에서는 2차 선거의 지원을 빌미로 집행부 구성에 회사쪽 대의원들의 임명을 요구해왔다. 회사는 노동조합에 회사 쪽 지지자를 집행부로 심고 싶어 했다. 회사 입장에서는 지원하던 후보가 낙선했기 때문에 차선책으로 친회사측 집행부 구성을 요구한 것이다.

신○○ 지부장은 제대로 된 노동조합 활동을 하기 위해서는 산업선교회원들과 연대해야 했다. 비록 지부장 선거과정에서 자신을 지지하지 않았지만 산업선교회원인 대의원들을 주축으로 집행부를 구성하고자 했다. 결국 회사 측 후보였던 구○○와 산업선교회원의 대표격인 김○○을 부지부장으로 임명해 균형을 맞추었다. 그리고 산업선교회 활동을 하던 신○○를 상근직 부녀부장으로 해서 집행부를 구성하였다.[19]

---

19 신○○는 당시 집행부 구성을 하는 난처한 상황을 토로하는 반면, 김○○는 당시 상황에 대해 "신○○ 지부장이 부지부장으로 자신을 임명하지 않으려 했고, 대의원들의 요청으로 할 수 없이 수락했다"고 기억하고 있다. 2011년도 국사편찬위원회 구술사료 수집작업, 〈1960~1970년대 이촌향도의 경험: 노동자로서의 삶과 운동〉, 전 롯데제과 노동조합 대의원 김○○ 구술자료, 84쪽.

4 _ 파업농성과 후폭풍

1) 갑작스럽게 닥친 임금인상 농성

새로운 노동조합의 출범 직후 현장 노동자들은 기대가 컸다. 가장 먼저 노동조합에 부여된 과제는 노동조합 출범 전에 졸속으로 매듭지은 임금인상 문제를 다시 해결하는 것이었다. 1979년 3월에 인상된 월급이 지급되었는데 회사에 의해 직권조정된 임금인상은 10% 미만이었다. 남자는 5~6%, 여자는 8~9% 인상에 그쳤다. 인상비율은 '하후상박'(신참은 후하게, 고참은 박하게)의 원칙에 따른 것이라고 했다. 원칙이 그렇다 보니 상대적으로 평균 임금이 높았던 남성 노동자들의 임금인상 폭이 작았다. 그런데 더 큰 문제는 물가인상률에 비해 전체적인 임금인상률이 턱없이 낮았다는 것이다.

1979년 5월 12일 지금까지 근로조건 개선에 미온적이었던 남성노동자들이 임금인상에 항의하며 200여 명이 모였다. 이들은 노조와 아무런 협의도 없이 30% 재인상을 요구하며 농성을 시작했다. 이들이 막바로 임금인상 파업에 들어갈 수 있었던 것은 대의원을 직선으로 선출하면서 현장에 불어 닥친 새로운 노조에 대한 기대감이 큰 영향을 미쳤기 때문이다. 그런데 신임 집행부는 아직 인수인계도 제대로 마무리되지 않은 상태여서 새로운 대안을 제시할 만한 여력이 없었다. 김○○ 등 현장에서 민주노조 건설에 앞장섰던 노동자들이 나서서 이 농성을 시기상조라고 만류했다.

> 저는 오히려 정말 우리가 준비를 하고, 응? 논리적으로 일을 해야
> 지, 이렇게 뭐 그냥 무대포 식으로 하면 안 된다. 저는 굉장히 만류
> 를 했었죠. 저희도 이제 아침에 출근을 하니까, (생산5과의 남성노동
> 자들이) 모여 있는 거예요. 그래서 제가 많이 얘기를 했죠, 신○○
> 씨도 그렇고 전체적으로 노동조합 입장에서는 '이건 아니다', '우리
> 가 단계적으로 교섭권도, 노사교섭도 하고 응? 그렇게 해서 해야지
> 이렇게 해서 되는 일이 아니다' 이렇게 설득을 했죠. 설득을 하니
> 까 '그러믄 당신들 몇 월 몇 일까지 노사교섭을 해서 임금인상 해
> 와라.' 뭐 몇 프로 이런 얘기도 없고, 무조건 그냥 임금인상 해라.
> 뭐 그렇게 나왔던 거죠.[20]

민주노조를 한 번도 경험하지 못한 사업장이었기 때문에 예상
치 못했던 부작용의 한 단면이 이렇게 표출되었다. 당장 신임 집행
부의 발등에 불이 떨어졌다. 신임 집행부는 농성을 시작한 노동자
들에게 우선 5월 16일까지 시간을 달라고 했다. 시간을 주면 노조
에서 회사 측과 협의조정을 시도하고, 여의치 않을 경우 대의원대
회 결의를 거쳐 실력행사에 들어가겠다는 방향을 제시하며, 농성노
동자들의 양해를 얻었다. 신임 집행부는 5월 12일 오후 3시 임시대

---

20 2011년도 국사편찬위원회 구술사료 수집작업, 〈1960~1970년대 이촌향도의
    경험: 노동자로서의 삶과 운동〉, 전 롯데제과 노동조합 대의원 김○○ 구술자
    료, 89쪽.

의원대회를 개최하여 상집위원 및 노사협의 임원을 선출하고 임금인상 건을 토의했다. 임시대의원회에서는 ① 농성 노동자들의 주장대로 임금 재인상 30%와 상여금 500% 요구 ② 임금 재인상 20%와 상여금 400% 요구 ③ 조정된 금액은 그대로 받고 재조정 신청을 내자는 안 등 3가지 안이 표결에 부쳐졌고, ② 안이 통과되었다. 롯데의 노동자들은 노사협의회를 통해 이 요구가 관철되지 않을 경우, 1980년 5월 16일 오후 5시를 기해 실력행사에 들어가기로 했다.

2) 총파업과 비상계엄령

결국 5월 16일 5시 30분 대의원 47명의 서명을 받아 롯데제과 2,700여 조합원은 "같은 양의 작업을 하면서도 해태제과와 임금은 20~30% 차이가 난다고 주장하며 해태제과와 같은 수준의 임금을 지급해달라는 주장"[21]을 하고 총파업에 들어갈 것을 선언하였다.[22] 롯데 노동자들의 총파업은 계속된 물가고를 견뎌내고 생계비를 보장받기 위해 임금인상을 요구하는 것이었다. 총파업은 '생계비를 보장하라' 등 여러 가지 플래카드를 내걸고 철야로 진행되었다. 처음에 회사는 요구조건을 수락하지 않으려는 분위기가 역력했다. 회사의 대응은 사장이 나와 변명을 하는 것이 전부였다.

---

21 〈매일경제〉 1980. 5. 17일자 7면.
22 〈동아일보〉 1980. 5. 17일자 7면.

5월 12일부터 시작된 현장 노동자들의 농성이 새로 만들어진 노조 신임 집행부의 설득으로 잠시 중단되기는 했지만, 계획적이지 않았던 농성이 생각보다 길어지자 집행부 내부의 견해도 갈렸다. 당초의 요구조건을 관철할 때까지 끝까지 농성을 진행하자는 측과 조합원들이 지쳐있으므로 24시간 시한부 농성으로 끝내자는 두 가지 입장이 대립했다. 그래서 5월 17일 오후 6시에 일단 농성을 해제하고 다음날 다시 결집하기로 하였다.

롯데 노동자들은 이때까지도 5월 17일이 어떤 날이 될 것인지 꿈에도 몰랐다. 아니 대한민국 국민들 모두가 몰랐을 것이다. 24시를 기해 신군부가 전국으로 비상계엄령을 확대 선포했다. 정치적 상황이 급변하기 시작했다. 하루 사이지만 그 변화의 폭은 5월 18일 출근한 노동자들도 돌변한 상황을 직감할 정도로 컸다. 갑자기 회사의 입장이 강경일변도로 변했다. 노조집행부는 예기치 못했던 사태에 직면해 새로운 대안을 마련하지 못하고 부심했다. 일부 간부 및 대의원은 '받는 만큼 일하기로 할 것'을 결의하고, 현장에서 태업을 유도하기도 했다. 작업현장에서는 누가 먼저라고 할 것 없이 자연스럽게 태업이 시작되었고, 대부분의 현장 노동자들이 동참했다. 작업량은 반 이하로 떨어졌다. 태업 기간이 1주일을 넘어서자 회사의 입장도 바뀌었다. 회사가 임금 재인상에 합의하였다. 상여금 400%에 15~20% 임금 재인상(12시간 일할 당시의 기본급에 비하면 80%에 달하는 인상)이 이루어지게 된 것이다.

지나 놓고 보니 누가 일부러 맞춘 것처럼 롯데제과 노동자들의 파업은 공교롭게도 계엄 국면의 절정을 향해 있었다. 5월 17일 계엄확대에 이어 벌어진 유혈 낭자한 5·18 무력진압이 자행된 무시무시한 정국에서 롯데 노동조합 신임 지부장의 입장이 자못 궁금해진다. 놀랍게도 당시 농성현장에 있던 노조지부장은 비상계엄령 확대에 대해 별다른 위협감을 느끼지 못했다고 한다. 오히려 계엄으로 인해 파업을 접어야 하는 것이 아쉬웠다고 한다.

> 뭐 무식해서 그런지 어떤지는 모르지만 계엄이다 뭐다 하는 거는 느끼지 못했어요. 그냥 뭐 계엄이라는 것이 뭐 군인들이 이렇게 해가지고 좀 뭐 하고 무서운 것이다. 그런 것만 좀 했지 그게 뭐 어떤 그런 나한테 어떤 압박감을, 압박감이야 받았지. 받았는데 남들이 생각하는 것처럼, 그 정도로 받기 보다는 받기 전에 내가 이걸 그때 인제 지금 말하면 뭐냐면 야, '계엄이 선포됐다', '이거 관둬야 되겠다', 이렇게 하기에는 너무 아쉽더라고요. 너무 너무 아쉬운 것이 왜 아쉽냐면 '야 이거 롯데제과를 어떻게 해서 만들어 놓은 건데 이거를 저 놈들을 어떻게 해서 내가 몰아냈는데. 이거 만들어 놓고 여기서 내가 주저앉아야 되느냐' 하는 그런 생각뿐이에요.(신○○, 2010, 31쪽)

계엄 상황의 엄혹함을 경험해보지 못했던 신임 집행부들은 어렵게 만든 민주노조의 동력이 소멸되는 것만 안타까워하고 있었다. 노조 상근간부로 부녀부장을 맡았던 신○○도 계엄 당시 별다른 생각을 할 겨를이 없었다고 한다. 나중에 시간이 지나고 돌이켜 보니 계엄 상황에서 집단행동을 한다는 것이 얼마나 위험한 것이었는지를 알게 되었다고 한다.

조 목사님이 말씀하셨거든. '안되는데 무식이 용감해서 우리 같은
사람은 무서워서 간이 작아서 못 하는데, 용감해서 했다' 그렇게
웃으셨거든. 근데 포고령 하에 그런 농성을 하면, 안 되는 거를 사
실은 우리는 몰랐거든요.(신○○, 2010, 43쪽)

3) 파업 당시의 에피소드

계엄이라는 비상정국을 앞세워 노동부와 정보과 형사들이 계속
적인 위협을 가했으나 지부장은 요지부동이었다. 그리고 회사에서
는 당초 신○○ 지부장을 롯데에 추천했던 연구실 선배를 노사위원
중 한 명으로 삼아 각종 회유를 시도하기도 했다.

요구를 끝까지 관철시켰어요. 그때는 계엄령 하에서 협상을 한 것
아닙니까? 계엄령 하에서 나하고 회사 측하고 노동부 남부 노동부
직원들하고 그리고 경찰서 정보과 친구들하고 계속 협상을 한 거
예요. 내가 딱 하나 한 게 있었어요. 그 사람들한테 내가 먼저 선수
를 쳤어요. 그 사람들이 항상 얘기하는, 계속하는 얘기가 '계엄령',
'계엄령'이라고 나한테 얘기를 했거든요. '내가 계엄령을 이걸 의
식 의식했다고 그러면은 내가 여기까지 오지도 않았다. 그 얘기는
더 이상 하지 마라.' 내가 뭐 협상이라는 걸 뭐 해봤습니까? 뭐 협
상이라는 기술적인 그것도 몰라 아무 것도 몰라. 그리고 그냥 내가

요구하는 것. 그거 회사 쪽에다 그냥 설득시키고. 그냥 뭐 탄압을 하고 계엄령이라고 겁을 주고. 결국 겨우 협상 한 게 '하우상박' 카는 걸 겨우 제시하고, 결국 제가 요구하는 것을 그대로 관철 다 시켰어요. 상대방 쪽으로 봤을 적에는 얼마나 저한테 그 개인적으로 저한테 감정이 얼마나 많았겠어요? 저한테. 심지어는 저쪽 친구를 통해가지고 나를 추천 했던 선배를 통해가지고, 뭐 희한한 소리까지 하고, 그 때는 집 1채가 말입니다. 단독주택 1채가 그때 뭐 5천만 원, 3천만 원인가 그쯤. 뭐 우리 하숙집이 3천만 원 갔으니까. 그거 하나 샀어요. 3천만 원이면은.(신○○, 2010, 33쪽)

농성 기간 중에 당시 롯데의 유창순 회장이 직접 현장을 찾기도 했다.

유창순 씨가 그때 롯데 회장이었는데, 이 분이 농성장에 왔어요. 머리 허연 영감이 와가지고, 나하고 마주 앉아가지고 뭐 큰 애기도 없습니다. '농성을 풀어.' 그 사람들 상투적으로 하는 애기 있잖아요. '풀고 말로 대화를 하자.' 그런데 회사에서 그 정도로 그 설득을 당해가지고 할 것 같으면 그 농성 자체를 안 하죠. 우리가. 그리고 또 이게 흔히 있는 농성 같으면 모르는데 어떻게 보면 롯데 생기고 처음이나 마찬가지고. 또 너무나 내가 생각해도 나는 롯데 다닌 지가 얼마 안 되지만은 너무나 그 쌓인 게 너무 많은 거야. 너무 쌓인 게 많은 거야. 이것을 누가 설득해 가지고 풀 문제가 아니란 말입니다.(신○○, 2010, 31쪽)

정부도 롯데제과의 농성에 주목했다. 정부에서는 당시 신○○ 지부장과 같은 안동 출신이자 중학교 선배인 권중동이 나섰다. 권중동은 당시 노동청장이었다.[23]

자기(권중동)가 인제 아 뭐 인맥을 알아봤을 거 아니에요. 인맥을 알아보고 처음에 인제 코웃음 친 거예요. 이거는 뭐 내가 가면은 해결이 된다 이거예요. 그 얘기는 무슨 얘기냐면 내가 뭐 골수 운동권 출신도 아니고. 자기 후배고. 그러니까. 가서 내가 설득 시키면, 내가 노동청장이고. 그리고 안동이라 카는 곳이 보면 아주 보수성이 강한 곳이잖아요. 농성하는 밤에 나한테 연락이 왔어요. 정문에 노동청장이 와 있으니까. 문을 열어달라는 얘기에요. 예? 내가 생각해도 그게 파격적이지 않습니까? 그 뭐 좁은 단위조합에서 파업농성을 하는데, 노동청장이 지금 말하면 노동부장관인데 그 사람이 와가지고 나를 면담하러 왔다니까. 근데 순간 퍼뜩 생각이 나는 게 '내가 이 사람을 만나서는 안 되겠다.' 이 사람을 만나면 지금 안 그래도 이 파업 열기가 고조되어 있는데, 이게 어느 쪽에서 도시산업 쪽이든 회사 쪽이든 이걸 다른 식으로 유포해 버리면, 나는 완전히 어용이 돼 버린다. 어용으로 몰아버리면 내가 어용으로 몰리는 거는 좋은데, 이 파업 자체가 이게 안 된다 생

---

23 권중동은 안동 출신으로 1961년 전국체신노동조합 사무국장을 거쳐 1964년 전국체신노조 위원장, 1970년 한국노동조합총연맹 중앙교육원장, 1976~79년 제9대 국회의원(유정회), 1979년 중앙노동위원회 위원장을 거쳐 1980년 노동청장을 역임했다. 1981년에는 전두환 정권 초대 노동부 장관을 맡았다.

각이 들더라고요. 이게 그래서 못 만나고 그냥 갔잖아요.(신○○, 2010, 32쪽)

4) 공안탄압

새로 설립된 민주노조가 치밀하게 계획해서 일어난 파업이 아니었지만 롯데의 파업농성은 정부나 회사의 위협과 회유에도 대오를 유지했다. 그리고 조합원들이 납득할 만한 수준에서 임금 재인상을 마무리했다. 그러나 문제는 임금 재인상이 마무리된 이후였다. 곧바로 농성 주도자들에 대한 탄압이 시작된 것이다. 서울대에서 나온 유인물을 사내에서 배포하여 농성 분위기를 고조시킨 혐의로 롯데의 여성노동자 김○○가 수사를 받고 구속되었다. 이 사건의 발단은 김○○가 1980년 5월 29일 산업선교회에서 한 대학생으로부터 받은 유인물로부터 비롯되었다. 유인물 내용은 "계엄군이 시위에 가담한 고등학생의 머리를 총 개머리판으로 쳐서 즉사시키고, 여고생의 유방을 칼로 자르고, 장갑차로 시위 행렬을 깔아 뭉개 버렸다"는 신군부의 무차별 살상을 사회에 고발하는 내용이었다. 김○○의 혐의는 이 유인물을 같은 집에 살던 오○○에게 보여주었고, 롯데제과 캐러멜부 작업장 작업대 위에 올려놓아 동료인 마○○ 등이 보게 했다는 것이었다. 이와 관련하여 김○○는 수도군단보통군법회의에서 징역 10월, 집행유예 1년을 선고 받았다.

이 사건을 빌미로 하여 롯데제과 노동조합에 대한 공안당국의 탄압이 본격화되었다. 지부장 신○○을 비롯하여 부지부장 김○○과 부녀부장 신○○도 유인물 배포 및 불법 농성, 태업 주도로 수사를 받았다. 김○○과 신○○가 모든 책임을 지고 계엄 포고령 위반 혐의로 구속되었다. 당시 군법회의의 판결문은 김○○과 신○○가 보지도 못한 유인물을 읽고 동료들에게 전한 것으로 기록되어 있다. "1980. 5. 27. 김○○로부터 받아 가지고 있던 '친애하는 학우에게,' '광주사태의 진상을 알립니다,' '시민 여러분께 드리는 글' 제하에 '광주사태에서 수백 명의 시민과 학생이 학살되었다.(21일 현재 300~600명 추산) 시위에 가담한 고등학생의 머리를 개머리판으로 쳐서 즉사시켰으며 지나가던 여고생들을 붙잡아 부라자를 벗긴 후 젖꼭지를 칼로 자르고 장갑차로 시위 행렬을 깔아뭉개고 시위 군중을 칼로 난자하였다'는 등의 유인물 3매를 김○○, 김○○ 등에게 돌아가며 읽게 하였다"[24]는 것이다. 그런데 정작 문제는 김○○과 신○○는 이 유인물을 본 적이 없었다는 사실이다.[25]

밖에서는 일부 대의원들이 김○○과 신○○, 김○○를 위한 모금운동을 전개했다. 1980년 8월 19일 구속된 김○○, 신○○, 김○○가 80여일 만에 집행유예를 선고받고 석방되었다. 회사에 출근하였으나 상황은 녹녹치 않았다. 노동조합이 유죄판결을 받고 나온 조합 간부들을 포용할 수 없는 상황이었다. 신○○ 지부장이 주도

---

24   수도군단계엄보통군법회의, 판결 : 80계군제61-1,2호.

25   2011년도 국사편찬위원회 구술사료 수집작업, 〈1960~1970년대 이촌향도의 경험: 노동자로서의 삶과 운동〉, 전 롯데제과 노동조합 대의원 김○○ 구술자료, 91쪽.

한 노조 상집회의는 형을 받고 나온 사람들에 대해 사규 규정을 들어 해고 결의를 했다. 해고자를 위해 같이 싸워줘야 할 노동조합이 해고 결의를 하자 해고자들은 다른 방법이 없었다. 결국 김○○, 신○○, 김○○가 1980년 8월 23일자로 해고되었다. 노동조합 입장에서는 엄청난 위압감으로 노조를 위협하는 정치권력으로부터 노조를 지키기 위한 고육지책으로 유죄판결을 받은 세 명의 여성노동자에 대해 해고 결의를 한 것이다. 그런데 여기서 멈출 신군부가 아니었다. 신군부의 정화조치로 파업의 후폭풍이 계속되었다.

5) 정화조치

신군부가 주도한 정화조치의 전개과정을 살펴볼 필요가 있다. 1980년 8월 27일 제11대 대통령 선출 직전의 신군부는 말 그대로 서슬이 퍼렜다. 노동현장에도 칼바람이 불었다. 1980년 8월 21일 5대 정화지침을 담은 '노동조합정화지침 전달' 제하의 공문이 하달되었다. 5대 정화지침은, 첫째 부당치부·재산 축적자의 재산 환수, 둘째 한국노총 산하 12명의 산업별 위원장의 임원직 자진 사퇴, 셋째 지역지부 폐지, 넷째 운수노조와 항만노조 통합, 다섯째 각 노동조합에 정화위원회 구성을 말한다. 이 지침에 의거하여 '한국노총 정화추진위원회'가 구성되었고, 위원장에서 한국노총 사무차장 권현옥이 임명되었다.

당시 중앙정화위원회는 5대 지침 외에 세부 실천사항으로 12개항의 정화 대상자 선정기준을 다음과 같이 정했다. ① 거액의 보수를 중복 수령한 자 ② 판공비, 기밀비를 과다하게 사용 또는 낭비한 자 ③ 고급 승용차를 운행한 자 ④ 노조운동 중 치부한 자 ⑤ 비근로자 출신 ⑥ 조합비를 횡령한 자 ⑦ 10·26 이후 조직분규를 획책하거나 사회안정을 파괴한 자 ⑧ 외부세력에 영합한 자 ⑨ 회계상 부조리가 현저한 자 ⑩ 하급 단체 운영에 개입함으로써 부당이득을 취한 자 ⑪ 조합원의 불신, 지탄을 받는 자 ⑫ 근로자 권익보호를 소홀히 한 자 등이다.

그러나 이 정화 기준들은 유명무실한 것이었으며, 실제로는 노동조합운동에 적극적인 노조 간부들을 대상으로 노동운동을 원천봉쇄하기 위해 활용되었다. 제1차 정화조치로 전국 지역지부 160여 개를 모두 해체시켰다. 9월 20일에는 2차로 주도적 노조 간부 191명에 대해 강제사표를 쓰도록 해서 일선 노동운동에서 배제시켰다. 1980년 11월 4일에는 '정화된 노동조합 간부의 노조활동 금지 지침'을 발표하고, 당시 국회 권한을 강권적으로 대신하던 국가보위입법회의는 1980년 12월 노동법을 개악해 정화된 사람들이 3년간 노조간부를 할 수 없도록 명문화했다.[26]

1980년 9월 신○○ 지부장도 결국 신군부의 이 정화조치 대상으로 지목되어 해고되고 말았다. 회사 측은 신○○ 지부장의 해고 직후 기다렸다는 듯이 임금인상 및 근로조건 개선에 적극적이었던 노조간부들 및 노동자 12명(남자 2명)을 1980년 11월 21일 해고

---

26 민주화운동기념사업회 연구소 편, 2006, 『한국민주화운동사 연표』, 392~93쪽.

조치하였다. 해고 이유는 주로 1980년 5월 16일 농성 주도, 태업 주도, 유인물 반입, 1979년 4월 16~19일 준법투쟁 주도, 1979년 10월 임금인상 농성주도 등이었다. 회사 입장에서는 신군부의 서슬을 등에 업고 눈엣가시였던 노동자들을 제거하는 마지막 수순을 밟은 것이었다. 노동계 정화조치로 롯데제과 노동자들이 대거 연행되고 12월 18일에야 훈방조치로 나왔다. 그런데 유독 김○○의 경우는 삼청교육대까지 끌려가는 고초를 겪었다.

마○○(생산 2과 대의원), 김○○(생산 1과 수퍼반 조장), 정○○(생산2과 대의원) 등은 회사측의 해고가 부당하다며 저항했다. '복직요구신청서'(1981. 2. 12) '부당노동행위구제신청서'(81. 2. 16)를 제출했으나, 5공화국 출범 직후의 정치상황에서 이 요구가 수용될 리만무했다. 이 요청들은 모두 기각되었고, 재심청구도 중앙노동위원회에서 기각되었다. 그녀들은 마지막 수단으로 6월 2일 서울고등법원에 중앙노동위원회를 고소했으나 결국 롯데제과의 해직자 12명은 복직되지 못했다. 당시의 마○○, 김○○, 정○○의 진정서 내용을 옮겨보면 다음과 같다.

노동청 남부지장 사무소장님 귀하

저희들은 롯데제과 주식회사(서울 영등포구 양평동 4가 20)에 근무하다, 지난 80년 11월 부당 해고된 근로자들입니다.

진정인 정○○는 지난 80년 11월 17일 새벽 5시경 회사에 출근하려 하니 경비실에서 회사에 들어가지 못하게 막으며 출근

금지 하라는 것이었으며, 김○○과 마○○은 80년 11월 21일 오후 1시 30분경 출근시에 경비실에서 회사에 들어가지 못하게 막았습니다.

진정인 정○○, 마○○은 생산2과 대의원으로 회사와 노동조합 사이에 체결된 단체협약(80년 10월 1일 개정)에 따르면 대의원은 다른 부서로 전보할 경우에도 사전에 조합과 협의하기로 되어 있습니다.(단체협약 제4조 및 제14조 3항) 그러나 저희들을 해고시킬 때 회사는 노조와 어떠한 협의도 없었습니다. 이는 근로기준법 제96조 위반입니다.

저희들에게 주어진 해고장에는 사칙 위반이라 되어 있으나 지금까지도 저희들은 왜 해고 당했는지 분명히 모르고 있으며 회사는 해고 사유에 대해 확실한 설명을 못하고 미루어 왔습니다.

철저히 조사하셔서 부당하게 해고된 저희들이 복직되도록 조치하여 주십시오.

1981. 2. 12

진정인 : 정○○, 마○○, 김○○

민주노조 결성에 관여했던 롯데제과 노동자들은 누구도 다시 생산현장으로 돌아가지 못했다. 웬만큼 규모가 되는 작업장에는 블랙리스트에 걸려 있어 취직할 엄두도 낼 수 없었다. 상집간부를 할 만한 성원들은 전부 해직되었다. 조합원으로 있던 여성노동자들도 1985년에 대거 18명이 해직되었다. 그러나 이 1985년 투쟁에 롯데제과에서 해직된 노동자들이 다시 뭉쳤다.

구술자: (우리 후배 조합원들이) 85년 임금인상투쟁 때 다 잘렸어요. 그런데 그때 회사가 한 번 놀란 것이. 우리가 다 뭐 힘들게 됐잖아요. 조합원들이 생각할 때는, 우리가 다 구속이 되고, 경찰서에 갇히고 하면 인생 망쳤다고 다 생각하잖아요. 다 끝장났다 이렇게 생각하는데, 그때 애기들 낳고, 또 애기들 데리고, 85년 임금인상투쟁에 우리가 다 나타난 거예요. 그 멤버들이 애기 데리고, 광주에서, 대구에서 어디에서 다 모여가지고. 우리가 돈 모아서 빵도 올려주고, 또 속옷도 사서 넣고, 임금인상투쟁을 했다 해서 쭉 연락을 해가지고. 딱 나타났어요. 회사가 더 놀라는 거 있죠. 85년에 우리가 할 일이 뭐가 있을 거다. 있으니까, 한번 모여보자 했어요. 그랬더니 첫 날은 가니까 바리케이드 안치고, 그냥 옥상에 올라가서 단식투쟁 한다고 연락하고. 지금 애기 듣고 연락병한테 연락해달라고 하고 그랬거든. 옥상에 다 갇혀있는데, 그 날인지 그 이튿날 우리가 갔다 온 날, 그 이튿날은 바리케이드를 다 친 거예요. 막 탑차로, 못하게. 그래서 그 날 그냥 빵하고 먹을 거 올려주고, 그 이튿날 뭐가 지원하러 갔더니 막 바리케이드를 사방에 쳐가지고, 넘어가지 못하게 했어요.

면담자 : 되게 반가우셨겠네요.

구술자 : 아 ～ 눈물 나기도 하고…(신○○, 2010, 48~49쪽)

1970년대 말 민주노조 결성을 위해 치열하게 살았던 롯데제과 여성노동자들은 이렇게 다시 조우했다. "다 짤려서 희망이 없다" 고 할 때도 그녀들은 희망을 끈을 놓지 않았던 것이다. 그리고 그녀 들은 어머니로, 주부로, 시민사회단체의 활동가로, 직업인으로 사회 곳곳에서 제2의 인생을 살고 있다.

03

공 장 과 신 화

8시간 노동제 쟁취, 해태제과[1]

그 해 여름 서금숙이라는 고참 동료가 손가락 세 개를 잘리게 되었
다. 고무장갑을 끼고 기계청소를 하다가 실수로 사고를 내게 되었
다. 오른쪽 손가락 엄지와 집게손가락만을 남기고 세 개의 손가락
을 잘린 그 동료는 퇴원 후 현장 근무가 아닌 탈의실 열쇠 보관하는
곳으로 보내졌다. 그때는 신입생 시절이라서 서금숙이 얼마의 보상
을 받았는지 관심을 갖지 못했다. 또 어느날 갑자기 작업 중에 옥상
으로 올라가라는 명령이 있었다. 옥상에 올라가 보니 누구의 이름을
가르쳐 주며 쓰라고 하였다. 선거함이라는 것을 갖다 놓고 모두들
종이쪽지에 이름을 써서 함 속에 넣었다. 나중에 알고 보니 그것이
바로 노동조합 대의원 선거라고 하였다.(『8시간 노동을 위하여』, 19쪽)

---

1   제3장의 주요 내용은 해태제과 여성노동자 순점순의 노동수기, 1984, 『8시간
     노동을 위하여: 해태제과 여성노동자들의 투쟁기록』(풀빛)를 바탕으로 한 것
     이다. 언론보도 내용 등 추가로 조사한 자료들은 출처를 명시하였다.

1_8시간 노동제의 서곡

1) 서정남의 복직 투쟁

수신 : 노동청장 귀하

참조 : 노동청 남부지방사무소 근로감독관

제목 : 장시간 연장노동 및 휴일근무에 관한 건

국가경제발전을 위해 헌신하시는 청장님께 감사를 드리면서 저희들의 피곤한 실정을 말씀드리오니 부당한 일이 속히 시정되도록 하명해 주시기 바랍니다.

회사명 : 해태제과공업주식회사 대표 박병규

주소 : 서울특별시 영등포구 양평동 5가 86번지

진정내용

1. 하루 12시간만 일하도록 해주십시요.

우리는 매일 12시간 이상씩 일을 하고 있습니다. 하루 노동시간이 8시간인 것을 알고 있지만, 회사가 일이 바쁘다고 하니 12시간까지는 우리가 참고 일하겠습니다. 그러나 12시간 이상은 너무 힘들어서 할 수가 없습니다.

2. 일주일에 하루씩만 쉴 수 있도록 해주십시요. 우리는 일주일에 하루씩 쉴 수 있다는 노동법상의 혜택을 못 받고 일을 하고 있습니다. 너무 힘들고 피곤해서 몸을 지탱할 수가 없습니다. 이렇게 혹사를 시키면서도 종종 '곱빼기' 노동을 시키고 있어 할 수 없이 18시간을 계속 일을 해야 하는 참기 어려운 정신적 · 육

체적 고통을 당하고 있습니다.

　　우리는 회사에 대해 항의한다는 일이 얼마나 위험하고 어려운 일인 것을 잘 알고 있습니다. 그러나 이제 참을 수 있는 것도 한도가 있습니다. 모든 어려움을 각오하고 진정하오니 속히 시정해 주시기 바랍니다. 시정이 되지 않으면 우리는 전체의 이름으로 검찰에 고발할 예정입니다. 회사는 이밖에도 휴식시간, 생리휴가, 월차휴가 등등 많은 법규정을 지키지 않고 있습니다.

1975년 9월 9일

진정인 일동

1975년 9월부터 시작하여 1976년 3월까지 계속된 12시간 싸움에서 해태제과 노동자들은 18시간 노동에서 12시간 노동으로, 7부제 작업에서 휴일근무제로, 식사시간 30분에서 휴식시간 30분을 연장하여 얻어 냈다. 연차·월차·생리휴가 등을 실시한다는 발표는 있었지만, 노동자들이 이용하기에는 절차가 까다로웠다. 생리휴가를 이용할 경우 의무실장의 결재를 받아와야 하는 현실적으로 활용하기 어려운 조건이 붙어 있었던 것이다.

어렵사리 일군 성과이지만 도급제로 운영되던 현장에서는 웃지 못할 상황이 벌어지기도 했다. 휴식시간 30분 동안 일을 하지 못해 불만스러워 하는 노동자들이 있었다. 이러던 와중에 1976년 3월 12시간 싸움을 주도했던 캔디부 서정남이 해고되는 사건이 일어났다. 서정남은 회사의 해고조치에 반발하여 사회각계에 호소문을 돌리고 해고의 부당함을 호소했다.

저는 캔디부에서 일하는데 3년 전에는 캔디를 손으로 포장했습니다. 하루에 평균 15,000~20,000개의 캔디를 쌌는데 이렇게 많은 캔디를 싸다 보면 손이 닳고 닳아 손에서 피가 흘러 캔디 껍질에 묻어나기도 했습니다. 이렇게 캔디를 싸다 보니 손가락이 비뚤어져서 보기 흉한 병신 손이 되었습니다. 이렇게 1년 12달 노는 날이라고는 거의 없이 죽을 힘을 다해 일을 해 왔는데도 6년 다닌 저의 기본임금은 19,000원이었고 생리수당, 잔업수당, 곱빼기 수당 등 이것저것 다 합하여 40,000원 정도의 월급을 받았습니다. 이렇게 해서 지금 나에게 남은 것은 150,000원 짜리 전세방과 지치고 지친 허약한 몸뿐입니다.(서정남의 「호소문」중)

서정남은 각 정부부처에 호소하고, 용기를 내어 사장에게 직접 편지를 썼다. 그리고 퇴직금 수령을 거부하고 버티며, 복직하기 위해 할 수 있는 모든 수단을 강구했다. 해태 여성노동자들을 비롯한 산업선교회 회원들이 서정남의 복직투쟁에 발 벗고 나섰다. 서정남이 해고된 2개월 동안 산업선교회에 다니던 동료들은 한 그룹에서 500원씩을 걷어 총 5만원의 생활비를 지원해 주었고, 해태제과 간부들에게 항의 전화걸기 운동을 했다. 소그룹 회원들이 전화를 걸 수 있도록 산업선교회 소그룹 회비의 일부를 10원짜리 동전으로 바꿔서 회원들에게 매일 같이 나누어 주었다.

사장집 전화통에 불이 났다. 하루 1명의 노동자가 1통씩 의무적으로 해태제과 사장집으로 전화해서 서정남의 복직을 호소한 것이다. 나중에는 아예 수화기를 내려 놓았다. 집으로 더 이상 통화가 되지 않자 여성노동자들은 회사 사장실로 전화했다. 전화만 한 것이 아니라 편지쓰기도 병행했다. 이런 노력의 결실로 서정남은 결국 복직했고, 해고기간 동안 임금도 8시간 기본급으로 지급받을 수 있었다.

2) 준법근로

해태 여성노동자들은 18시간 노동을 '곱빼기 노동'이라고 불렀다. "처음에 들어갔을 때는 곱빼기 했어요. 곱빼기. 곱빼기가 뭐냐면 7시 반에 들어가면 그 다음날 1시까진가 12시 반까진가 18시간 노동을 하고. 밤에 들어올 사람들이 오전에 잠깐 자고 1시나 2시에 와가지고 일을 해야 되니까 18시간 서로요, 그것이 곱빼기 작업이에요."(이복례, 2010, 33쪽) 해태 노동자들은 이 18시간 곱빼기 노동시간 줄이기 투쟁과 서정남 복직 운동을 거치면서 노동 민주화의 소중한 경험들을 축적했다.

그리고 이 과정에서 노동법의 기본 노동시간이 8시간이라는 것을 알았다. 언젠가 적절한 시기가 오면 8시간 준법투쟁을 하기 위해서 해태 노동자들은 18시간 투쟁을 경험한 노동자들을 중심으로 모임을 가지면서 나름대로 문제점들을 정리해나갔다. 1979년 4월 초순경 이러한 문제들을 본격적으로 토론하며 8시간 노동제의 필요성과 문제점을 검토하고 다음과 같은 내용을 정리했다.

첫째, 8시간 노동제가 필요한 이유는 개인의 건강문제가 심각하기 때문이며, 시간적인 여유로 인간다운 삶을 살기 위해 필요한 것이다.

둘째, 노동자들 사이에서 임금이 줄어들 것을 염려하여 전체적인 호응을 얻지 못할 우려가 있으며, 남자노동자들에게서 심각한 반대에 부딪칠 것이다.

셋째, 회사 측에서는 ① 남녀 노동자들을 분리시켜 싸우게 할 것이다. 남녀 노동자의 분리와 갈등은 곧 폭력을 수반할 수 있다. 이는 1977년 남영나일론, 1978년 동일방직 문제에서도 확인된 사실이다. ② 부모님들을 동원할 것이다. 동일방직 사건 때 보았듯이 회사에서 집으로 편지를 쓰거나 시골집을 방문할 것이다. 미리 부모님을 설득시키는 일이 필요하다.

넷째, 해태제과는 소개자들을 통한 입사 케이스가 많았기 때문에 입사할 때 추천해주거나 소개해 준 소개자들을 통하여 압력을 가할 것이다. 또한 회사와 결탁해 온 노동조합이 반드시 반대할 것이다.

다섯째, 모든 기관들이 노동자들의 입장에서 우리들의 요구를 관철시켜 주지 않을 것이다. 경찰과 노동청 등 기관과의 문제도 준비해야 한다.

나중에 8시간 노동제를 추진하는 과정에서 이 문제들은 예상한 대로 현실적 난관으로 나타났다.

3) 도급제 폐지 약속의 번복

해태제과 여성노동자들은 8시간 노동제를 위한 첫 실천으로 도급제부터 폐지하고자 했다. 해태제과에서 도급제는 주로 반도급으로 이루어졌다. 야간근무시 행여 졸기라도 하는 날에는 같은 반 동료들로부터 눈총을 받는 건 예사였다. 도급제는 동료가 동료를 질책하고, 서로를 감시의 대상으로 삼는 방식이었기 때문에 여성노동자들 사이에서 도급제의 부작용은 심각했다. 현장으로부터 도급제 폐지 요구가 있자 노동조합은 어쩔 수 없이 1979년 3월 노동조합 상집회의를 열어 7월부터 도급제를 폐지하겠다는 약속을 했다. 여성노동자들은 이 약속을 믿고 기다렸다. 그런데 약속된 7월이 되었는데도 노조나 회사 차원에서 아무런 언급이 없었다.

생산라인의 노동자들이 들썩이기 시작하였다. '18시간 곱빼기 노동' 싸움 이후 다져진 경험과 공감대가 있었기 때문에 도급제 폐지와 관련하여 일언반구도 없는 회사에 항의하자는 중론이 바로 모아졌다. 항의표시로 태업이 시작되었다. 태업이 벌어지자 노동조합 지부장(김경수)과 부지부장(정성용)이 현장에 나와 상황을 무마해 보려고 했다. 변명인즉슨 들어오기로 한 기계가 들어오지 않았다는 것이다.

한 분임장이 지부장에게 물었다. "지부장님, 지금까지 12시간 주야 도급제로 일을 해왔는데 한 달을 왜 못 참겠습니까? 못 참아서 하는 얘기가 아닙니다. 약속한 날짜에 부득이하게 시행할 수 없을 경우도 있습니다. 그러나 이 약속은 분명히 회사와 우리 종업원들과의 약속이 아닙니까? 그런데 왜 회사는 아무런 말 한마디도 없이 일방적으로 약속을 어깁니까? 부득이한 경우 약속을 지키지 못할 때 사전에 왜 얘기를 못합니까? 회사는 이렇게 일방적으로 종업원을 무시해도 괜찮다는 말입니까? 그리고 노동조합은 꼭 이러한 문제에 부딪혀야만 현장에 나오는지 알 수가 없습니다." 그런데 놀라운 것은 해태 노동자 태반이 노조 지부장을 이때 처음 보았다는 사실이다. 그리고 매월 월급에서 1%의 노조비를 자동적으로 제하고 있었다는 사실도 처음 알게 되었다.

노동자들은 "도급제를 폐지하지 못하겠으면 어차피 비수기(여름철)이므로 주간 2교대(8시간) 근무를 시켜 달라. 그러면 한 달 동안 도급제로 일을 하겠다"고 요구했다. 여름 비수기에 연례행사처럼 주간 2교대 근무를 해 오던 관례가 있기 때문에 회사는 이 요구를 쉽게 받아들였다. 원래 여름철 주간 2교대는 주간조가 새벽 6시에 출근하여 오후 2시에 퇴근하고, 야간조가 오후 2시에 출근하여 밤 10시에 퇴근하는 방식으로 돌아간다. 회사는 4시간 잔업수당을 주지 않아도 되기 때문에 비수기인 매년 여름 마다 관행적으로 이렇게 해왔다.

그런데 어떤 이유에서인지 다음날 7월 2일 저녁 7시 무렵 현장 게시판에 작업시간이 '8시간 30분 근무'로 게시되었다. 30분 차이가 별 것 아닌 것 같지만 당시 현장 노동자들에게는 큰 문제였다. 이 30분 때문에 새벽 6시 출근조가 오후 2시 30분에 퇴근하고, 오후 2시 30분 출근조가 밤 11시에 퇴근하게 된다. 밤 11시에 퇴근하게 되면 통금시간에 걸려 집에 갈 수가 없는 것이다. 매년 여름이면 8시간 근무제를 해오던 회사가 30분 더 근무하라는 것은 무언가 심상치 않은 암시였다. 여성노동자들은 8시간 노동제를 준비하는 것을 회사가 알게 된 것 아닌가 하는 의구심을 가지기 시작했다.

4) 도급제 연장과 8시간 노동

결국 이 30분이 문제였다. 비스켓 기계가 가동되고 있었지만 생산현장의 여성노동자들은 8시간만 일하고 퇴근하는 강수를 두었다. 이런 우여곡절 끝에 7월 6일부터 회사에서 정식으로 8시간 근무를 하라는 주간 2교대 명령이 다시 내려왔다. 문제의 30분이 해소된 것이다. 그런데 8시간 근무를 한지 3일 만에 다시 문제가 발생했다.

회사는 7월 9일부터 일주일씩 A조와 B조로 나누어 교대로 판촉활동을 나가도록 했다. 그런데 B조가 판촉을 나간 1주일 동안 회사는 현장근무조인 A조에 7월 한 달간 8시간 근무 약속을 깨고 갑자기 12시간 근무를 명령했다. 당연히 A조 여성노동자들은 갑자기 돌변한 회사의 12시간 근무 강요에 항의했다. A조는 8시간 노동을 고수했다. 생산현장의 노동자들은 7월 한 달간 도급제 폐지를 유예하는 조건으로 8시간 노동에 동의했건만 회사는 도급제 폐지는커녕 도리어 12시간 노동을 강요해 왔다.

A조는 결국 12시간 노동을 하지 않았다. 8시간 근무 후 퇴근할 때마다 소동이 벌어졌지만 A조는 8시간 노동을 고수했다. 회사는 A조에게 12시간 노동을 관철시키는데 실패하자 이 실수를 B조에게 되풀이하지 않기 위해 철저하게 준비했다. 회사가 동원한 남자 기

사들은 12시간을 해야 먹고 살 수 있는데 4시간이나 잔업시간이 줄면 처자식이 굶는다며 B조 여성노동자들을 윽박질렀다. 퇴근 시간만 되면 매번 이런 실랑이가 반복되었다. B조는 아예 퇴근 후 모이라는 말에도 응하지 않고 8시간 근무 후 퇴근했다. A조와 마찬가지로 B조도 8시간 노동 후에 퇴근했다.

2 _ 투 쟁

1979년 7월 17일부터 해태 여성노동자들이 '8시간 노동제'를 위한 행보를 본격화했다. 산업선교회관에서 열린 이 결의 자리에 생산라인마다 여성노동자들이 골고루 참여했다. 전체 참여인원이 100명이 넘었다. 여성노동자들 사이에 8시간 노동제에 대한 찬반 논의가 진행되었다. 최종적으로 8시간 노동제 주장을 두고 거수를 했는데 대다수가 찬성하였다. 그러나 많은 사람들은 8시간 노동제의 성공에 대해 회의적이었다. 산업선교회의 인명진 목사조차 "아직 8시간 노동제를 주장하기에는 때가 이르다"고 만류하는 입장이었다. 그러나 여성노동자들의 생각은 달랐다. 절대 이번 기회를 놓치고 싶지 않았다.

1) 투쟁의 서막

여름휴가가 끝나고 7월 30일 B조가 주간 출근, A조가 야간 출근이었다. 7월을 하루 남겨둔 시점에서 생산부장은 8시간 노동제에 대해 "언젠가 불황을 넘기고 실시하자. 지금은 때가 아니다"라는 말로 회유하기 시작했다. 매번 지켜지지 않는 약속에 지쳐 있던 여성노동자들은 생산부장의 말을 믿을 수 없었다. 정확히 언제 실시할 수 있는지 확답을 요청했다. 매번 그랬듯이 생산부장은 정확하게 확인해주지 않았다. 8월에 접어들면서 여성노동자들은 '8시간 노동제'를 공식적으로 요구했다. 회사와 본격적인 갈등 국면에 접어든 것이다.

회사는 남자 기사들을 동원하여 여성노동자들의 8시간 요구를 힘으로 막아섰다. 1979년 8월 3일 새벽 캔디부 여성노동자들이 8시간 노동 후 퇴근하려고 할 때 회사 측에서 간부들과 기사들을 동원하여 현장문을 잠그고 길을 막아서는 등 공포분위기를 만들며 여성노동자들을 위협했다. 여성노동자들에게 회사 측의 입장을 대변하는 노동조합은 회사보다 더 큰 장애물이었다. 회사 측 입장을 대변하는 노동조합이기 때문에 노동조합에 어떠한 지원도 요청할 수 없었다. 여성노동자들은 산업선교회의 도움을 받아 '노동청장님께 드리는 탄원서'를 여성노동자들 24명(이경순, 모춘자, 박점순, 박영미, 김양순, 박막례, 염채님, 백영옥, 임선희, 고순자, 박정인, 이경자, 최정덕, 이광순, 박영안, 이복례, 박순자, 최순옥, 최동렬, 김복실, 김금순, 유재연, 이숙자, 서미자)의 명의로 만들어 제출했다. 탄원서의 주요 내용은 다음과 같다.

…(중략) 노동청장님

우리는 잔업수당을 받지 않고 좀 더 가난하게 살지언정 12시간 철야노동을 하지 않기로 결심했습니다. 가난한 사람들이 좀 더 일해서 좀 더 벌어야 한다고 걱정하실지 모르지만 …몸이 너무 지쳐서 더 이상 할 수 없음을 이해해 주시기 바랍니다.

그런데 해태제과의 일부 간부들이 우리들의 요구를 묵살하고 12시간 노동을 계속하도록 강요하고 있습니다. 구체적으로 지난 1979년 8월 3일 새벽 캔디부 B조 근로자들이 8시간 노동을 끝내고 새벽에 퇴근을 하려 할 때에 회사는 과장·계장·주임·반장·남자기사 등을 총동원하여 퇴근하지 못하도록 위협하고 협박하면서 심지어는 노무과 사무실에 불러다 놓고 나가지 못하게 하였으며(박순애·이희숙·정순희·박금자·김영애), 현장문을 잠그고(3개) 간부들과 기사들이 막아서서(2개) 길을 막는 등 공포분위기를 만들었습니다. 그래서 대다수 근로자들이 퇴근할 수 없었으며 동료들과 같이 퇴근하려고 하는 우리들도 접근하지 못하게 막았습니다. 남자 기사님들이 우리에게 협박하는 말인즉 "너희들은 처자식이 없으니까 8시간만 일해도 살아갈 수 있겠지만 우리는 살 수 없다" "너희들이 우리 생활을 보장하라"고 위협하며 캔디 깡통을 마구 치면서 "쌍놈의 새끼들" 이니 "이 새끼들아" "주둥아리를 찢어 놓겠다"느니 하면서 여성들을 협박했습니다 … 8시간 노동으로 살 수 없다면 살 수 있도록 임금을 인상하는 방향으로 조정되어야지 노동시간을 연장해서 잔업을 하지 않고는 살 수 없도록 하는 것은 우리 근로자들 뿐만 아니라 국가 전체에도 불행한 일이 아니겠습니까? … 이번 기회에 근로자들을 혹사하는 기업과 그 간부들의 비도덕을 막

아 주시기 바랍니다 … 민주적인 기업과 명랑한 사회가 되도록 조
처해 주시기 바랍니다.   1979년 8월 3일

누구나 노동시간이 줄면 임금이 줄 것이라고 기계적으로 생각
하던 때 해태 여성노동자들은 노동시간을 8시간으로 단축하더라도
노동시간에 비례하여 임금이 축소되어야 한다고 생각하지 않았다.
위 탄원서에서 보듯이 여성노동자들은 "8시간 노동으로 살 수 없다
면 임금을 인상하는 방향으로 조정되어야지 잔업을 하지 않고는 살
수 없도록 하는 것은 노동자뿐만 아니라 국가 전체에서 불행한 일"
이라고 생각했다.

이 탄원서 이후 회사 측의 탄압은 점차 도를 넘었다. 8월 3일
오후 4시 퇴근시간도 8월 2일 캔디부 상황만큼이나 심각했다. 생산
현장의 여성노동자들 대다수가 회사 마음대로 움직여지지 않자 회
사는 남자기사 20여 명을 동원하여 대의원과 반장을 겸하며 평판이
좋은 이숙자를 회의실에 감금한 채 회사 편을 들어 여성노동자들을
설득하도록 협박했다.

2) 폭력사태

1979년 8월 4일 새벽 4시경 비스켙부 현장에 갑자기 공○식
주임과 남○우, 김○익 기사 등 남자 15명 가량이 나타났다. "8시
간만 일하고 나가는 년들 모가지를 비틀겠다", "씹어먹겠다", "밟아
죽이겠다"는 등 온갖 욕설이 난무했다. 탄원서 제출을 빌미로 회사

가 8시간 노동을 주장하는 여성노동자들을 노골적으로 탄압하기 시작한 것이다. 비스켙부 A조 김○호 기사가 대의원인 김용희의 오른팔을 비틀고 멱살을 잡고 흔들자 목에 상처가 나고 옷의 단추가 떨어졌다. 또 박순자는 양○영 등의 남자 기사들에게 잡혀 넘어지면서 다리에 상처가 나고 허리를 다쳤다. 남○우 등 남성노동자 5명이 정헌월, 최병희를 운동화로 때리고, 정헌월의 목을 졸랐다. 이복례도 폭행을 당해 허리와 목에 상처가 났다. 남성 노동자들은 현장에서 닥치는 대로 인두, 선풍기, 주전자, 깔판, 과자상자 등을 여성노동자들에게 집어던졌다. 이런 상황에서 생산라인이 온전할 리 없었다. 비스켙부 생산라인의 형광등이 깨지고 온통 아수라장이 되었다. 회사의 사주를 받은 주임과 기사들은 계속 살기 넘치는 공포 분위기를 조성하며 여성노동자들을 위협했다. 이런 엄청난 폭력 사태가 회사 안에서 진행되고 있는데도 간부들은 수수방관할 뿐이었다.

간밤의 지독했던 폭력사태를 알 길 없는 비스켙부의 아침 근무조(B조)가 아침 8시에 출근했다. 바른말을 곧잘 하던 대의원 이숙자는 지난밤 20여 명의 남자 간부와 기사들로부터 협박을 받은 이후 비스켙부 B조를 모아 놓고 남자 기사들의 요구를 대변하는 발언을 할 수 밖에 없었다. 이상한 상황을 감지한 김금순이 그 자리에서 항의했다. 그러자 대기하고 있던 40여 명의 남자 기사들이 소리 지르며 김금순을 위협하기 시작했다. 조○절 등 남자 3명이 김금순에게 달려 들었다. "네가 뭐야. 너 같은 건 나가"라고 하면서 김금순을 끌어내어 현장 밖의 복도 벽에 세차게 밀어 붙였다. 머리가 담벽에

3~4회 부딪히는 바람에 김금순은 실신했다.

　지난밤의 상황을 모르기 때문에 영문도 모른 채 당하고 있던 비스켙부 B조 여성노동자들이 김금순사태로 상황을 짐작하고 거세게 반발했다. 40여 명의 남자 기사들은 이성을 잃고 마구잡이로 폭력을 휘둘렀다. 김태분은 마○하 등에게 둘러싸여 돌아가며 뺨을 맞았고, 김관남도 팔에 상처가 났다. 김혜성은 머리채를 잡혀 끌려다녔고, 한연자는 가운이 찢어졌고, 조재삼은 수차례 발길질을 당했다. 남자 기사들은 제정신이 아니었다. 입에서는 술냄새가 풀풀 났다. 회사간부들 중 어느 누구도 이 폭력사태를 제지하지 않았다. 아침 8시에 출근한 비스켙부 B조 여성노동자들은 작업복이 찢어지고, 머리는 엉망으로 헝클어진 채 서로 부둥켜안고 흐느껴 울면서 서로를 위로하는 수밖에 별다른 도리가 없었다.

　이러한 폭력사태를 당하고서도 비스켙부 B조 여성노동자들은 현장으로 돌아가서 하루의 작업량을 정확히 마무리했다. 회사가 '작업거부'라고 몰아세울 수 있는 빌미를 사전에 차단하기 위해서였다. 그리고 다시 8시간 노동제를 주장하며 퇴근했다. 대단한 끈기와 열정 덕분이었을까? 사측의 사주를 배경으로 한 남성노동자들의 폭력행사 이후 훨씬 많은 현장 동료들이 8시간 노동제 주장에 동참하기 시작했다. 물리적 힘을 동원해 사태진전을 막으려던 회사는 생산현장의 여성노동자들을 폭력적으로 몰아세움으로써 더없이 큰 실수를 한 것이다. 노동현장에서는 폭력사태 전보다 더 많은 숫자의 노동자들이 8시간제 주장에 동참했다.

3) 지옥 같은 새벽 4시

8월 4일 8시간 근무 후 오후 4시에 퇴근한 비스켈부 B조 노동자들은 집으로 가지 않고 산업선교회관으로 갔다. 산업선교회에서는 비스켈부 A조 동료들이 자리를 잡고 새벽에 벌어졌던 폭력사태 상황을 이미 호소문으로 작성해 놓고 있었다. B조는 그 자리에서 A조가 겪은 새벽 폭력사태를 구체적으로 알게 되었고, 앞 다투어 호소문에 서명했다. 8시간 노동제 주장은 지난 8월 1일부터 비스켈부뿐만 아니라 캔디부와 캬라멜부에서도 호응이 시작된 상태였다. 그러나 두 부서의 상황은 비스켈부보다 좋지 않았다. 이 부서들은 더 버티지 못하고 결국 12시간 작업을 수용했다. 그런데 끝내 한 명이 8시간을 주장하며 계속 버티고 있었다.

8월 6일 월요일 비스켈부 B조의 야간 8시 출근시간에 또 사건이 터졌다. 지난 4일 폭력사태에 직접 개입하지 았았던 노조 쟁의부장 이○원이 여성노동자들이 작성한 탄원서와 호소문을 구해 와서 서명한 사람들을 불러내 시비를 걸었다. 윤혜정이 남자 기사들에게 불려나가 심한 폭행을 당해서 실신했고, 의무실에 실려 갔다. 이런 상태에서도 윤혜정은 8시간 노동제를 굽히지 않았고 새벽 4시 퇴근을 계속 강행했다.

남자 기사들은 8시간 노동제를 하면 굶어 죽는다며 위협을 가했다. 새벽 3시 30분만 되면 남자 기사들이 쉬는 시간에 쉬지도 않고 2층 비스켓부 현장에 올라와 대기했다. 8시간 노동을 하고 나가는 비스켓부 여성노동자들을 제지하기 위해서였다. 새벽 4시, 종치는 소리만 나면 남자 기사들이 우르르 달려들어 8시간 노동을 마치고 나가려는 비스켙부 여성노동자들을 질질 끌어냈다.

여성노동자들에게 이 새벽 4시는 지옥과 같았다. 남자 기사들은 8시간 후 퇴근하는 여성노동자들을 강제로 잡아들여 "이제 말을 듣지 않으면 회사가 문을 닫게 된다. 회사가 문을 닫게 되면 네가 우리 식구들을 먹여 살려라. 너희들이 아무리 이렇게 해도 8시간제는 절대로 되지 않으니까 나중에 가서 12시간 근무를 하게 해달라고 빌어도 시키지 않겠다. 너희들이 불쌍해서 우리가 너희들을 구제하기 위해서 붙잡는 것이니까 오늘부터 아무 소리 말고 12시간을 하라"고 소리를 질러댔다. 매일 반복되는 위협과 폭력을 아무렇지 않게 견뎌낼 장사는 없다. 8시간 노동을 하고 퇴근하는 여성노동자 숫자가 점차 줄어들고 있었다.

8시간 노동제 주장을 좌절시키기 위해 회사는 여성노동자들이 입사할 때 도움을 주었던 소개자들에게도 압박을 가했다. 8시간 싸움을 준비하면서 우려했던 일이 그대로 터진 것이다. 소개자들 태반이 해태제과에 근무하거나 관련된 일에 종사하고 있었기 때문에 압박효과는 컸다. 회사는 남자 기사들에게 소개자를 직접 찾아가 들볶도록 사주했다. 남자 기사들은 회사가 준 정보를 바탕으로 떼를 지어 소개자를 찾아다니며 "아무개 같은 똑똑한 년을 소개했으니 책임지라. 당신이 아무개를 소개했으니 책임을 져야 한다"고 소개자들을 협박했다. 회사 간부들도 직접 소개자들에게 연락해 "책임을 지지 못하겠으면 당신이 사표를 내라"고 다그쳤다.

4) 껌부의 호응

비스켙부, 캔디부, 캬라멜부 등 동료들의 어려움을 주시하고 있던 껌부에서 드디어 움직임이 시작되었다. 껌부의 여성노동자들이 남자 기사들의 무자비한 폭행에 주눅 들지 않고 오히려 동료들의 고통에 동참하는 길을 택한 것이다. 껌부도 8시간 노동제를 주장하며 가세하자 다급해진 회사는 안양 2공장 남자 기사들까지 불러 올렸다. 회사는 이들을 동원해 아예 껌부의 출입통로를 통제해 버렸다. 8월 7일 새벽 4시 껌부에서도 예외 없이 폭력사태가 이어졌다. 껌부 B조가 8시간 선언을 한 후 처음으로 8시간 근무를 마치고 퇴근하려는 여성노동자를 끌어내 물건 던지듯 밀고 던졌다.

이런 폭력 속에서도 껌부의 몇몇 여성노동자들은 굴하지 않고 8시간 노동을 마치고 퇴근했다. 남아 있던 여성노동자들에게 남자 기사 최○민이 망치를 휘두르며 일할 것을 강요하는 사건이 일어났다. 이러한 심각한 폭력사태가 자행되는 상황에서도 노동조합은 아랑곳하지 않았다. 8월 9일에는 상황이 더 심각해졌다. 화장실도 자유롭게 갈 수 없게 되었다. 김순례, 이희덕이 화장실에 간 사이에 남자 기사들이 밖에서 문을 걸어 3시간 동안 화장실에 가두었다. 주창백 과장은 김고만을 현장 사무실로 끌고 가 "너도 부라자와 팬티만 입고 개처럼 질질 끌려 나가고 싶으냐"고 위협하며 3시간 30분 동안이나 들들 볶았다.

3 _ 폭력사태

1) 부상과 입원

껌부 여성노동자들까지 8시간 노동제를 주장하자 노동조합이 움직이는 시늉을 했다. 그러나 노동조합이 보인 행태는 여전히 회사의 입장을 옹호하는 것이었다. 8월 10일 노동조합이 느닷없이 임시대의원대회를 소집했다. 일말의 기대를 가졌던 임시대의원대회였지만, 대의원대회의 방향은 엉뚱한 쪽으로 흘렀다. 8시간 노동제에 관한 논의는 일체 없었고 남자 대의원들이 여자 대의원들 중 일부를 위협하고, 소리를 지르는 일이 벌어졌다. 8시간 노동제에 찬성 입장을 가지고 있던 대의원은 전체 대의원 52명 중 5명(이숙자, 이복례, 김용희, 김순례, 윤명옥)에 불과했는데, 노동조합은 임시대의원대회를 빙자해 이 5명을 도마 위에 올려 놓고 회사 측의 입장에 서 있는 남자 대의원들을 동원해 막무가내로 몰아세웠다.

8월 10일은 노조의 임시대의원회가 있던 날인데도 불구하고 오후 근무 중인 껌부 A조에서 또 다시 폭행사태가 이어졌다. 껌부 계장 유창호와 남자 기사들이 껌부의 대의원인 김순례를 강제로 끌어내다가 콘크리트 바닥에 몇 차례 떨어뜨렸다. 김순례가 바닥에 떨어지면서 머리를 부딪쳐 실신했다. 정○필 기사가 '파치'(불량품)를 담아 놓는 철판을 김고만에게 집어던졌다. 순간적으로 놀란 김고만이 팔 다리가 뒤틀린 채 실신하고 말았다. 윤 계장과 남자 기사들은 실신한 두 사람을 바로 병원으로 옮기지 않고 회사의 재료창고에 눕혀 두고 신문지로 덮어 놓았다.

동료들이 신문지에 쌓여 실신한 채 누워 있는 두 친구를 발견해서 의무실로 옮겼다. 의무실에서 잠시 안정을 취하고 7시 40분경 퇴근을 했는데 그날 밤 9시에 김순례의 상황이 악화되었다. 자취하던 동료들이 김순례를 영등포 기독병원 중환자실로 옮겼다. 병원에서 10여 일간 입원치료를 받을 만큼 상황이 심각했다.

같은 날 밤 껌부 B조에서도 남자 기사들의 폭행이 계속되었다. 남자 기사 최ㅇ민이 김추연의 머리채를 잡아 벽에 밀어 붙였고, 이ㅇ본 주임이 김추연을 발로 밟았다. 김추연은 병원치료를 받고 10일의 진단서를 끊었다. 또 최 기사는 노혜자, 정순자, 이기숙의 먹살을 잡고 발로 걷어찼다. 남자 주임 이ㅇ본은 하영숙의 팔을 강제로 잡아 당겨 땅에 굴렸고, 이 와중에 하영숙은 오른쪽 둘째 손가락 뼈마디를 다쳤다. 이 사건들은 모두 노조가 소집한 임시대의원대회가 끝난 지 불과 몇 시간도 안 되어 일어났다.

이게 끝이 아니었다. 대의원대회가 끝나고 회의장에서 비스켓부 대의원 이숙자가 내려오는 길목을 영등포경찰서 정보과장이 막아섰다. 정보과장이 8시간 노동제 주장을 철회할 것을 강요했으나 이숙자가 끝내 거부하고 내려오자 회사가 준비해 놓은 상상도 못할 일이 대기하고 있었다. 회사는 구미에서 해태센터를 운영하던 이숙자의 사촌형부를 호출해 비행기로 올라오도록 했고, 경기도 수원에서 아버지도 불려와 사촌형부와 같이 대기하고 있었다. 비스켓부 과장 김기범의 자가용에 아버지, 형부와 함께 실려 이숙자는 송추 유원

지까지 끌려갔다. 여기서도 사촌형부와 아버지가 이숙자의 마음을 돌리지 못하사 김 과장은 아예 이숙자를 시골집까지 싣고 가 내려 놓고 3일 만에 대의원 이숙자의 사표를 받아왔다.

임시대의원회 대회 후 많은 동료들이 회사와 소개자들의 강요와 협박에 못 이겨 사표를 쓰거나 8시간 근무를 포기할 수밖에 없었다. 최병희는 아침 7시 30분에 출근하던 길에서 소개자와 그의 부인, 아들 등 3명에게 머리채를 휘어 잡히고 목이 졸리는 폭행을 당했다. 회사의 강압으로 소개자가 직장을 잃을 위기에 처하자 그 가족들이 필사적이 되었던 것이다. 많은 동료들이 아침에 출근하면서 이 광경을 목격했다. 퇴근시간에 남자 기사 양○영이 기름 묻은 면장갑으로 여성노동자들의 얼굴을 내리 쓰다듬고, 최병희의 목덜미를 후려치기도 했다. 퇴근 시간의 폭력행사에 시달리던 나미숙은 얻어맞아 코피가 났고 최병희, 이옥순은 입술이 터졌다. 최병희는 결국 병원신세를 졌고 12일의 진단이 나왔다.

2) 기도회와 투쟁의 지속, 그리고 사표

공장의 생산현장 어디도 8시간 노동제를 주장하는 여성노동자들이 도움을 청할 곳이 없었다. 아니 폭행을 피해 숨을 곳조차 없었다. 견딜 수 없는 폭력 앞에서 순점순과 김금순이 절박한 심정으로 외부에 도움을 청하기 위해 공화당을 찾았다. 그러나 정치권 역시 공장과 다를 바 없었다. 아무런 도움이 되지 않았다. 도움을 청하는 여성노동자들에게 공화당 관계자라는 사람은 "근로기준법이라 함은 외국에서 들여온 법으로 우리나라 현 실정에는 맞지 않는다"고 하나마나한 소리를 했다. 해태 여성노동자들은 다시 산업선교회로 몰려가는 것 외에는 다른 방법이 없었다. 그녀들은 서울 한 복판 어디서도 도움을 받지 못한 채 하느님께 호소하기 시작했다.

8월 12일 영등포산업선교회관에서 '8시간 노동제를 위한 기도회'가 열렸다. 기도회에는 "해태제과는 근로기준법을 지켜라", "해태제과 사장은 폭력행위를 중단하라", "김순례를 책임져라" 등등의 구호가 내걸렸다. 기도회를 하면서 제법 8시간 노동제 싸움의 틀이 만들어졌다. 산업선교회의 도움으로 여성노동자들은 계속해서 각처에 호소문과 탄원서를 배포했다. 그러던 중 청천벽력 같은 사건이 터졌다. 기도회가 열리기 전날 새벽 경찰의 '101호 작전'이라고 명명된 강제해산 과정에서 YH 여성노동자 김경숙이 사망한 것이다.[2]

야당의 항의로 정국이 경색되었고, 신문과 방송에서 연일 YH 사건을 보도하기 시작했다.[3] 수세에 몰린 여당은 이념공세를 강화하

---

2   당시 상황을 보도한 기사의 전모는 이렇다. "1979년 8월 11일 새벽 2시 YH 여공들이 농성 중인 서울 마포구 신민당사에 서울시경 산하 1천여 명의 정사복 경찰관들이 들어가 4층 강당에서 지난 9일 오전 9시 반부터 40여 시간 농성을 벌여온 여공 1백 72명과 여공의 연행을 저지하려던 신민당원 26명을 끌어내 미리 대기시켜 놓은 경찰버스에 싣고 가 강제로 연행, 수용했다. 경찰은 이날 '101호 작전'이라고 명명된 강제해산작전을 실시, 여공들을 연행했는데 여공 중 김경숙 양이 왼쪽팔목의 동맥절단으로 스스로 목숨을 끊었고 신민당 박권흠 대변인, 백영기 업무부국장 등 신민당원과 취재 중이던 기자, 여공 및 경찰관 등 많은 사람이 중경상을 입었다."(《동아일보》 1979. 8. 11일자 7면)

3   "YH 사건을 둘러싸고 극한 대립을 보이고 있는 여야는 정치공세를 강화하는 한편, YH 사태를 포함한 노동문제에 대해 독자적인 수습 및 대처방안을 마련하고 있어 정국은 '대화 없는 강경대치'를 계속하고 있다. 특히 여당 측은 김영

며 공안탄압으로 압박했다. 서울시경은 농성을 주동한 YH노조지부장 최순영, 부지부장 이순주, 사무장 박태연 등 3명과 배후를 조종한 혐의로 산업선교회 인명진 목사를 비롯해 이문영, 문동환, 고은, 서경석 등 8명을 구속했다.[4]

김경숙의 사망 이후 회사는 옥상 출입문을 통제하고, 쉬는 시간에 누워서 잠을 자면 툭툭 건드려 보는 등 긴장하기 시작했다. 그렇다고 문제해결의 기미가 보인 것은 아니었다. 해태 여성노동자들이 기대고 있던 산업선교회가 연일 언론의 십자포화를 맞았다. 서울시경의 형사과장(이택기)은 YH 노조간부들이 무산계급이 지배하는 사회체제를 건설하는 것이 기독교의 사명이라고 표방했다고 발표했다. 산업선교회 목사들이 배후조종을 했다는 것이다.[5] 이런 분위기를 틈타 8월 14일경 한국노총위원장이자 화학노조위원장 정동호가 TBC-TV에 나와 "해태제과의 김순례 양은 자해행위를 하여 입원한 것"이라고 사실을 왜곡했다.

회사는 김순례의 사고에 책임이 없을 뿐만 아니라 생산차질까지 생겼다고 대응했다. 해태 여성노동자들은 이러한 회사의 대응에 아연실색했다. 사정은 이렇다. 김순례는 앞서 본 바와 같이 회사가 사주한 남자 기사들의 폭행으로 병원에 입원했다. 그것도 중환자실

삼 신민당 총재에 대해 '계급투쟁의식을 불어 넣는 일련의 발언은 해방정당의 논리에서 비롯된 것인가'고 묻고 김 총재는 담화문을 통해 '민주회복만이 노동문제의 근본적 해결책'이라고 맞섰다."(《동아일보》 1979. 8. 14일자 1면)

4 《동아일보》 1979. 8. 17일자 7면.
5 《동아일보》 1979. 8. 17일자 7면.

에 갈 정도로 위급한 상황이 있었다. 회사에서는 한 번도 병원을 찾지 않았다. 전라도에 계신 아버지가 소식을 듣고 올라오셨다. 동료들이 순례가 이렇게 된 것은 전적으로 회사 책임이니 입원비는 회사에서 받아오셔야 한다고 설명을 해드렸다. 아버지는 회사를 찾아가 자기 딸을 폭행한 장본인인 유창호 계장을 만났으나 소용이 없었다. 유 계장은 책임을 부인하는 말만 늘어놓았다.

결국 아버지는 입원비 한 푼 받지 못하고 다시 병원으로 돌아왔다. 아버지는 사비로 퇴원시켜 시골집으로 내려갈 것을 강요했으나 김순례는 아버지를 설득하여 내려가지 않고 서울에 남았다. 김순례에 뒤이어 이희덕이 행방불명되는 일이 있었다. 알고 보니 이희덕은 회사 측의 압력을 받은 가족들에 의해 감금되어 있었다. 8월 10일 폭행사건이 발생한 이후 8월 21일 김순례와 이희덕이 함께 출근하였는데 오히려 폭행당사자인 유 계장은 이들을 무단결근으로 몰아 부쳤고, 회사가 2억 원에 달하는 손해를 보았다고 윽박질렀다. 지난 기도회에서 여성노동자들이 김순례를 책임지라고 회사에 강력히 요구하였더니 오히려 회사는 책임을 회피하기 위한 준비를 했던 것이다. 결국 김순례와 이희덕은 강제로 사표를 내야했다. 남자 기사들의 폭력에도 버티던 여성노동자들도 지쳐가기 시작했다. 점차 회사 측의 압력과 협박에 못 이겨 하나둘 강제로 사표를 냈다.

3) 형태를 바꾼 탄압

기도회와 방송보도 이후 김순례 사건이 외부로 알려지면서 물리적 폭력은 일단 주춤했다. 대신 탄압의 양상이 다른 방향으로 바뀌었다. 이숙자의 사표 종용 방식이 효과를 보았다고 판단한 회사는 추천인과 여성노동자들의 가족들에게 압력을 가하는 방법을 취했다. 회사의 회유 및 협박 방식은 크게 3가지 형태로 진행되었다.

첫째, 소개자가 있는 경우에는 "12시간을 하지 않으려면 사표를 내든지 그렇지 않으면 내가 사표를 낼 수밖에 없으니까 우리 식구들을 먹여 살려라. 12시간 하겠다는 각서를 써라."

둘째, 생산담당이사 김종익의 명의로 된 전보가 시골 집집마다 발송되었다. 전보의 내용은 이렇다. "○○양의 부모님과 급히 상의할 일이 있사오니 8월 22일까지 해태제과 방문요망. 생산담당이사 김종익" 또 현장에서 근무 중인 종업원에게 부모님이 위독하다는 거짓 전보를 "○○모 대학병원 12시착 상봉"의 내용으로 보냈다.

셋째, 회사 간부들이 자가용을 타고 직접 시골집(호남지방)을 가가호호 방문해서 "딸이 머지않아 구속되게 생겼으니 빨리 데리고 내려가는 것이 좋을 것이다"라고 위협했다.

비스킷부의 서미자, 이복례, 김금순, 강점이, 김복실, 허숙자, 이병례, 박순자, 캔디부의 임선희, 박점순, 박영미, 캬라멜부 이광순, 이경자, 박정인, 껌부 정명숙, 순점순, 정순자, 조명심 등 8시간 노동제를 주장한 여성노동자들이 이 같은 갖은 방법으로 회유와 협박을 당했다. 회사측의 회유와 협박에 못 이겨 억지로 사표를 낸 여성노동자들의 호소를 살펴보자.

호 소 문

우리들은 해태제과에서 강제사표를 낸 여성근로자들입니다. 하루 12시간(점심, 휴식시간 1시간 포함) 작업, 특히 한 주일씩 교대로 닥치는 철야근무는 여자들에게는 너무나 힘이 드는 일입니다. 그래서 몇 년씩 근무한 사람들은 무좀, 위장병, 신경통, 축농증 등 갖가지 질병으로 고생들을 합니다. 견디다 못하여 저희들은 근로기준법이 정한대로 8시간 근무를 회사측에 요구하게 되었습니다. 그것도 회사의 사정을 생각하여 지금 당장 8시간을 실시하는 것도 아니었고 언제부터 8시간을 시킬 것인지 약속하라는 것이었습니다. 그러나 회사는 이런 저희들 여성근로자들의 요구를 무시하고 계속 12시간 일할 것을 강요하며 남자 기사들을 동원하여 갖은 욕설을 퍼붓고 협박하며 막고, 밀고, 때렸습니다.

이런 폭력에도 굽히지 않자 이 회사 직원이 아니면 해태제과의 납품업자이거나 해태제과제품 판매센터를 하는 소개자(입사시의 추천자)를 통하여, "8시간 근무 요구를 그만두고 계속 12시간 근무를 하라, 네가 이러면 내 밥줄이 떨어진다"며 저희들이 8시간 근무요구를 못하도록 강요하게 만들었습니다. 소개자에게 들볶이며 버티다 못하여 여러 사람들이 마음에도 없는 억지사표를 내고 말았습니다. 그래도 안 되는 사람은 시골에 전보를 몇 장씩 치든지 회사 간부들이 차를 타고 찾아가서 부모님들이 회사로 오시게 하여 회사간부들이 만나서 "당신 딸이 지금 위험한 일을 하고 있다. 이번 사건에 관련된 사람들은 당국에서 조사를 하고 있는데, 며칠만 더 있으면 잡혀가게 된다. 그러면 당신 딸은 끌려가서 고생을 할 것이고 호적에 빨간줄이 올라가서 형제, 친척까지 피해를 당한다. 빨리 사표를 내어 시골로 보내는 것이 좋다"는 등으로 협박하여 부모님들을 통하여 강제사표를 내게 하고 심지어는 대리사표까지 내기도 하였습니다.

　　이렇게 소개자 부모나 친척을 통하여 강제사표를 낸 저희들의 억울함을 호소드립니다. 해태제과 같은 대기업이 해고보다도 더 악랄한 강제사표를 내게 하는 일이 묵인되어도 안된다고 생각되며 무엇보다도 당장 저희들이 생활할 길도 막연하여 여러분의 도움을 청합니다. 다시 복직되어 일할 수 있도록 도와주시면 더 열심히 일하여 우리 사회와 국가발전에 봉사하겠습니다.

해태제과에서 강제사표를 낸 근로자

이숙자 이희덕 박막내 나미숙 박영이 오영숙 오춘자 김순례

김양순 올림

4) 실태조사와 산업선교회

　　1979년 8월 16일 대통령(박정희)의 특별명령으로 '산업체 등에 대한 외부세력 침투실태 특별조사반'(조사반장 박준양 대검 공안부장)이 구성되었다. 조사반은 8월 30일까지 전국 9개 지역 63개 업체에서 383명을 조사하였고, 그 조사내용을 1979년 9월 14일자 신문의 헤드라인 기사로 발표했다. 대통령 명의로 "여타 정치사회적 활동과 마찬가지로 종교활동에 있어서도 헌법과 법의 테두리를 벗어나는 행동은 용납되지 않을 것"이라는 내용이 지면을 장식했다. "기업주와 근로자는 노사일체감 조성에 서로 노력, 공존공영하는 한국적 노사협조체제를 정립하고 공장새마을운동을 더욱 내실 있게 전개할 것을 당부하고, 일부 선교활동의 내용과

방법에 있어 안보상황에서나 법에 저촉되는 점에 대해서는 종교단체 내에서 스스로 바로 잡아 나가는 노력이 있어야 할 것"이라고 강조했다.[6]

해태제과에서는 비스켙부 김복실과 김금순이 이 특별조사반의 조사를 받았다. 조사내용은 8시간 노동제가 아니라 대부분 산업선교회 활동에 대한 것이었다. 실제 산업선교회가 해태제과의 8시간 싸움에 실질적으로 개입한 것은 거의 없었기 때문에 크게 문제될 것은 없었다. 산업선교회가 해태 여성노동자들에게 도움을 준 것은 호소문을 만드는 일과 배포방법을 알려주는 정도에 불과했다. 8시간 노동제 싸움의 주체는 해태 여성노동자들이었다.

'YH 사건' 이후 산업선교회가 불순세력으로 몰려 있었던 상황이기 때문에 산업선교회가 더 개입할 수도 없었다. 해태제과의 8시간 노동제에 힘을 보탠 것은 산업선교회 활동을 하던 다른 사업장 여성노동자들이었다. 다른 공장의 여성노동자들이 자발적으로 나섰다. 해태제과 사장집과 회사로 항의전화를 하고, 사회인사들에게 도움을 호소해 주었다. 해태제과 여성노동자들은 이 회원들에게 고마워하며 전화를 할 때 주의사항까지 정리해서 공유했다. 전화를 걸 대상을 선정하고, 누가 어느 단체에 어느 시간에 전화할 것인가까지 세부적으로 계획을 세웠다.

---

6   〈경향신문〉 1979. 9. 14일자 1면.

전화·편지는 이렇게 합시다.

1. 먼저 자신의 신분을 분명히 밝힙시다.

2. 꼭 존경어를 쓰고 예의를 갖춥시다.

3. 협박이나 불쾌한 인상을 주지 맙시다.

4. 우리의 요구를 간절히 호소합시다.

5. 부탁드릴 말씀은

① 빨리 8시간 노동을 하도록 할 일

② 여성근로자에 대한 폭력을 중단할 일

③ 폭력과장·계장·주임·기사를 처벌할 일

특별수사반까지 동원해 정부가 외부세력 침투 운운하며 공갈·협박하고 있었지만 산업선교회 회원이었던 다른 사업장 여성노동자들은 해태제과 노동자들이 굶고 쫓겨 다닐 때 따뜻한 밥 한 끼를 지어 응원해주고, 폭행을 당한 해태 여성노동자들과 같이 아파했다. 정작 특별수사반이 가동되어야 할 곳은 노동법이 정한 노동시간 동안 충실히 일하고 정당한 노동자의 권리를 요구하는 여성노동자들에게 무차별적인 폭행을 가하고 인권을 유린한 회사와 그 사주를 받은 남자 기사들이어야 했다. 해태제과 유금순은 더 호소할 곳을 찾지 못하자 경찰서의 문까지 두드렸다. 유금순이 캔디부 주임 김문택과 기사 이용연을 상대로 경찰에 제출한 고소장의 내용을 보면, 당시 현장에서 얼마나 심각한 폭력이 행사되고 있었는지 적나라하게 드러나 있다.

고 소 장

고소내용

　　위 김○택과 이○연 두 사람은 1979년 8월 28일 오후 11시(밤)부터 새벽 2시경까지 본인에게 인간적으로 참을 수 없는 모욕과 위협 그리고 손찌검까지 하면서 하룻밤 동안 일을 못하게 했습니다. 이○연씨는 "이 쌍년아, 사표를 내고 나가라", "이 ×할년아, 너 때문에 내가 윗사람한테 들볶인다" 등등 수 많은 위협을 하며 창고로 끌고 가서 온갖 위협을 했으며 계속 사표를 내라고 협박했습니다. 주임 김○택 씨도 지금까지 8시간만 일한 것에 대한 반성문을 쓰라고 강요하면서 두 손으로 턱밑 목을 조이면서 죽일 것처럼 무섭게 했습니다. 또 손으로 얼굴을 수차례 할퀴면서 "돼지 같은 년", "쌍년", "병신" 등등 수많은 욕과 공갈 협박을 했습니다. 그리고도 분이 안풀려서 자기 손을 벽에다 치는 시늉을 자꾸 하면서 죽일 것 같이 화를 냈습니다. 그뿐 아니라 쇠를 깎는 기계(그라인더)에다가 철사를 달구면서 "너, 거기 가만히 앉아 있어"라고 하기에 겁이 나서 도망치려니까 "가만 있어"라며 밀쳐 앉히고는 다시 쇠를 달구었습니다. 이때 제가 일어나서 나가려고 하니까 붙잡으면서 한 손에는 불에 달군 철사를 든 채 한동안 싸움을 벌이기도 했습니다.

　　이런 폭력배를 처벌해 주세요. 저는 노동법에 있는 대로 하루 8시간 일을 했을 뿐 아무런 잘못도 하지 않았습니다. 노동자라고 해서 이유 없이 매를 맞고 위협당하고 폭언을 들이며 살아야 할 이유가 없습니다. 법을 다스리는 기관에서 이런 폭력배를 처벌하여 명랑한 사회질서를 만들어 주세요.

　　　　　　　　　　　　　　　　1979년 8월 29일 고소인 유금순

불에 달군 철사로 여성노동자가 협박을 받았는데도 대한민국의 공권력은 눈길 한번 주지 않았다. 오히려 공권력은 빨갱이 노동자를 색출하겠다고 혈안이 되어 엉뚱한 방향으로만 움직였다. 폭행사건 때마다 여성노동자들이 경찰서에 고소장을 제출했지만 경찰은 제대로 된 조사 한번 하지 않았다. 회사가 5만원 정도의 벌금을 물었다는 소문 외에 고소자들이 확인한 결과는 아무 것도 없었다. 해태제과의 심각한 폭력사태의 구체적 사실관계가 드러난 고소장을 하나 더 보자. 8월 20일에 있었던 폭행사실에 대해 박순자가 양○영, 송○동, 윤○혁, 이○성, 김○민, 김○태, 최○재, 남○우, 성명미상(1인), 키가 크고 눈도 크며 곱슬머리 외 10여 명을 고소한 것이다.

고 소 장

범죄내용

저는 해태제과에서 근무하고 있는 한 여성입니다. 요새 근로자들이 하루 8시간 노동제를 실시해 달라고 회사에 호소하고 있으나 회사가 이를 묵살하고 오히려 여성근로자들을 심하게 구타하며 12시간을 강요하고 있습니다. 저도 남자 기사들에 의해 온갖 욕설과 구타를 당했습니다. 지난 1979년 8월 20일 16시에 8시간 일을 마치고 퇴근을 하는데 퇴근통로인 구름다리에 상기 남자기사들이 있다가 하는 말이 "좀 쉬었다가 가라"고 하기에 "집에 가서 쉬겠다"고 공손한 말로 대답했습니다. 그러니까 "왜 말이 많아!" 하면서 저와 강점이, 최병희 3명에게 "이 빨갱이보다 더한 년들, 아직도 머리가 돌아가지 않느냐?"는 등 욕을 하며 얼굴을 할퀴고 때렸습니다.

왜 때리느냐고 항거하니 여러 명이 한꺼번에 달려들어 또 얼굴을 할퀴었습니다. 이렇게 구름다리에서 한참 곤욕을 치르고 나니 어느 기사가 "이년들 보기도 싫다. 보내 버리자"하기에 저희가 가니까 성명미상의 몇 사람이 따라오더니 밖으로 나가는 문을 막고 또 "이야기 좀 하자"면서 먼저와 똑같이 "이 빨갱이 같은 년들"이니 "공산당 보다 더 지독한 년들"이니 하면서 욕을 퍼부으며 때렸습니다. 저희는 무섭고 눈을 뜰 수 없어 누구 누구였는지 모르겠습니다. 그런 후 "보기도 싫은 년들 보내라"고 해서 나오는데 성명미상의 남자 기사가 뒤에서 발로 찼습니다. 여러 차례 맞고도 참았습니다만 이제는 정말 못 참겠습니다. 이런 폭력배들을 엄벌해서 근로자들이 평온한 분위기에서 일할 수 있도록 조치해 주십시오.

1979년 8월 21일 고소인 박순자

5) 식품업계 8시간 노동제 합의

사표를 내고 떠나거나, 협박에 못 이겨 12시간 노동을 하는 경우를 제외하고 35명이 남았다. 이들은 해태제과의 신정차 사장을 고소했다. 대기업 사장을 여성노동자들이 고소한다는 것은 대단한 용기가 필요한 일이었다. 당시 근로기준법 제6조 '강제근로의 금지조항'에 따르면, "사용자는 폭행·협박·감금·기타 정신상 또는 신체상의 자유를 부당하게 구속하는 수단으로써 근로자의 자유의사에 반하는 근로를 강요하지 못한다"고 명시되어 있다. 또한 제7조 '폭행의 금지조항'에는 "사용자는 사고발생 기타 여하한 이유로도 근로자에게 폭행·구타행위를 하지 못한다." 그리고 제107조의 '벌칙

조항'에 따르면 "위의 6조와 7조의 위반자에 대해서는 5년 이하의 징역과 1,500만원 이하의 벌금에 처한다"고 되어 있다.

이러한 근로기준법에 의거하여 해태제과의 김복실, 박정인, 김금순, 김형희, 서혜숙, 순점순, 백영옥, 하영숙, 박영미, 강점이, 고순자, 염채님, 이복례, 최병희, 박막례, 김추연, 임선희, 정순자, 채명화, 노애자, 최금숙, 정은자, 박정남, 최정덕, 이은순, 이광순, 유금순, 정명숙, 조명심, 김양순, 이경자, 이희덕, 한연자, 최명희, 고은주 등 35명의 여성노동자들이 1979년 8월 24일 서울지방검찰청 영등포지청에 신 사장을 고소했다. 고소내용은 이렇다.

> 존경하는 검찰관계 여러분께 우리 근로자들의 고통을 호소하여 불법을 자행하고 있는 해태제과 신정차 사장님의 불법한 행위를 중단시킴으로써 우리 3,000여 근로자들의 육체적·정신적 어려움을 덜고자 하오니 엄격하게 조사하여 근로자를 괴롭히는 기업주를 처벌해 주시기 바랍니다. 우리는 이미 회사 측에 8시간 노동제를 실시해 줄 것을 요구했으며 또 노동청에도 진정했으나 아직도 아무런 반응이 없습니다.

8월 12일 기도회 이후 종교계가 움직이기 시작했다. 한국교회사회선교협의회는 8월 31일 성명서를 내고 해태제과 불매운동에 들어갈 것을 경고하는 한편, 해태제과의 비인도적이고 야만적인 행태에 대해 단호히 응징할 것으로 결의했다. 또한 9월 7일 기독교회관에서 해태제과노동자폭력사태대책협의회(회장 지학순)를 갖고 해태제과의 폭력사태를 사회문제화하기 위한 노력을 이어갔다. 사태가 심상치 않게 돌아가자 노동청 남부지방사무소는 노동자들의 진정에 대한 회시를 통해 8월 27일자로 해태제과 신정차 사장을 근로기준법위반행위로 불구속입건하여 조사에 나섰다고 통보했다. 이후 신정차 사장은 벌금 500만원을 낸 것으로 밝혀졌다.[7]

YH 사건이 사회·정치적 문제로 비화되고 해태제과의 8시간 근무 준법투쟁이 계속되자 전국화학노조는 9월 11일 식품업계 대표자들과 중앙노사협의회에서 협의를 갖고 제과업계의 8시간 노동제를 연내에 실시한다고 합의했다. 이 협의에 해태제과는 불참했다. 이 협의회에는 당시 12시간 근무제를 실시하고 있던 주식회사 농심, 대일유업, 동양제과, 롯데제과, 삼립식품, 크라운제과, 한국 컨티넨탈 등 9개 식품업체의 대표들이 참석하였다.[8] 바로 다음날(9월 12일, 수요일) 동아일보 1면 톱기사로 '제1차 식품업체 중앙노사협의회' 내용이 보도되었다.

> …전국화학노조(위원장 정동호)는 11일 최근 지나친 연장근로시간을 둘러싼 해태제과 노사분규와 관련 제1차 식품업체 중앙노사협의회를 열고 올해 안에 8시간 근로제를 확립해 줄 것과 이에 따른 임금감소분을 메워 줄 것 등 근로조건 개선요구를 사용자 측에 통고하고 오늘 11월 중에 2차 노사협의회를 열어 구체적인 협의를 벌이기로 사용자 측과 합의했다.

7   한국기독교교회협의회, 1984, 『1970년대 노동현장과 증언』, 풀빛, 530~31쪽.
8   한국기독교교회협의회, 『1970년대 노동현장과 증언』, 531쪽.

해태제과 노동자들은 산업선교회에서 이 신문보도를 접했다. 이 보도내용은 충격이었다. 한 번도 폭행사건에 대해 관심을 보이지 않던 언론이 자신들의 8시간 노동 싸움을 기사화한 것이다. 이미 사표를 냈던 동료들까지 달려왔다. 이들은 "이제는 우리가 이긴 거야"라고 하며 부둥켜안고 울었다. 기쁨과 환희의 눈물이 가슴에서 가슴으로 이어졌다. 여성노동자들은 신촌, 서울역, 영등포역으로 나가 동아일보를 사서 모았다. 그리고 1면의 해당기사를 빨간 줄로 그었다. 빨간 줄을 그은 것은 그동안 산업선교회에 대한 기사만 나오면 회사가 신문기사에 하던 방식을 그대로 활용한 것이다.

여성노동자들은 자신들의 8시간 준법투쟁이 4만 5천의 전식품 업계 노동자들의 8시간 노동제로 확대 실시될 가능성이 보이자 이날의 〈동아일보〉 기사를 모아 소식을 접하지 못한 노동자들에게 나누어 주며 승리의 기쁨을 나누었다.

여성노동자들은 승리를 확신하면서 진정서를 통해 ① 해태제과는 중앙노사협의회의 합의대로 연내에 8시간 근무제를 실시할 것, ② 노동자에게 폭행을 가한 야만적인 남자 기사들과 조종자들을 처벌할 것, ③ 강제사표를 내고 회사를 떠난 노동자들을 복직시킬 것 등을 요구했다. 한국교회사회선교협의회는 9월 20일 해태상품불매운동본부를 설치하고 노동자들의 요구가 관철되지 않을 경우 불매운동에 들어갈 것을 경고했다. 사정이 이렇게 되자 해태제과는 중앙노사협의회 결의와 노동자들의 끈질긴 투쟁에 부딪혀 8시간 노동제를 수용하지 않을 수 없게 되었다.[9]

6) 추석선물? 8시간 노동제의 포장

8시간 노동제 문제가 잘 풀려갈 것 같았다. 1979년 10월 4일 자 〈한국일보〉(6면)에 곧 8시간 노동제가 관철될 것 같은 보도가 있었다. 기사 제목이 "근로자에 최고의 추석선물: 8시간 노동제"로 뽑혔다. 그런데 회사 측의 노림수는 따로 있었다. 회사는 당시 준법투쟁을 계속하고 있던 여성노동자들에 대한 패배를 자인하는 모양새를 피하기 위해 편법을 썼다. 여성노동자들이 8시간 노동제를 요구하는 과정에서 목숨이 위태로울 정도의 폭력에 시달렸는데도, 회사는 이에 대해 함구했을 뿐만 아니라 사실관계를 왜곡시켰다. 회사는 "8시간 노동제를 관철시키는 문제는 노동자들 사이에서도 많은 논의가 필요할 뿐만 아니라 회사와도 긴밀한 협의가 필요한 문제였고, 일부 종업원들은 임금을 낮춰도 좋으니 현 12시간의 근로를 8시간으로 줄여 여가를 즐기는 것이 더 바람직하다고 주장했다"고 밝혔다.[10] 또 일부는 근로시간을 단축하는 경우 임금의 하향조정이 불가피해 최저생활마저 위협당한다고 반대했다는 것이다.

결국 회사는 여성노동자들이 생명의 위협까지 느끼며 관철시킨 8시간 노동제를 '여가' 문제로 호도했다. 또한 한 번도 이 문제를 노동자들의 자율적 결정에 맡긴 적이 없던 회사가 뻔뻔하게도 8시간 노동제 문제의 해결을 노동자들에게 위임했다고 말했다. 노동자들은

---

9   한국기독교교회협의회, 『1970년대 노동현장과 증언』, 531쪽.
10   〈한국일보〉1979. 10. 4일자 6면.

216개의 분임조를 편성해 해결책을 모색했고, 이 중 15개조의 특별 대표 분임조가 노동시간을 줄여도 현수준의 임금을 유지할 수 있는 방안을 제시했다고 했다. 이 방안은 9월 25일 공장새마을 분임발표회를 통해 발표된 내용이라고 보도되었다. 해태제과 신정차 대표이사의 "임금은 현수준을 유지하면서 현재의 1일 12시간 근로를 8시간으로 낮추겠다"는 선언이 실렸다. 그리고 8시간 근로제의 확립시기를 1980년 5월에서 3월로 앞당기겠다고 약속하겠다고 했다.

이 기사는 영문을 모르는 해태제과 노동자들이 보면 최고의 추석 선물이라고 생각할 것이다. 8시간 노동제를 위해 무수한 폭력과 협박, 회유를 감내하던 여성노동자들은 이러한 사실을 전혀 모르고 있었다. 회사에서는 몇몇 노동자들이 8시간제를 주장하며 퇴근한 이후 분임토의를 가졌다고 주장했다. 벽에 머리를 찧고 바닥에 내동댕이쳐지며 8시간 노동제를 이끌어낸 15명의 노동자들에 대한 이야기는 철저히 배제되어 있었다. 8시간 노동을 주장하던 노동자들은 뒤늦게 이 소식을 듣고, 10월 4일자 〈한국일보〉를 가지고 10월 9일 노동조합 사무실을 찾았다. 보도 내용에 자신들의 투쟁이 빠져 있는 것은 둘째치고, 회사의 8시간 노동제 실시 약속을 확실히 못 박아 두고자 한 것이다.

여성노동자들은 만일 이 8시간 노동제 보도가 사실이라면 지부장 명의로 정식 사내 공고를 내줄 것을 요청했다. 정성용 지부장은 "공고는 절대로 붙일 수 없다. 사장이 직접 육성으로 말을 했는데 새삼 무슨 공고가 필요하겠느냐"며 발을 뺐다. 오히려 노조는 신문 발표에 대해 모르는 일이니 신문사에 알아보라고 했다. 나중에 확인된 결과 10월 4일자 〈한국일보〉 기사는 회사의 생산담당 이사인 김명하의 작품이었다. 김 이사가 기자를 불러 분임발표회 기사를 요청했고, 사진까지 제공하고, 식사대접까지 했다는 것이다. 김 이사는 이 기사의 말미에 "근로자들의 의식구조가 자신들의 레저 시간을 갖는 생활인이 되고자 하는 추세로 크게 변천하고 있다"[11]고 멘트를 남겼다.

4 _ 다시 8시간 노동제를 향하여

추석 휴무를 끝내고 돌아왔는데 현장에서 8시간 노동제를 실시할 것 같은 어떤 분위기도 느껴지지 않았다. 비스킬부의 김진남, 박용순, 손영현 등 3명이 8시간 퇴근에 동참하였다. 충격을 받은 회사는 다시 소개자를 동원하고, 현장관리자들은 집에 전화를 하는 등 난리법석을 떨었다. 그래도 이들 3명은 꿋꿋이 잘 견뎌 나갔다. 15명에서 18명이 된 여성노동자들은 회사의 언론플레이에 항의하기 위해 다시금 호소문을 작성했다.

우리들의 이 피맺힌 절규를 들어주십시오. 신문의 보도로는(9월 12일 동아일보, 9월 13일 조선 · 한국일보 등) 화학노조 식품업계 대표자들이 모여서 8시간 노동제를 연내에 실시토록 의논한 줄로 압니

---

11   〈한국일보〉 1979. 10. 4일자 6면.

다. 해태제과는 8시간을 원하는 근로자는 자유롭게 퇴근시키고 있다고 보도했습니다. 그러나 회사는 8시간을 하는 근로자들을 아직도 회사간부가 집으로 찾아간다든가, 소개자가 집으로 전화하여 협박을 하고 있으니 이것은 회사가 신문에 거짓말을 했다고 밖에 볼수가 없습니다. … 회사는 이렇게 신문에조차 거짓으로 보도하고 있습니다.

1979년 9월 27일자로 작성된 이 호소문에 조명심, 순점순, 정명숙, 김복실, 김금순, 박정인, 이복례, 최병희, 박순자, 강점이, 최정덕, 이경자 이광순, 염채님, 고순자 등이 서명을 했다. 연이어 1979년 10월 10일 '해태제과 사장님께 드리는 공개청원서'를 작성하는 등 8시간 노동제를 관철시키기 위한 노력이 계속되었다. 8시간 노동제를 주장한 20명의 명단은 다음과 같다. 1과(비스켓부) A조 : 최병희, 이복례, 강점이, 박순자 B조 : 김복실, 김금순, 김진남, 손영현, 김관남, 윤정숙, 박용순, 2과(껌부) B조 : 조명심, 정명숙, 순점순, 3과(캔디부) A조 : 염채님, 3과(캬라멜부) A조 : 최정덕, 고순자, 이경자, 이광순 B조 : 박정인.

이렇듯 1979년 7월부터 시작된 8시간 노동제 투쟁이 해를 넘겨 8개월 이상 전개되었다. 7월 한 달간 비스켓부의 도급폐지 싸움, 8월부터는 8시간제 준법투쟁으로 캔디부·캬라멜부·껌부를 합해 600~700여 명이 참여했던 이 싸움은 9월 초순부터는 회사의 탄압으로 대부분이 주저 앉고 15명이 남았다. 9월 21일부터 3명이 늘어나 18명이 되었고, 10월 15일에는 다시 2명이 가세하여 20명이 되었다.

1) 8시간 노동제 쟁취, 그러나…

1980년 2월 마지막 날 각 현장 관리자들은 현장 노동자들과 조회를 했다. "3월 1일은 휴일이므로 3월 2일부터 8시간 노동제를 실시한다." 환호성과 기쁨으로 공장이 들썩였다. 8시간 노동제 시행 후 첫 급여일인 4월 11일, 서울시의 직권조정결정에 따라 지급된 급여는 12시간 노동보다 4시간이나 단축되었음에도 기본급 10%가 인상되어 지급되었다. 지난 8개월 동안 8~9만원의 급여를 뒤로 한 채 4~5만원으로 생계를 꾸려 오면서 8시간 노동제를 고수했던 여성노동자들의 헌신적인 노력의 결실이었다.

8시간제는 전 식품업계까지 확대실시 되었다. 언론에서도 해태제과를 필두로 롯데·동양제과 등 주요 식품업체 근로자들이 지난 4월 서울시 직권조정을 통해 하루 8시간 근무조건을 얻어낸 것에 대한 긍정적 평가가 이어졌다.

1980년 4월 4일자 서울신문

그런데 해태제과 여성노동자들의 처절한 투쟁 내용은 어떤 신문에도 반영되지 않았다. 신문은 앞다투어 8시간 노동제 실시 결과만 보도하였다.

… 4개 제과업체의 노사협의회가 근로시간, 임금 등의 문제를 놓고 의견이 대립, 해결이 안되자 지난 3월 7일 서울시 노동위원회에 직권조정을 신청해 옴으로써 이루어진 것이다. 직권조정 내용은 현행작업 시간 12시간을 8시간으로 줄이고, 기본급·잔업수당·야간수당·기타수당은 12시간 근무제에서 책정한 금액을 그대로 지급하도록 했고 기본급의 10~16%를 인상토록 했다. 또 회사별로 하루 최저 초임금액을 남자의 경우 2천 330원~2천 880원 여자는 1천 650원~2천원을 받을 수 있도록 했다.(〈서울신문〉 1980. 4. 11. 7면)

해태제과의 8시간 노동제 쟁취 이후 두 달도 지나지 않아 노동시간 단축에 대한 긍정적 평가가 보도되기 시작했다. 한국 노동자들의 장시간 근로에 대한 사회적 고발 또한 이어졌다.

우리나라 근로자들은 세계 여느 나라와도 비교되지 않을 정도로 장시간 근로를 하고 있으며 남성근로자의 근로시간에 비해 여성근로자들의 근로시간이 더 긴 것을 특정으로 하고 있다. 특히 근로시간이 가장 긴 제조업의 경우는 남녀 동일하게 52.2시간으로 하루 평균 8.7시간을 일하고 있으며 월 근로시간은 남자 230.1시간, 여자 235.1시간에 달하고 있다. 지난 77년의 ILO 통계를 보더라 도 우리나라가 주당 52.9시간으로 일본 40.3시간, 싱가포르 48.8시간, 시리아 46.7시간, 영국 43.6 시간, 호주 41.3시간 등보다 훨씬 높은 것으로 나타나고 있다.(〈매일경제〉 1980. 6. 3. 7면)

노동청은 한국 노동자들의 장시간 노동에 대해 이미 간파하고 있었음에도 불구하고 왜 손을 놓고 방관하고 있었는지, 왜 여성노동자들의 8시간 노동제 요구가 현장에서 그렇게 치열한 투쟁을 동반해야 했는지, 국가의 역할은 무엇인지 돌아보게 만든다. 그 동안 근로기준법이 준수되지 않았던 이유들에 대한 언론의 분석 내용이다.

근로시간은 임금과 함께 근로조건 중에서 가장 중요한 사항이다. 임금은 근로자의 업무추진능력이나 업무성질 등에 따라 차이가 심해 법적인 규정이 용이하지 않지만 근로시간은 근로자 유형이나 작업장에 관계없이 획일적인 규정이 가능하다. 이런 이유로 많은 국가에서는 근로시간 제한을 근로자 보호의 제1로 삼고 있는 것이다. 우리나라의 근로기준법도 근로시간에 대해 3가지 기본원칙과 유해 · 위험작업장에서는 하루 6시간, 1주 36시간의 기준 및 여자와 연소근로자에 대해서는 하루 7시간, 1주 42시간 등의 원칙이 법에 정해져 있는 것이다. 하루 8시간, 주48시간의 근로시간 원칙은 단체협약이나 취업규칙에 당사자 간 합의에 의하여 1주일에 60시간을 한도로 연장할 수 있으며 천재지변과 같은 특별한 사정이 있는 경우에는 노동청장의 인가를 조건으로 연장이 가능토록 되어 있다. 그러나 여자의 근로시간에 대해서는 단체협약이 있는 경우라도 하루에 2시간, 1주일에 6시간, 1년에 150시간을 초과하는 시간외 근로를 금하고 있다.

이 같은 근로시간의 예외규정이 있는데도 많은 기업에서는 통상적으로 일해 온 회사의 일을 시키기 위해 연장근로를 하는 경우가 많고 특히 수출산업 등에서는 정부의 수출시책에 호응하기 위한다는 명목으로 연장근로를 하는 경우가 많다. 이 같은 법적인 규정에도 우리나라 기업들은 그 동안 풍부한 노동력으로 노동시장이 공급과잉상태에 있었기 때문에 근로시간에 대해 별다른 관심을 갖지 않아도 되었다. 특히 대부분의 경영자들은 임금만을 염두에 두었지 노동력의 보호·재생산·생산성 등엔 관심이 적었다.(〈매일경제〉 1980. 6. 3. 7면)

언론에서 근로기준법이 유명무실화된 이유로 지목한 것은 노동시장의 공급과잉과 경영자들의 노동력에 대한 관심 저하다. 임금수준이 얼마가 되든지 간에 노동자는 얼마든지 있었기 때문에 일자리를 얻기 위해서는 노동시간에 대해 노동자가 어떤 선을 제시할 수 없었던 현실적 한계가 작용했고, 이러한 이유로 실제 근로기준법이 정한 근로시간은 큰 구속력을 갖지 못했다는 것이다.

그러나 당시 이 언론의 평가 역시 노동자들의 치열한 8시간 요구 투쟁에 대해서는 일체 관심을 두지 않았다. "최근 몇 년 사이 부분적인 인력난과 근로자들의 의식수준이 높아짐에 따라 법에 정한 8시간 근로시간이 새로 인식되어지고 있다. 근로시간 문제가 근로자 보호의 관점에서 제기되어 시간단축이 거론되고 있는 것이다. 장시간 근로의 문제가 육체적 및 정신적인 긴장과 피로에서 오는 노동력의 보호라는 측면에서 논의되고, 특히 기업에서는 생산성과 관련하여 근로시간의 단축을 거론하고 있는 것이다."[12] 언론에서는 8시간 노동제가 된 이유에 대해 최근 몇 년간의 인력난과 근로자들의 의식수준 향상 때문이라고 대충 얼버무리는 것으로 다루어졌다.

2) 폭력 고발의 실패

사회적으로 8시간 노동제가 관철된 이후 해태제과 여성노동자들의 이야기가 빠진 것보다 당사자들을 더 힘들게 했던 것은 폭력의 피해가 여전히 해결되지 않은 채 남은 것이다. 더구나 해태제과 노동현장에서는 여성노동자들이 폭력배로 지목한 인물들이 오히려 승진까지 하는 어처구니없는 일들이 벌어졌다. 8시간 노동제를 요구하며 온갖 고초를 겪은 여성노동자들이 노동조합에 폭력배들의 처벌문제를 거론하자 정성용 지부장은 "폭력배는 누가 폭력배냐? 가만히 있어도 때렸겠느냐? 그 사람들을 처벌하려면 너희들도 함께 처벌해야 한다"고 오히려 더 큰 소리를 쳤다. 갖은 고초를 무릅쓰고 8시간 노동제를 쟁취한 여성노동자들은 이 억울함을 견딜 수 없었다. 먼저 교계의 여성지도자들에게 호소했다.

당시의 모든 폭력 상황을 호소문으로 정리하여 8시간 싸움 과정에서 있었던 폭력사태와 폭력배들의 처벌과 부당한 승진문제, 당시 노동조합 집행부의 장기집권과 어용노동조합의 퇴진을 호소했

12　〈매일경제〉 1980. 6. 3일자 7면.

다. 김금순이 이 마지막 호소문을 작성했고, 산업선교회의 실무자 이신숙이 타이핑을 했다. 그리고 원순희가 이 호소문을 인쇄소에 맡겼다. 그러나 8시간 노동제를 관철시키는 가운데 당한 폭력행위들을 사회적으로 고발하는 내용의 이 호소문은 끝내 세상에 공개되지 못했다. 이 호소문 작업에 참여했던 김금순과 이신숙, 원순희는 3일 동안 조사를 받고 훈방조치 되었다. 세상의 빛을 보지 못했던 호소문의 전문을 여기서 공개한다.

호 소 문

저희들은 해태제과에서 8시간 노동제를 주장하다가 회사로부터 갖은 폭행과 입사시 소개자들로부터 협박과 수모를 겪어야 했던 여성근로자들입니다. 이제 와서 일부 신문·방송, 모든 언론은 마치 회사에서 8시간 노동제를 근로자를 위해서 해주는 것인 양 일방적인 보도를 하고 있으나 그것은 전혀 사실과 다른 보도입니다.

저희들은 작년 7월부터 8시간 근로를 주장하다가 회사가 조종한 남자 기사들에게 폭행을 당하였고 입에 담지 못할 숱한 욕설들을 들었습니다. 남자 기사들은 8시간 노동제를 주장하는 우리 여성근로자에게 손에 잡히는 대로 발판·깡통·선풍기·주전자 등을 마구 집어던져 이루 말할 수 없는 공포분위기를 조성했으며 글로는 다 표현할 수 없을 폭행을 자행했습니다.

가장 대표적인 예를 들면 껌부에 근무하던 김순례 양은 계장과 남자 기사들의 손에 끌려 나가던 중 세멘바닥에 몇 번인가 떨어뜨려 실신했는데 회사는 김순례 양을 그대로 재료창고에 갖다 눕힌 채 신문지로 덮어 놓았는데 몇 시간 후 동료들이 발견하고 기독병원에 입원시켜 한때 중환자실까지 옮겨져 10여 일을 넘게 치료를 받았습니다. 또 남자 기사들은 8시간을 하고 퇴근하려는 우리들에게 출입문을 걸어 잠그고 멱살을 잡아 아무데나 밀어붙여 옆구리를 다치기도 했고 머리채를 잡혀 끌려 다닌 동료가 있는가 하면 따귀를 수없이 맞았으며 남자들 몇 명이 달려들어 사지를 끌어내는 그야말로 개처럼 현장 밖으로 끌려나오기도 했습니다. 이렇게 하여 많은 동료들은 병원에서 진단서를 끊어야 했으며, 지금도 그 후유증으로 앓고 있는 동료들도 있습니다.

회사의 사주를 받은 소개자가 회사 수위의 인도를 받아 유유히 회사 안으로 들어와 현장으로 일하러 들어가는 동료를 피투성이가 되도록 두들겨 팬 사실도 있었으며, 또 일을 시키지 않은 채 복도로 끌려나와 20여 일을 밤낮으로 앉아 곤욕을 치러야 했던 동료들도 있습니다.

이러한 폭력사태가 크게 물의를 일으키자 회사는 이제까지의 방법을 바꾸어 회사 간부들이 자가용을 몰고 호남지방 일대에 사는 8시간을 주장하는 동료들의 집집을 순회했으며 생산담당이사 김종익은 시골 구석구석까지 부모님께 회사를 방문해 달라는 어이 없는 전보를 쳤습니다. 그래서 딸이 죽은 줄 알고 급하게 딸라 돈을 빌려 올라오신 어머니도 계셨습니다. 또 입사시 소개자로부터 당하는 수모에 이기지 못하고 강제사표를 내고 일자리를 잃어버리고 헤매는 동료들도 있습니다.

이 엄청난 사실들이 회사가 준법근로를 부르짖는 여성근로자들에게 저지른 잔인무도한 만행들입니다. 그러나 이제까지의 모든 사실들은 어디로 숨겨졌는지 폭력배의 처벌은커녕 오히려 김경수 지부장은 영등포지구 공화당 위원장대리로부터 표창을 받았으며, 폭력배 김○기는 지부장 표창을 받았고, 또 캔디부 과장 최성섭은 차장으로 승진됐으니 그야말로 뻔뻔스럽기 짝이 없습니다.

그동안 폭력배에 대한 처벌을 관계 당국에 요구했으나 회사에서는 법적으로 처벌됐다고 오히려 큰소리 치고 있으니 어찌된 영문인지 전혀 모르겠습니다. 관계기관에서는 법을 공정히 다루어야하는 줄로 알고 있는데, 학원가나 정치계에서도 폭력은 근절되어야 된다고 하는데 근로자들에게 가해진 폭력사태는 왜 처리되지 않고 있는지 모르겠습니다. 이것은 일부 몇몇 여성근로자들의 호소가 아닙니다. 이 나라 800만 노동계에서 여성들이 남자들에게 짓밟히고 있는 인권의 호소입니다. 언제까지 우리 여성들은 남자들로부터 이렇게 인간대우를 받지 못한 채 무시와 천대 속에서 살아야 합니까?

금번 해태제과 노사분규사건에 있어서 해태노동조합은 오히려 폭력을 휘두르는 회사편이 되어 합세했습니다. 노동조합이 노동자편에 서서 억울하고 부당한 일들을 대변해 주는 것이 아니라 회사의 앞잡이가 되어 8시간 노동제를 주장하는 우리들에게 잘못하면 감옥에 가게 되고 빨간 줄이 올라간다고 전혀 이해할 수 없는 말들을 했으며, 폭행한 기사들도 우리 조합원인데 누가 때렸으며 누가 맞았느냐고 회사만을 두둔했습니다.

또 지부장 김경수는 8월 28일 한국일보에서 산업선교에 다니는 몇 명의 근로자들 때문에 이러한 일이 발생되었으며, 산업선교회원들이 이러한 소란을 피울 때마다 회사로서는 큰 진통을 겪고 있다고 했으니 회사에 붙은 어용화된 노동조합의 모습을 그대로 드러낸 것이 아니겠습니까?

해태노동조합은 18년 동안 현 김경수 지부장의 독재권 하에서 대의원 임기를 3년으로 정하고 있습니다. 지금까지 18년 동안 어용노동조합을 형성해 온 김경수 어용독재지부장은 그 동안의 모든 잘못을 책임지고 물러가야 마땅합니다.

존경하는 사회인사 여러분!

이제까지 도와주신 모든 일에 감사드리오며 끝까지 저희 근로자들의 호소에 적극적인 도움을 바랍니다. 그래서 앞으로는 근로사회에도 폭력없는 정의로운 사회가 형성되길 바랍니다.

우리의 주장

1. 회사는 폭력배를 지휘한 간부와 기사들을 처벌하라.
   김현곤 전무, 김종익 생산담당이사, 진중배 실장, 최성섭 차장, 유창호 계장, 이ㅇ본 주임, 김ㅇ출, 이ㅇ원, 공ㅇ식, 남ㅇ우, 최ㅇ재, 황ㅇ석.
2. 회사는 강요에 의해 억울하게 사표를 낸 근로자들을 복직시켜라.
3. 정부당국이나 관계기관은 폭력사건을 명확히 조사하여 처리하라.
4. 18년 동안 장기집권한 어용지부장 김경수는 모든 문제의 책임을 지고 물러가라.

1980년 4월 16일
폭력배 처벌을 요구하는 해태제과 근로자 일동

3) 어용노조 사퇴 서명과 계엄

상술했듯이 폭력행위를 고발한 4월의 이 호소문은 공개되지 못하고 그대로 묻혔다. 그러나 여성노동자들은 물러서지 않았다. 8시간 노동제 투쟁에 가장 큰 걸림돌이었던 18년 집권 어용노조 지부장의 사퇴를 요구하는 서명을 받기로 했다. 서명은 1980년 5월 16일 밤 10시 야간퇴근조인 C조부터 시작했다. 무사히 C조의 서명이 끝난 날 밤에 계엄령이 내려졌다. 5·17계엄의 파고가 해태제과 여성노동자들에게까지 밀려 온 것이다. 다음날 아침 호외가 나돌았다.

계엄령이라는 무시무시한 사태 속에서도 해태 여성노동자들은 A조를 비롯해 B조까지 끝까지 서명을 마쳤다. 계엄 상황인데도 불구하고 2천명 중 800여명이나 서명에 동참했다. 그러나 신군부의 불법적 집권이 가져온 후유증이 너무 컸다. 노동현장에 1980년 9월 '정화조치'의 바람이 몰아쳤다. 해태제과에도 여지없이 정화조치의 칼날이 날아 들었다. 서명의 영향 때문인지는 몰라도 정화조치로 18년 장기집권한 해태제과 김경수 지부장이 물러났다.

그러나 어떤 이유에서인지 김 지부장은 물러난 후 해태 계열사인 합경운수를 운영했다. 이는 회사 측의 비호가 없었다면 불가능한 일이다. 김경수 지부장 체제에서 부지부장이었던 정성용이 지부장 직무대리가 되었고, 2개월의 직무대리를 거쳐 1980년 11월 23일 대의원대회에서 잔여임기 1년을 채우는 정식 지부장이 되었다. 더 가관인 것은 이 대의원대회에서 정성용 지부장이 해태의 여성노동자들이 어용노조 지부장 사퇴 서명운동까지 전개해 몰아내고자 했던 김경수 지부장을 '유공자'라는 타이틀로 감사패를 수여했다는 사실이다. 앞서 이희관 사건[13]으로 안양공장으로 강등되어 내려간

---

13 1979년 8월 22일 이○신 주임이 여성노동자 이희관을 폭행한 사건을 말한다. 8월 22일 저녁 7시 30분 이희관이 야근하려고 출근해 보니 파과자가 많이 쌓여 있었다. 이것을 본 동료 김정자가 B조 주임 김○곤에게 "A조는 B조 보다 파과자를 적게 뽑는다. A조에 박미옥이 온 후부터 파과자가 계속 밀린다"고 말했다. 23일 저녁 이희관이 출근을 하자 이○신 주임이 파과자실로 와서 "이 새끼들, 어제 너희 주임에게 무슨 말을 했느냐"며 화를 냈고, 이희관은 자신이 한 말은 아니지만 김정자가 말을 못하고 있자 사실을 이야기 했다. 그랬더니

이○신 주임 역시 '노동조합 모범조합원'으로 표창을 받았다.

한편 노동현장에서는 점차 8시간제 3교대 근무가 자리 잡아가기 시작했다. 8시간제가 이루어지면 손가락에 장을 지지겠다던 남자들도, 회사가 문을 닫으면 닫았지 8시간제를 할 수 없다던 남자들도, 8시간 노동제가 되면 자신이 사표를 내겠다던 남자 간부들도 언제 그랬느냐는 듯이 8시간 노동제를 반겼다. 그런데 정작 8시간 노동제 쟁취에 모든 것을 걸었던 여성노동자들은 노동현장에서 소외되었다.

4) 이복례의 해고

비스킫부에서는 3교대로 자동기가 설치됨에 따라 노동인력이 축소되었다. 그런데 그 축소 방식이 문제였다. 1979년 7월 도급제 폐지 때부터 기계가 한 대씩 들어오는 동안 고참들은 8시간제에 부딪쳐 싸웠고, 신입 노동자들은 자연히 남자 기사들이나 현장 관리

이○신 주임이 욕설과 함께 멱살을 잡고 흔들고, 주먹으로 머리를 밀었다. 이때 이희관의 팔이 기둥에 부딪혀 멍이 들었고, 목을 돌릴 수 없을 만큼 큰 충격을 받았다. 다음날 아침 7시 30분에 12시간 근무후 퇴근하려는 이희관과 김정자를 불러 심한 욕설과 함께 또 다시 폭력을 행사했다. 억울함을 호소하기 위해 이희관은 김종익 이사에게 편지를 써서 보냈으나 별다른 조치가 없었다. 이에 이희관은 산업선교회를 찾아 도움을 요청했고, 직접 이○신 주임을 고소하는 한편, 사장에게 공개청원서를 보냈다. 고소를 하자 회사에서는 고소를 취하하면 이희관이 원하는 대로 해주겠다고 나왔다. 결국 이희관은 고소를 취하했고, 회사는 이○신 주임을 1직급 강등시켜 안양공장으로 내려 보내는 것으로 매듭 지어진 사건이다. 순점순, 1984, 『8시간 노동을 위하여』, 풀빛, 189~91쪽.

자들의 압력으로 8시간 노동을 하지 않았었다. 회사는 8시간 노동제 요구에 동참하지 않은 신입 노동자들을 위주로 자동기의 일을 배당했다.

해태제과에 8시간 노동제가 관철되었을 뿐만 아니라 제과업체 전반에 8시간 노동제가 확산되었는데도 불구하고 8시간 운동에 앞장섰던 해태의 여성노동자 이복례가 해고를 당하는 어처구니없는 일이 발생했다. 더구나 회사는 정식으로 해고 공고도 붙이지 않았다. 이복례는 작업시간 중에 몇 시간씩 불려 다니고 나더니 바로 해고가 되었다. 회사는 1980년 10월 23일 사무실에서 해고장을 주면서 이복례에게 오늘자로 해고라고 통보했다. 적극적으로 8시간 노동제 쟁취에 앞장섰던 이복례에게 돌아온 것은 공로패는 커녕 일방적 해고 통보가 전부였다.

이복례는 다음날 출근을 시도했다. 보통 출근시간에 통근버스는 회사 마당 안까지 들어갔다. 그런데 이날은 달랐다. 이복례가 탄 통근버스는 회사 정문에 세워졌다. 이복례를 해고시켜 놓고 회사가 혹시 모를 현장 출입까지 통제한 것이다. 경비들이 정문에서 통근버스에 타고 있는 이복례를 찾아내느라 혈안이 되었다. 영문도 모르는 노동자들 틈바구니 속에서 경비원들에게 떠밀려 이복례가 회사 밖으로 쫓겨 났다. 이 시간이 새벽 6시였다.

비스킽부 대의원으로 8시간제를 끝까지 주장한 이복례였다. 회사에 재심청구를 했으나 소용없었다. 부지부장에서 노동조합 지부장이 된 정성용은 수습은커녕 이복례의 해고를 방관했다. 그리고 나중에 알고 보니 이 해고의 바람은 해태에만 불었던 것이 아니었다. 영등포공단에 이웃한 롯데제과에서 정순희가 해고되었고, 김정순과 마옥단이 해고되었다. 80년 겨울, 노동현장에 해고의 바람이 무섭게 불고 있었다. 각 회사마다 해고자가 늘어갔다. 언론에서 8시간 노동제가 어떻고, 장시간 근로의 문제가 어떻다고 떠들던 그 순간 정부는 노동기본권 확립을 위해 투쟁했던 여성노동자들을 현장에서 배제하는 탄압책 마련에 골몰했던 것이다.

이복례는 정화조치로 끌려가서 자기가 왜 해고되었는지를 알게 되었다. 이복례가 해고된 치밀한 줄거리의 시작은 입사 직후 직업훈련생으로 일하던 최연숙의 투서가 발단이었다. 최연숙은 이복례 바로 앞에서 '사브레' 과자를 떼어주는 일을 했는데, 이 일은 (과자 담을) 용기를 떼어주는 사람이 알맞게 잘 맞추어 주어야 수월하게 과자 담기를 할 수 있다. 서로의 호흡이 중요한 일이다. 최연숙이 용기를 한 번에 많이 떼어주자 이복례가 뒤에서 일하기 불편하니까 조금씩 떼어 달라고 했다. 이 일로 기분이 상했던 최연숙은 회사에 투서를 했고, 그 투서에는 이복례가 작업 중 농담조로 했던 말들이 모두 기록되어 있었다. 일이 밀려 화장실을 제대로 못가는 동료에게 "먹는 것도 제대로 못 먹으면서 싸는 것도 맘대로 못 싸느냐"고 한 말조차 투서에 기록되어 있었다. 이 투서내용은 정화조치 당시 최연숙이 수사기관에 불려와 투서에 담긴 내용을 밝히면서 알게 된 것이다.

5) 조사와 교육

1980년 12월 10일 노동현장이 한창 바쁜 중에 몇 사람에 대한 호출이 시작되었다. 박정인, 김금순, 고순자, 순점순 등이 불려 나갔다. 공교롭게 이들은 1979년 여름 8시간제를 끝까지 고수하던 여성 노동자들이다. 그런데 호출한 사람들은 회사간부들이 아니었다. 회사간부들도 쩔쩔매던 낯선 정장의 남자들이 들어와 그녀들을 연행해갔다. 어디인지 알 수 없는 사방 열 자의 유치장에 갇혀 공포에 질려 있는데 여군이 속옷과 군복을 전달해주었다.

작업 중 잠깐만 같이 가자고 해서 왔는데 상황은 점점 심각하게 변해갔다. 이름을 모르는 여군이 물었다. "왜 이곳에 왔는지 아느냐?" 순점순은 "꼭 한 가지 이유가 있다면 그것은 8시간 준법근로를 부르짖었던 것 그것밖에 없으며, 그것도 벌써 1년이 넘은 일인데 그 일이라면 너무도 억울하다. 그리고 우리는 두들겨 맞은 사람들이다. 폭력배들과 폭력을 비호한 회사는 내버려두고 어째서 우리만을 이렇게 해야 되느냐"며 호소했다. 비인간적 폭력에도 불구하고 어렵사리 8시간 노동제를 관철시켰으나 언론에서는 해태 여성 노동자들의 투쟁을 한 마디도 언급하지 않았다. 그리고 회사는 회사를 대변하던 어용노조 간부들을 싸고 돌았다. 영문도 모르고 유치장에 갇힌 그녀들의 마음은 절망과 공포 그 자체였다.

오목오목한 쟁반식기에 담긴 저녁식사를 의무적으로 마치자 담당수사관이 마음을 가라앉히라며 어느 목사님과 대면시켰다. 시종일관 기업주 편에서만 설교를 하는 목사에게 순점순은 이렇게 따져 물었다. "기업주들이나 중간관리자들 중에는 교회를 다니는 사람들도 많으나 오히려 그들이 더욱더 악랄하게 일을 시키는 것에 대하여 어떻게 생각하느냐?" 그리고 "우리는 최말단에 있는 공순이들이다. 공순이들에게 하나님의 복음·양심을 설교하는 것보다 회사를 운영하는 기업주나 교회를 다니고 있는 중간관리자 그들에게 보다 나은 양심을 갖도록 하나님 말씀을 전파해 달라"고 호소했다.

목사는 아무런 말도 하지 않았다. 아니 대답을 할 수 없었다. 곧 이어 수사관들이 다시 들어오고 집의 약도를 받아내 순점순의 집을 가택수색했다. 담당수사관은 심문에 들어가기 전 수사의 목적을 밝혔는데, 10·26사태 이후 80년 봄 3~5월을 경유하여 여러 군데서 심한 노사분규가 일어난 터라 정부에서는 회사와 노동자 중 어느 쪽의 잘못인지 원인을 분명하게 밝히기 위해 조사하는 것이라고 했다. 하지만 어느 편의 잘못인지 파악하겠다는 조사에 애꿎은 여성 노동자들만 연행되어 왔다.

공포가 엄습해 오는 공간이었지만 순점순은 담당수사관에게 이렇게 답했다. 76년 이전에는 7부제라고 하여 일주일에 아무 날이나 돌아가며 쉬는 방법으로 일했고, 일요일에는 오히려 18시간의 일을 했으며, 또 12시간 작업 중 휴식시간이 없었는데 겨우 4시에 30분간의 휴식시간을 얻어낸 성과를 말하고, 이것은 어떤 세력의 조종에 의해서가 아니라 바로 자신들의 선배들이 싸워서 얻어낸 것이라고 열심히 설명했다. 12시간 노동에서 8시간 노동제를 부르짖게 된 배경까지 구체적으로 답했다.

다음날 해태의 동료들이 연이어 들어왔다. 최병희, 유금순, 이복례가 들어 왔다. 이복례는 지난 10월 23일 해고당해 고향에 내려가 있다가 고향인 전남에서 연행되어 왔다. 7명의 해태 여성노동자들은 누가 어느 방에 있는지조차 알 수 없는 상태로 조사를 받았다. 수사의 초점은 8시간 노동제를 주장한 동기와 배경, 그 과정에 있었던 호소문 작성 등에 맞추어 육하원칙에 입각하여 진행되었다. 호소문을 쓴 김금순이 가장 신랄한 조사를 받았다. 수사관들은 산업선교회관의 인쇄기를 이용하여 해태 여성노동자들이 직접 인쇄를 한 일, 종로 5가 기독교회관의 금요예배에서 호소문을 배포한 일, 사회 각 여성단체들을 직접 찾아가 호소한 일, 원풍모방 동료들이 호소문을 돌리다가 경찰에 연행되기도 한 일 등에 대해 조사했다.

이복례는 해고과정에 대해 집중적으로 조사받았다. 나머지 6명은 8시간 운동과 산업선교회, 그리고 회사가 잘못한 부분, 노동조합이 잘못한 부분들에 대한 질문을 받았다. 이 조사 후 회사 간부들과 남자 노동자들, 노동조합 지부장 등이 불려와 조사를 받았다. 해태 여성노동자들은 남자 기사들 중 가장 악랄하게 굴었던 한 사람을 대라는 수사관의 추궁에도 한 사람을 특정하지는 않았다. 기억하고 싶지 않은 폭력사태가 주마등처럼 지나갔지만 다시 마주보고 일해야 할 동료라고 생각해서였다. 한 사람을 특정하지 않자 수사관은 남자 기사 이름을 전부 쓰도록 하고, 그 중에서 자신들이 임의로 한 사람을 지목해 수사하는 방법을 썼다.

여성노동자들은 조사가 일단락된 5일 후부터 주어진 시간에 일어나고 밥 먹고 의자에 앉아 있는 반복되는 일정을 보냈다. 그러는 가운데 반도상사의 쟁의부장 등 다른 사업장의 여성노동자들이 계속해서 들어왔다. 얼마 후 공안당국은 롯데, 해태, 반도에서 연행된 20여 명의 노동자들을 한 자리에 줄 세우고 동일방직 사건을 슬라이드로 틀어주었다. 도시산업선교회가 용공이라는 것을 보여주기 위한 것이었다. 슬라이드 상영 후부터 한 방에 3~4명씩 같이 수감했다. 배후를 캐기 위한 목적에서인지 호소문에 대해서는 그 뒤에도 계속 조사가 진행되었다.

연행된 지 꼭 2주일 만에 수사가 끝났다. 수사과정에서 수사관들조차 납득할 수 없는 해고라고 생각했는지 수사관들이 상부에 이복례의 복직을 요청했다. 어떤 시대인가? 공안기관에서 직접 복직을 요청할 정도면 이복례의 복직은 거의 확정된 것이나 다름없었다. 당초의 우려와 달리 수사관들은 노동자들만 조사한 것이 아니라 회사와 노동자 사이의 문제도 조사했다. 조사를 마치고 수사관들은 여성노동자들에게 회사의 잘못도 많이 알게 되었다고 했다. 그리고 앞으로는 산업선교회를 찾지 말고 자신들을 찾아오라고 당부했다.

여성노동자들은 조사를 마친 후 버스에 실려 또 다른 1주일간의 교육을 위해 부천에 있는 노동연수원으로 옮겨 갔다. 이곳에서는 아침 6시에 기상하여 달리기를 한 후 체조를 하고, 세면을 하고 아침 식사를 했다. 아침 9시부터 새마을교육을 시작해 저녁식사 후 새마을 영화 상영으로 일과가 끝났다. 영화가 끝난 후에는 감상문을 써내야 했다. 영화는 월남 패망 당시의 사회적 폭동사태 등과 피난민의 참상을 보여주는 반공영화들이었다. 전쟁을 하던 당시에도 데모와 폭동사태가 끊이지 않았고 피난민을 실은 배가 정착할 나라를 찾지 못한 채 헤매는 영화도 있었다. 3일 동안 이러한 교육이 계속되었고, 나머지 3일은 레크레이션과 춤, 오락을 배우는 시간이 많았다.

외부와 차단된 채 전혀 예상치 못했던 이 3주간의 시간이 흐르고 있던 동안 1980년 말 노동현장에서 열심히 민주노조를 열망하던 동료들에게 많은 사건들이 일어났다. 원풍모방은 상당수의 노조 간부들이 조사를 받았고, 4명의 남자 노조간부들이 순화교육을 가기도 했고, 조사과정에서 11명의 노조 간부와 대의원 2명, 1명의 조합원이 강제로 퇴직금을 수령하고 회사 기숙사에서 짐을 싸 강제 귀향하는 사태가 벌어지기도 했다. 원풍모방 14명, 대일화학 10명, 롯데제과 5명, 해태제과 1명 이외에도 많은 사업장에서 민주노조를 열망했던 노동자들의 해고가 있었다.

공안기관의 요청이 있자 해태제과는 이복례의 복직 요청을 수용하는 모양새를 취하기는 했으나 생산현장으로의 복귀가 아닌 사원으로 복직명령을 냈다. 이복례는 생산현장으로의 복귀를 강력하게 희망했다. 그러나 해태는 생산현장으로 이복례를 복직시킬 경우 결국 부당해고를 인정하는 결과가 되기 때문에 끝내 생산현장 복귀를 거부했다. 결국 이복례는 사원으로의 복직을 포기해야 했다. 회사는 이복례의 퇴직금과 해고수당 30일분을 영등포지방법원에 공탁했고, 이복례는 3년이 지난 1983년 11월에야 이 공탁되어 있던 해고수당을 찾았다.

노동조합의 어떠한 지지도 받지 못한 채 18시간 노동에서부터 8시간 노동제까지 만들어낸 해태 여성노동자들의 투쟁은 이렇게 일단락되었다. 해태의 8시간 준법투쟁은 회사와 남자 기사들의 폭력적 탄압에 굴하지 않았던 여성노동자들의 눈물어린 단결과 연대의 힘이 있었기에 가능했다. 해태제과 여성노동자들은 노동운동사에 새로운 역사를 만들었다. 그러나 8시간 노동제에 얽힌 그녀들의 피나는 투쟁과정을 기억하는 사람은 거의 없다.

왜곡된
신화

01

애국자로 둔갑한 '산업화' 세력

MB 정부 등장 이후 소위 '뉴라이트' 논자들의 커밍아웃이 이어졌다. 뉴라이트를 자처하는 담론들이 한국 현대사를 엉뚱한 방향으로 뒤집기 시작했다. 독립운동과 결부된 대한민국사가 아니라 이승만을 중심으로 한 대한민국 건국사의 재정립을 주장했다. 건국절 담론이 구체화되기 시작한 것은 2003년 북핵저지시민연대, 민주참여네티즌연대, 자유시민연대 등이 '건국 55주년 박핵 · 반김 8 · 15 국민대회'를 열면서부터다.

뉴라이트의 대표적 학자이자 교과서포럼 공동대표인 이영훈 교수는 2006년 7월 31일 〈동아일보〉에 '우리도 건국절을 만들자'는 제하의 기고문을 게재했다. 이 기고문에서 이영훈은 "진정한 의미의 빛은 1948년 8월 15일의 건국 그 날에 찾아왔다"고 밝혔다. 2007년 9월 한나라당의 정갑윤 의원이 이 교수의 주장을 근거로 '국경일에 관한 법률 개정안'을 제출했다.

2007년 11월 교과서포럼 등 뉴라이트 인사들은 '대한민국 건국 60년 기념사업추진위원회'를 발족하고, 2008년 4월부터 정부와 공동으로 '대한민국 건국 60년 기념사업위원회'를 국무총리 산하에 결성했다. 왜 굳이 '광복절'이 아닌 '건국절'이어야 하는가? 독립운동과 상해임시정부 세력을 제외하고 친일파가 다수를 차지하는 건국공로자들을 추켜세워야 할 이유가 무엇일까? '광복(光復)'은 말 그대로 '빼앗긴 땅과 주권을 도로 찾는 것'이다. 정부가 나서서 건국절을 챙긴다는 것은 김구, 김규식, 여운형, 조소앙 등 조국독립에 투신한 많은 인사들을 역사적으로 제거하는 자가당착적인 현대사 뒤집기이다.

최근 군부독재 권력이 불법적 권력 찬탈을 숨기기 위해 조작한 현대사가 다시 기승을 부리고 있다. '5·18 민주화운동'을 북한의 사주를 받은 불순분자와 폭도들의 난동으로 재규정하는 논의들이 버젓이 출판되었다.[1] 문제는 '거짓말은 처음에는 부정되고 다음에는 의심받지만 되풀이하면 결국 모든 사람들이 믿게 된다'는 나치의 선동가 괴벨스의 말처럼 5·18 역사 왜곡이 지속되면서 거짓이 사실인양 증폭되고, 새로운 세대들에게 이 거짓 선동이 마치 사실인양 수용되기도 한다는 점이다.[2]

뉴라이트론자들의 건국-산업화 사관은 '애국·유공' 영역을 독점화하려는 시도로 보인다. '원호'에서 '보훈'으로, 최근 들어 4월

---

1   조문숙, 2011, 『5·18과 헌재 사망론』, 도서출판사.
2   김희송, 2014, 「5·18역사 왜곡에 대한 고찰」, 『민주주의와 인권』, 제14권 3호, 7쪽.

혁명세대를 필두로 '민주유공' 영역이 국가적 차원에서 가시화되는 등 미래지향적 보훈행성을 위한 움직임이 한창이었다. 이 시점에 뉴라이트 논객들에 의해 한국 현대사의 애국 · 유공 영역 독점화 시도가 전개되었다. 느닷없이 산업화 세력이 한국 현대사의 애국 · 유공 세력으로 등장한 것이다. 물론 이 산업화 세력은 산업현장에서 일했던 1970년대 여성노동자들을 지칭하지 않는다. 오히려 정반대다. 이 산업화 세력의 뿌리와 연원을 추적해 들어가면, 공교롭게도 '건국세력 → 친일세력'으로 연결되는 경우가 많다.

뉴라이트의 첨병을 자처하는 안병직 교수는 『보수가 이끌다』의 '머리말'에서 1987년의 민주화는 어떤 혁명적 과정을 통한 단절이 아니라 건국과 산업화의 연속선상에서 이루어졌다고 말한다. '건국과 산업화가 논리적으로 민주화의 전제조건'이라는 것이다. 일제 강점기의 근대화 유산이 대한민국의 '건국'과 성공한 대한민국으로 계승되었다는 입장을 피력한다. 이 입장은 한국 근현대사를 식민지 유산 → 산업화 → 민주화 → 선진화에 이르는 기승전결식 진화론으로 이해하는 모양새를 취하고 있다.[3]

일제 강점에 따른 식민지 유산 덕에 산업화가 가능했고, 이 산업화의 결과로 민주화가 이루어졌고, 선진화의 단계로 진입할 수 있었다는 것이다. 과연 그러한가?

---

3   정근식 · 이병천 엮음, 2012, 『식민지 유산, 국가형성, 한국 민주주의 1』, 책세상, 12~13쪽 참조.

1_건국세력

'건국'이 표상하는 기표와 달리 그 내면을 들여다보면, 건국세력의 실체는 국내의 민족주의, 중도좌파, 좌파세력, 해외의 임시정부 세력 등을 정치적으로 배제하고 협소할 대로 협소해진 정치집단을 지칭하는 것이다. 이 정치적 배제의 과정에 테러와 협잡이 난무했다. 이러한 연유로 대한민국 국민들은 광복을 기념한 것이지 소위 '건국의 아버지'들을 국민적 존경의 반열에 올리지 않았다.

이승만 정부는 정부수립 직후인 1948년 12월 1일 "국권을 위배하여 정부를 참칭하거나 그에 부수하여 국가를 변란할 목적으로 결사 또는 집단을 구성한 자"를 처벌한다는 이유로 국가보안법을 제정하였다. 이에 따라 1949년 5월 20일 한미협정을 반대하고, 친일파 처단을 주장하였던 이문원 등 국회의원 3명이 구속된 것을 시작으로 6월 20일 이후 소장파 국회의원 10명이 '남로당 프락치'로 몰려 구속되었다. 같은 해 6월에는 김구 선생이 암살당했다. 일제시대 독립운동과는 거리가 멀었던 세력들이 해방 후 몸을 낮추고 눈치를 보다가 반공, 일민주의의 기치 아래 정치적으로 부활한 것이다. 소장파 국회의원들을 국회프락치 사건으로 몰아 검거한 곳은 바로 일제 고등계 경찰들의 집결지였던 서울시경 사찰과(과장 최운하, 주임 김호익)였다.[4]

---

4   임대식, 1996, 「반민법과 4·19, 5·16 이후 특별법 왜 좌절되었나」, 『역사비

    자신들의 정치권력을 위하여 분단국가 수립에 혈안이 되었던 이승만-한민당 지배연합은 이념적으로 극우 블록에 속한다. 박헌영 등 극좌그룹은 말할 것도 없고, 여운형 등의 온건 좌파그룹, 중도세력이었던 김구 그룹도 배제한 채, 제1공화국은 이승만-한민당 연합 외에 어떤 정치세력도 건국과정에 참여할 수 있는 여지를 주지 않았다. 이승만 정권은 비판세력을 '빨갱이'로 낙인 찍어 아예 국민의 범주에서 배제하였다. 뭉쳐야 할 깃발은 '반공주의'였고, 그 깃발의 선두자리는 청산의 위기에서 부활한 친일파들의 차지였다.[5]

    일본 제국주의에 협력했던 친일파들은 자신들의 수치스러운 행적을 감추기 위해서 반공대오의 첨병을 자처했다. 이승만 정권은 친일파들의 아킬레스건을 움켜쥐고 일제경찰 경력자들을 남한 단독정부 수립과정에서 비판정치세력들을 빨갱이로 몰아 제거하는 사냥개로 썼다.[6] 일제경찰 경력자들의 반민특위에 대한 무력공격이 감

평』(34), 35쪽.

5   이영재, 2009, 「정치권력의 헌정질서 유보 및 파괴에 관한 연구」, 『기억과 전
     망』(20), 258쪽.

6   궁지에 몰려 충성심을 보여주기 위해 일제경찰 경력자들은 어떤 일도 할 태세
     였다. 1948년 10월 하순 수도청 수사과장 최난수, 사찰과 부과장 홍택희, 전
     수사과장 노덕술은 반민특위를 주도하는 강경파 의원들을 제거하기로 모의하
     여 백민태라는 직업적인 테러리스트를 고용했다. 그에게 처단해야 할 15명의
     명단이 주어졌는데, 그 면면은 김병로, 권승렬, 신익희, 유진산, 서순영, 김상덕,
     김상돈, 이철승, 김두한, 서용길, 서성달, 오택관, 최국현, 홍순옥, 곽상훈 등이
     었다. 자금과 권총과 실탄, 수류탄도 주어졌다. 그러나 백민태는, 처단 대상 인
     물들이 거물들이며 자신이 존경하는 인물도 포함되어 있었고, 또한 1월 24일
     노덕술이 검거되자 심경의 변화를 일으켜 이 음모를 폭로했다. 이 사건으로 최
     난수와 홍택희에게 징역 2년의 유죄가 선고되었다. 임대식, 「반민법과 4·19,

행되었다.[7] 소위 '6·6습격사건'이 그것이다. 반민특위 활동을 반대하는 데모를 배후조종한 혐의로 6월 4일 최운하와 조응선(종로서 사찰주임)이 체포되었다. 그러자 서울시경 사찰경찰들이 반민특위 간부쇄신과 특경대 해산, 경찰관 신분보장을 요구하며 일제히 사표를 냈다. 경찰간부들은 실력행사를 해서라도 이들을 석방해야 한다고 모의하고 내무차관 장경근의 허락 하에 6월 6일 중부서장 윤기병 등 중부서 경찰들이 반민특위 사무실을 습격하고 특경대를 무장해제시켰다. 국회 프락치 사건으로 국회가 이념적으로 무력화되었다면, 이 '6·6습격사건'은 물리력으로 반민특위를 무장해제시켰다.[8] 이제 주도권은 이승만과 한민당으로 돌아갔다.

이승만은 1949년 9월 3일 반민법의 제정으로 민심이 이반되고 있다고 지적하고, 9월 14일에는 아예 반민법 시행을 반대하는 담화를 발표하였다.[9] 대통령까지 나서서 직설적으로 반민법 시행에 대한 반대 담화를 발표할 정도였으니 소장파 국회의원들이 주도하여 친일-매국 행위를 청산하기 위해 입법한 반민법이 제대로 힘을 쓸 리 만무했다. 반민법을 반대하는 움직임은 9월 23일 친일파 이종형이 단장으로 있던 한국반공단(韓國反共團)이 주최하고 대한일보사(大韓

5·16 이후 특별법 왜 좌절되었나」, 34쪽.

7   이 배경에는 반민특위 활동에 대한 정치적 압력을 강하게 피력한 이승만 대통령의 담화가 큰 역할을 했다. 이승만은 1949년 4월 15일 담화에서 '특위활동 중지와 특경대 해산'에 관한 입장을 피력했다. 서희경, 2011, 「이승만의 정치 리더십 연구」, 『한국정치학회보』 45(2), 68쪽 재인용.

8   임대식, 위 논문, 35쪽 참조.

9   허종, 『반민특위의 조직과 활동: 친일파 청산 그 좌절의 역사』, 333~34쪽.

日報社)와 민중신문사(民衆新聞社)가 후원한 '반공구국총궐기 정권이 양대축하 국민대회(反共救國總蹶起 政權移讓大祝賀 國民大會)'에서 절정에 달하였다.

이날 대회를 주도한 이종형은 반민법은 동장, 반장까지 모두 처단하자는 망민법(網民法)이며, 반민법을 만든 사람은 공산당과 '김일성의 주구'라고 주장하였다. 그리고 대회장에는 '반민법을 철폐하고 국회를 쳐부수자'라는 내용의 전단이 뿌려졌으며, 반민법의 수정을 요구하는 결의문을 발표하였다. 대회가 끝난 후 내무부장관 윤치영은 방송을 통해 이 대회를 "해방 후 처음 보는 애국적 대회였다고 찬양"하였다.[10]

청산되었어야 할 부일협력자, 민족반역자, 전범들이 건국세력으로 탈바꿈했다. 이 숫자가 얼마나 될까? '부일협력자 · 민족반역자 · 전범 간상배에 대한 특별법률 조례 기초위원회' 위원장인 정이형은 초안을 설명하는 과정에서 부일협력자 10만~20만 명, 민족반역자 1천명 내외, 전범자 200~300명, 간상배는 1만~3만 명으로 추산했다. 이승만 정권 하의 전기간을 통산할 때 장관의 친일부역자 비율은 34.4%, 국회의원은 약 10%, 대법관은 68.4%에 달했다.

이 비율은 시간이 지날수록 증대되는 양상을 보였다. 정부수립 후부터 1949년 8월 말까지 기용된 서울 각 경찰서장 16명 가운데 15명이 일제경찰 출신이었으며, 1명은 만주군 헌병장교 출신이었다. 전국 각 지방경찰 국장들도 이와 다를 바 없었다. 이승만 정

---

10   허종, 앞의 책, 334쪽.

권에서 8명의 육군참모총장 중 일본육사 출신이 5명, 만주군관학교 출신이 2명, 지원병 출신이 1명으로 광복군이나 민족해방운동에 참여한 인사는 한 명도 없었다.[11]

1949년 9월 22일 이인 외 48명의 의원이 제출한 '반민족행위특별조사기관조직법'과 '반민족행위특별재판부부속기관법'에 대한 폐지안 및 '반민법 개정안'이 통과되었고, 10월 4일 이 안들이 공포됨으로써 반민특위, 특별검찰부, 특별재판부가 모두 역사의 기록으로만 남고 사라졌다. 2015년 1천 270만 명 이상의 관객이 찾았던 〈암살〉이라는 영화의 마지막 대목에서 감독(최동훈)은 이 실패한 청산의 역사를 재해석했다. 밀정짓이 드러나 부하를 죽이고 도망쳤던 염동진을, 염동진 자신이 죽였던 명우와 염동진의 배신을 모르고 끝까지 투쟁하던 안옥윤의 손에 의해 최후를 맞는 것으로 마무리했다. 그러나 영화와 달리 정치현실에서 수많은 민족반역자들과 친일부역자, 전범자들이 아무런 단죄 없이 다시금 격변기 한국사회의 엘리트로 부상했다. 그리고 그들은 한국의 산업화 세력을 자처했다.

2 _ 산업화 세력

건국세력의 실체가 친일-반공세력을 주축으로 하는 것이라면, 산업화세력의 족보는 친일세력 → 건국세력 → 산업화세력으로 이

---

11   임대식, 위 논문, 41~43쪽; 허종, 위의 책, 334쪽 참조.

어져 왔다고 할 수 있다. 이 연계 세력들의 공통적 신념은 실용, 효율, 경쟁, 이데올로기에 기초해 있다. 이승만 정권은 반공을 국시로 세우고 자유민주주의 위에 군림하며 정적을 제거함으로써 정치적 안정을 꾀했다. 반면, 초기 박정희 정권은 4월 혁명에 대한 국민적 지지를 감안하여 4월 혁명을 옹호[12]하되, 제2공화국을 무능, 비효율, 혼란으로 규정하고, 5·16 군사쿠데타의 정당성을 강조하는데 주력했다. 이 실용, 효율, 경쟁의 논리는 일본의 식민지배로부터 한국의 근대화를 설명하는 식민지 근대화론자들의 대표적 담론이기도 하다.

이념형적으로 산업화 세력의 원형적 뿌리를 찾아보면 윤치호 같은 인물에 닿을 수 있다. 윤치호는 소위 한국의 근대화 과정에서 대두된 '자강'과 '실용'담론을 정치적으로 활용한 대표적 인물이다.[13] 윤치호는 미국 제국주의적 기독교 입장에서 한국의 열등을 탓하고, 자강(自强)을 위해 일본의 식민지배에 자발적으로 복종할 것을 강조하였다. 윤치호는 이 세계를 지배하는 원리는 정의가 아니라 힘이라고 믿었던 사람이다. 그러나 영원할 줄 알았던 일본제국은 끝내 패망했고, 조선은 독립했다.

---

12 5·16 쿠데타 이후 국가재건최고회의 의장에 취임한 박정희는 4월 혁명에 대해 다음과 같은 의미를 부여하였다. "부정과 부패에 날로 기울어지는 국가의 운명을 좌시할 수 없었고 빈곤에 허덕이며 희망 없는 내일을 기다릴 수 없는 국민들은 위정자에게 저항하여 전국 방방곡곡에서 궐기하였다."(한국혁명재판사편찬위원회, 1962, 『한국혁명재판사』 제1권 서문 중)

13 우남숙, 2002, 「미국 사회진화론과 한국 근대 : 윤치호의 영향을 중심으로」, 『동양정치사상사』(제11권 제1호), 149~78쪽.

러일전쟁(1904)이 발발하여 1904년 3월 외무차관으로 내각에 다시 등용된 윤치호는 일본의 승리를 "황인종이 세계의 강대국 대열에 들어가게 된 영예를 손에 넣은 황인종의 자랑"이라고 극찬했다. 1931년 만주사변이 발발했을 때 "영국 국왕이 인도의 황제가 되었던 것처럼 일본의 황제도 만주지배자가 될 권리가 있다. 일본이 그르다면 다른 모든 강대국도 그르며 강대국이 옳다면 일본도 옳은 것이다. 힘이 관건인 것이다"라고 하여 일본의 만주지배도 강자의 당연한 권리로 인정하였다.[14]

건국세력의 부상이 이승만의 뉴라이트적 재평가를 겨냥한 것이라면, 산업화 세력의 등장은 박정희의 긍정적 평가를 향한 것이다. 2008년 소위 '대안교과서'는 박정희의 '5·16쿠데타'와 '10월유신'을 한국의 근대화 혁명으로 미화했다. 한국의 성공적인 고도성장이 박정희와 재벌, 그리고 관료 엘리트에 의해 성취되었다는 것이다.

1987년 6월 민주대항쟁 이후 수세에 몰린 박정희·전두환 군사독재에 뿌리를 둔 정치세력이 민주화로 위기에 처한 자신들의 정치적 입지를 확보하기 위해 스스로를 '산업화 세력'이라 칭했다. 요컨대 박정희의 독재는 다소 문제가 있더라도 산업화의 공로는 부정할 수 없다는 논리, 즉 '민주화 세력'이 민주화를 이룩했다면 자신들은 산업화를 달성했다는 논리를 폈다.[15] 공과론을 통해 수세적 국면을 모면하기 위한 '산업화, 민주화' 담론은 뉴라이트 논자들에 의

---

14   우남숙, 위 논문, 168쪽.

15   박승호, 2013, 「박정희는 경제발전의 공로자인가? : '산업화, 민주화' 담론과 '공과'론의 함정」, 『내일을 여는 역사』(52), 85쪽.

해 산업화 중심의 현대사 재해석으로 다시 주조되었다. "건국 이후 시행착오를 거듭하던 민주주의가 87년 6월 항쟁을 계기로 성공적으로 정착하게 된 것은 이전에 달성된 산업화와 깊게 관련되어 있다." 신군부의 집권으로 경제적 호황이 있었고 중산층의 민주화에 대한 관심을 되돌릴 수 있는 여유를 가져다주었다는 것이다.[16] 이처럼 뉴라이트 논자들은 산업화 담론을 통해 민주화를 경제발전의 잉여물로 격하시켜 놓았다.

한국 현대사에서 자칭 산업화 세력은 부의 편파적 분배와 정경유착에 의한 불공정한 이윤창출로 한국 사회를 불공정 사회로 인도해 왔다. 1960~70년대 정권의 비호 아래 성장해 온 그들은 열악한 노동환경과 저임금 노동에 기반하여 사적 이윤을 창출한 세력들이자, 이념적으로는 친일-반공을 신조로 삼았다. 일제 식민통치 하에서 조선의 독립을 위해 모든 것을 내던지고 싸웠던 독립투사들을 반공의 이름으로 역사에서 배제한 채 건국세력의 기반이 확보되었다면, 산업화세력은 정치권력을 헌법제정권력이 아닌 권력욕에 눈먼 권위주의 세력에게 헌납하고, 자신들의 사리사욕을 추구하였다. 이 세력을 대한민국의 주춧돌을 놓은 애국자들로 둔갑시켜 놓았으니, 진정한 산업화의 역군들은 한국 현대사에 자신들의 이름으로 바늘 하나 꽂을 여지조차 상실당해 왔다.

산업화세력 운운하는 뉴라이트 논자들이 평가하는 박정희 유

---

16   김세중, 2011, 「권위주의적 산업화와 민주주의」, 『보수가 이끌다 : 한국 민주주의의 기원과 미래』, 시대정신, 75~97쪽.

신시대는 중화학공업화를 위한 불가피한 선택이다. 이들이 주장하는 한국현대사에 유신이 기여한 바는 이렇다. "노동집약적 경공업을 대신하는 새로운 성장산업이 필요했으며, 박정희 대통령은 이미 1972년 5~9월에 중화학공업화를 추진할 의사를 다진 것으로 여러 기록에서 확인되고 있다. 그러한 배경에서 박정희는 5·16쿠데타에 이어 10월 유신이라는 또 하나의 정변을 감행하였다. 이후 자신에게 집중된 행정국가의 역량을 총동원하여 자주국방과 중화학공업화를 강력하게 추진하였다."[17] 청소년들을 위해 가장 신중하게 집필했어야 할 '대안교과서'에 '5·16쿠데타'와 '10월유신'은 한국경제의 중화학공업화와 자주국방을 위한 결단으로 묘사되고 있다.

대부분의 국내외 논자들이 한국의 경제발전을 저발전 국가의 롤 모델로 평가한다. 물론 1960~70년대 한국경제가 이전에 비해 성장한 것은 분명한 사실이다. 그러나 그 실체를 들여다보면 '한강의 기적'이란 찬란한 표제로 산업화 세력을 미화하고, 윤색해 왔다. 한강의 기적은 이제 산업화 세력의 가면이 아니라 한국 국민들의 고단한 노동사를 웅변해야 한다. 앞서 살펴보았듯이 1970년대 경제개발의 주체는 산업화 세력이 아니라 현장의 노동자들이었다. 그러나 그 동안 '산업화 신화'에서 경제개발의 실질적 주체인 대중은 일개 엑스트라만큼도 관심을 받지 못했다. 이제 경제개발의 역사를 더 아래로, 훨씬 더 아래로부터 재조명해야 한다.

---

17   교과서 포럼, 2008, 『대안교과서 한국 근현대사』, 기파랑. 208쪽.

경제개발의 역사는 훨씬 더 많이 아래로부터 관찰되어야 마땅하다. 한국의 경제발전은 탁월한 리더십이나 기업의 공로를 증명하기 위해 기획된 것이 아니었으며, 냉전이 후진국의 경제성장에 효율적인 국제정치 질서였음을 입증하기 위해 시도된 것도 아니었다. 또한 개발이란 필연적으로 폭력과 희생을 수반한다는 것을 보여줄 수밖에 없었던 것도 아니었다.[18]

1960~70년대 경제개발의 시대에는 국민 모두가 산업 역군이었다. 서독까지 건너가야 했던 탄광 노동자나 간호사까지 굳이 들먹이지 않더라도, 저임금으로 열악한 노동조건에서 일했던 국내의 산업노동자와 농민 모두가 개발독재 시대의 서발턴이자 개발의 주역이었다.[19] 이제 한국 경제성장의 신화는 대중들의 구체적이고 치열했던 삶의 총합으로 다시 서술될 필요가 있다.

과거청산이란 과거의 부정의를 바로 잡고, 사회적 규범의 벽돌을 제대로 쌓는 작업이다. 국가의, 사회의 위기마다 국가와 사회를 위해 헌신했던 활동들을 제대로 평가하고, 기념하지 못하는 사회에 미래의 희망은 없다. 불법적 수단을 동원해서 치부한 행위가 종국에 정의로 간주되는 사회의 미래 색깔은 이미 잿빛이다. 아래로부터 차곡차곡 쌓아 올라온 공동체의 가치와 사회정의의 규범이 사회

---

18   윤용선, 2014, 「1960~1970년대 광부·간호사의 서독 취업에 대한 재해석」, 노명환, 윤용선, 정흥모 외 『독일로 간 광부·간호사 : 경제개발과 이주 사이에서』, 대한민국역사박물관, 32쪽.

19   윤용선, 위의 글, 32~85쪽 참조.

를 지탱해주는 긍정적 동력이 될 수 있도록 만드는 것이 급선무이다. 소위 애국에 대한 국가·사회적 기념과 예우를 제대로 할 수 있는 국가만이 국민을 위한 정치를 할 수 있고, 자긍심 넘치는 역사를 창출할 수 있다.

대한민국의 산업을 일구고 성장의 기반을 닦은 진정한 의미의 산업화 세력이란, 군부독재 시기 묵묵히 조국의 미래를 위해, 조국의 가족을 위해 이역만리 타국에서 험한 일도 마다하지 않았던 파독 광부, 간호사 등과 중동의 건설 노동자들, 그리고 저임금 장시간 노동에 청춘을 저당잡힌 대한민국의 10대 여성노동자일 것이다. 산업화 세력 운운하며, 한국 근대의 주역이라고 자처하는 세력들은 결국 경제성장의 파이를 부당하게, 편의적으로 사취하고 사회적 엘리트의 지위를 부당하게 전취한 또 다른 이름일 뿐이다. 아직까지 진정한 산업화 세력은 현대사의 무대 위에서 한 번도 제대로 스포트라이트를 받아 본 적이 없다.

02

공 장 과 신 화

권위주의와 민주화

　'군사정권 덕에 한국사회가 주린 배를 채울 수 있었다'는 향수
에 취해 있는 사람들이 아직도 많다. 이들은 한국의 경제성장이 정
치군인들 덕분이라고 믿는다. 뉴라이트 논자들은 한 발 더 나아가
민주화의 결실까지 이 정치군인들의 공으로 돌린다. 군복 위에 양
복을 덧입은 군인들이 경제를 성장시켰을 뿐만 아니라 이 성장을
발판으로 민주화를 위한 기틀을 마련했다는 것이다.

　87년의 민주화는 이승만에 의한 자유민주주의체제의 확립과 박정
희에 의한 경제발전이 있었기 때문에 가능하였다. 그리고 87년의
민주화는 전두환의 '자유주의 정책'에 의한 계획경제로부터 시장경
제로의 한국경제의 질적 변화와도 밀접한 관련이 있다. 민주화운동
이 87년의 민주주의를 쟁취할 수 있었던 것은 권위주의체제 하에
서 민주주의의 실현조건이 성숙하고 있었기 때문이다.[1]

위 인용문에 따르면, 한국의 민주화 이행은 이승만-박정희-전두환으로 이어지는 권위주의 통치세력이 시대적 필요에 따른 과업을 미리 역할분담이라도 한 것처럼 분담하여, 각자의 시대적 과업을 착착 완수하였기 때문에 가능한 것이었다. 그 골자는 이렇다. ① 이승만이 자유민주주의체제를 확립했다 → ② 박정희가 경제발전을 이루었다 → ③ 바통을 이어받은 전두환이 '자유주의 정책'으로 계획경제를 마무리 하고 시장경제를 이루었다. 1948년부터 1987년에 이르는(노태우 정권을 포함하면 자그마치 반세기에 육박하는 45년이다!) 일련의 권위주의 체제 덕분에 민주주의가 성장할 수 있었다는 말이다. 만일 사정이 이렇다면, 먹고 사는 문제를 해결해주고, 국민이 민주주의를 감당할 수 있을 때까지 기다려주며, 민주화를 예비한 권위주의 통치에 백번이고 감사해야 할 일이다.

1_ 이승만-박정희-전두환

'권위주의 통치가 민주주의를 예비해 놓았다'는 주장은 권위주의 통치를 독립변수로 놓고, 민주주의를 종속변수로 삼고 보면 완전히 틀린 주장이다. 권위주의 통치에도 불구하고, 또는 권위주의의 폐해 덕분에 민주화가 한결 강고해졌다면 비로소 말이 통한다.

---

1   안병직 편, 2011, 『보수가 이끌다 : 한국 민주주의의 기원과 미래』, 시대정신, 7쪽.

권위주의 세력들은 자신들의 영원한 제국을 꿈꾸었지, 단언컨대 결코 한국의 민주주의를 고민한 적이 없다. 성난 시위대에 의해 권좌에서 끌려 내려오거나 내부의 첨예한 갈등으로 인한 충돌이 아니었다면 이들은 정치권력을 절대 내려놓지 않았을 것이다. 덕분에 한국사회는 평화적 정권교체는 물론이고, 전직 대통령에 대한 사회적 존경과는 거리가 먼 정치문화를 목도하는 불운을 맛보아야 했다. '자유민주주의-경제성장-시장경제'를 이루어 냈다는 이승만-박정희-전두환 전직 권위주의 대통령 트리오의 사회적 기여가 있다면 어떤 것인지 구체적으로 살펴보자.

첫째, 장기집권 야욕에서는 진시황제를 능가한 이승만의 권력 집착이 빚어낸 '사사오입 개헌'과 '3·15 부정선거'는 형식적이나마 자유민주주의 체제를 성립시켜 준 이승만의 최대 치적(?)이다. 그뿐 아니라 이승만은 4·19를 통해 당시 국민들에게 '정치권력이 학생과 국민들의 손에 무너질 수 있다'는 자신감을 심어주었다. 4월 혁명이 가져온 한국 민주주의의 최초의 승리 경험은 한국 정치에 엄청난 에너지원으로 작용하였다. 대한민국 국민들이 최초로 국민주권의 위대함을 체득할 수 있었던 것은 이승만 대통령의 기여(?)임에 틀림없다.

둘째, 박정희의 5·16 쿠데타와 유신폭압통치를 통한 반민주적 훈육은 반대급부적으로 민주화를 위한 강력한 저항동력을 양산하는 자양분이었다. 반유신 투쟁을 통해서 얻은 숱한 실천 경험은 국민들의 태내에 신군부의 '내란 및 내란목적의 살인행위'에 저항할 수 있는 저력을 잉태했다.

셋째, 전두환 신군부의 정권찬탈은 광범위한 국민들의 민주화 요구를 전국 단위에서 조직화된 힘으로 결집시켜낼 수 있는 계기를 만들어 주었다.

세 전직 대통령들의 호된 반민주적 담금질을 거쳐 대한민국 국민들은 결국 1987년 6월 민주화를 쟁취해내었다. 절친한 벗이기도 한 전두환, 노태우 두 전직 대통령은 한국을 민주화 이행의 세계적 성지로 격상시켜내는 공을 세웠을 뿐만 아니라 헌정질서파괴 범죄행위에 대한 사법적 처벌의 기준을 만드는데 기여했다. 1995년 12월 제정된 5 · 18특별법과 헌정범죄시효법의 민주헌정적 의미는 비단 12 · 12와 5 · 18에만 국한되는 것이 아니라 향후 헌정질서파괴 범죄행위의 경우 국가의 소추권 행사에 장애가 발생한 기간 동안 공소시효 진행이 정지되는 것으로 규정함으로써 미래 한국 민주헌정질서에 법제도적 안전판을 마련하였다는 의미가 있다.[2]

이 두 법률에 근거하여 1997년 신군부의 주역이었던 두 전직 대통령에 대한 사법부의 유죄판결이 가능했다. 이 한국발 세기의 재판은 전세계로 긴급 타전되었으며, '성공한 쿠데타도 처벌된다'는 세계사적 선례를 남겼다. 실상이 이렇다면, 전직 대통령들이 불법적 정권연장을 꾀하다가, 다른 한편으로 부당한 정권찬탈을 감추기 위해 혹독한 탄압책으로 일관해 준 공로(?)에 힘입어 국민들의 민주화 염원이 폭발했기 때문에 민주화가 가능했다는 역설적 논리라면

---

2   이영재, 2015, 「한국 민주주의의 공고화와 '5 · 18 특별법'」, 『민주주의와 인권』 15(3), 106쪽.

모를까 권위주의 체제의 그늘 덕분에 자유민주주의가 싹을 틔우고, 경제가 성장하고, 시장경제가 질적으로 다른 궤도에 진입했다는 주장은 소피스트적 궤변보다 더한 억지다.

2 _ 불가항력적 근대화의 길 - New 식민사관

군부-권위주의를 찬양하는 또 다른 레토릭은 '한국 사회에 권위주의가 불가항력적으로 필요했다'는 친일 주구(走狗)적 담론이다. 뉴라이트 논자들은 "건국세력이나 산업화세력은 왜 한편에서는 자유민주주의를 헌법체제로 제도화하거나 지향한다고 하면서도 다른 한편에서는 권위주의를 행사하지 않을 수 없었던가?"라고 자문한다. 그 원인에 대해 "한국 근현대 사회가 걸을 수밖에 없었던 근대화의 길에 있었던 것으로 생각된다"[3]고 자답한다. '한국의 근대화가 걸을 수밖에 없었던 길'이란 어떤 의미인가? 이 말은 곧 어찌할 도리가 없는 불가항력적 법칙이었다는 말이다. 이 논법은 역사적 사실을 왜곡하는 오랜 뿌리에서 연원한 것이다. 일본이 한국을 강점하고서 자신들의 제국주의적 야욕을 정당화할 때 똑같은 논법을 썼다.

이 논법은 일제의 야심을 정당화하던 '식민사관'의 업데이트 버전이다. 식민사관이란 19세기 말에서 20세기 초 일본의 한국침략과 식민통치를 합리화하는데 동원된 날조사관을 말한다. 그 핵심은

---

3   안병직 편, 『보수가 이끌다 : 한국 민주주의의 기원과 미래』, 5~6쪽.

일선동조론, 타율성론, 정체성론, 당파성론 등이다. 골자는 한국민이 타율적이고, 편 갈라 싸움만 일삼느라 발전하지 못했기 때문에 불가피하고 수고롭게 자신들이 식민지배를 통해 한국의 발전을 도모할 수밖에 없었다는 것이다. 그리고 이 식민사관은 1930년대 후반을 지나면서 일본과 조선은 한 몸이라는 뜻의 '내선일체론(內鮮一體論)'으로 변형된다. 이렇게 놓고 보면, "권위주의 행사가 필수불가결했고, 그 원인은 한국의 특수한 근대화의 길에 있다"는 주장과 궤변적 식민사관 논조는 앞뒤가 서로 통한다.

식민사관과 뉴라이트사관의 공통점은 가해자는 오간데 없고 한국사회와 국민을 모든 원인의 제공자로 둔갑시킨다는 점에서 공통적이다. 뉴라이트사관은 권위주의가 마치 한국 사회의 근대화를 위해 필수적으로 겪어야 할 과정이라고 재단하고, 그 책임을 국민들에게 돌리고, 더 나아가 민주화를 잉태한 선한 얼굴로 권위주의를 분칠해 놓았다. 뉴라이트의 이 논지를 더 밀고 가면 결국 군부-권위주의 통치에 저항한 민주헌정질서 수호 행위들은 이 민주주의를 잉태하고 있던 '선한' 권위주의 체제에 섣부르게 시비를 건 사회적 병폐에 불과한 것이 된다. 뉴라이트 논자들의 관점으로 보면 결국 설익은 시기의 섣부른 민주화투쟁으로 한국의 민주화가 지체되었다.

3 _ '보이는 손'에 의한 불공정 성장

상술했듯이 권위주의 통치기 '한강의 기적'은 굴욕적 한일협정에 따른 일본 차관과 독립축하금 명목의 배상금, 베트남 파병, 중동 건설, 서독으로 간 광부와 간호사, 시골에서 도시로 상경한 10대 여공들의 저임금 노동이 만들어낸 산물이다. 박정희 정권의 치적이라고는 경제제일주의를 표방한 장면 정부의 '경제개발 5개년 계획 수립 요강'을 이어 받아 이를 시행한 것이 전부다. 그 자본축적의 방식은 절대적으로 일방적인 노동탄압과 저임금, 장시간 노동에 의존하는 것이었고, 국민들의 희생을 강요하는 원시적 자본축적과 임의적 분배로 일관했다. 박정희 정부는 정경유착의 부패 사슬을 만들고, 노골적으로 대기업을 편들고, 이들에게 집중적인 특혜를 허용했다.

경제성장의 밑거름이 된 실질적 주체들에게 정당한 몫이 돌아가지 않았다. '불공정에 대한 반감'이 사회 곳곳에 누적되었고, 공정한 분배의 요구는 '불순한 빨갱이'들의 주장으로 몰려 철퇴를 맞았다. 이러한 원시적·편파적 자본축적 방식과 마치 모래 위에 쌓아올린 모래성처럼 기초가 부실한 생산력 발전의 누각은 당연히 국민들의 강력한 저항에 직면할 수밖에 없었다. 도시로 올라온 노동자의 수가 늘어가고 국민의 교육수준이 올라가는 것과 비례하여 이 '불공정에 대한 반감'이 거세게 표출되기 시작하였다.

한국의 재벌은 국가가 조성해 준 자본과 시장의 독식 루트를 거침없이 내달리며 기형적으로 급성장했다. 쿠데타 세력은 1962년 제4차 개헌(12.26)으로 '근로자의 이익분배 균점 권리' 조항을 삭제하고, 공무원의 '단결권·단체교섭권·단체행동권'도 금지했다(제29조). 정략적으로 지지기반을 확대하기 위해 농민·어민과 중소기업자의 "협동조합을 육성"한다(제115조)고 규정하고 농어민과 중소기업을 보호, 육성하겠다는 정책을 대대적으로 선전한 것과 달리, 다른 한편으로 재벌을 지렛대로 한 개발정책을 추진하며 대기업들에 미증유의 '자유'를 부여했다. 대기업들이 강하게 요구하던 자유경제에 바탕을 둔 국가의 경제개발계획을 구체화하고, 대기업에는 각종 공제나 감면과 같은 조세혜택이 국가 정책적 차원에서 부여되었다. 국가의 적나라한 '보이는 손(visible hands)'이 작동한 것이다.

정부 수립 후 국세의 주요 세목은 소농에게 부담을 주면서도 증수탄력성이 가장 떨어지는 지세, 일반 소비품에 대한 무차별적 대중과세인 소비세, 자산·자본 소득보다 급여에 집중된 소득세로 집중되었다. 특히, 임시토지수득세(1951. 9. 25)는 전쟁 기간 최대의 세목이었다. 당시 소농층은 지가상환곡까지 합해 생산량의 40~45%를 현물납세해야 하는 고충을 겪었다. 일제강점기의 고율소작료나 다름없었다. 1953~58년간에도 조세정책은 소비세, 특히 물품세 증징에 집중되었다. 경제개발계획이 입안되고 추진되던 1959~71년간에도 과세의 중심은 소비세였다.

경제발전 동력으로서 기업이나 투자 중시, 즉 경제개발과 자본축적을 뒷받침해야 한다는 과세특혜는 하나의 관행이 되었다. 이후 유신체제와 전두환 정부 전반기까지 조세정책은 독점적 자본축적 지원에 초점이 맞춰져 있었고, 이를 위한 대폭적 조세 감면, 그에 따른 소비세의 집중 증징으로 모아졌다.

1972년 대통령의 긴급명령으로 기습적으로 8·3조치가 발표되었다. 8·3조치의 핵심은 기업이 빌린 사채의 이자를 동결하는 것이었다. 그리고 같은 해에 단행된 제3차 경제개발 5개년계획을 지원하기 위한 세제의 근간은 무차별적 대중과세인 소비세에 두었다. 이는 공정한 분배 요구를 폭압적으로 억압하지 않고는 불가능한 조치였다. 즉 대기업에 집중된 조세감면 혜택은 점차 기득권으로 고착되어갔고 자원배분의 합리성을 현저하게 저해했다.[4]

---

4   정태헌, 2012, 「경제발전을 위해 '반드시' 넘어야 하는 유신체제와 그 유산」, 유신선포 40년 역사4단체 연합학술대회 자료집, 『역사가, '유신시대'를 평하다』, 265~66쪽 참조.

박정희 성장신화

2012년 12월 26일 대한민국역사박물관(이하 역사박물관)이 개관했다. 역사박물관은 한국현대사를 상징적으로 재현하고, 기억하는 공간적 기능을 수행하기 위해 만들어졌다. 역사박물관 중 우리의 관심을 끄는 부분은 3~5층에 위치하고 있는 상설전시실 중 대한민국의 성장과 발전을 주제로 한 제3전시실(5층 소재)이다. 이 전시실은 1961년부터 1987년까지 3~5공화국 26년을 대상으로 하고 있다.

이 전시실의 포커스는 전시의 주제인 '경제발전과 산업화', '변모하는 도시와 농촌'에 맞추어져 있다. '시민사회의 성장과 민주주의'는 그 옆 한 켠에 초라하게 자리하고 있을 뿐이다. 여기는 상대적으로 조명도 어두울 뿐만 아니라 비중도 크지 않게 다루어져 있다. 면적으로도 제1, 2, 4전시실의 전시면적은 모두 680m^2에 불과한 반면 제3전시실은 960m^2로 가장 넓은 면적을 차지하고 있다.[1] 역사박물관이 국민들에게 재현하고 있는 현대사의 기억과 상징은 성장

신화의 주인공, 박정희 전 대통령을 주인공으로 한 현대사의 신화적 재구성이다.

박정희의 성장신화를 고착화하기 위해 소위 '박정희 기념사업'에 투입되는 국가예산은 천문학적인 증가추세에 있다. 새정치민주연합(현 더불어민주당) 최민희 의원(국회예산결산특별위원회)이 중앙정부와 지방자치단체의 박정희 전 대통령 기념예산을 취합한 결과 2015년에만 403억이 편성되었다. 또한 최근 7년간 박정희 기념사업을 위해 책정된 예산은 1,356억 5천만 원에 달하는 것으로 나타났다.[2] 행정자치부의 '2016년 예산안 및 기금운용계획안 사업설명 자료'에 따르면 새마을운동 지원예산은 2014년 4억 6,200만원에서 2015년 56억 5300만원으로 증가했고, 2016년에는 143억 2300만 원이 편성됐다.[3]

2015년 12월 28일 외교부장관 윤병세는 일본 외무상 기시다 후미오(岸田文雄)와 회담을 통해 일본군 위안부 협상을 마무리지었다.[4] 한국정부는 새로운 한일관계를 이어나가길 기원한다며, 일본측과 '최종적이고 불가역적' 해결에 합의해 주었다. 한국정부는 일본정부로부터 위안부 피해자 지원재단 설립에 10억 엔(2016년 1월 4일 기준 한화 약 99억원) 가량의 지원을 받기로 했는데, 이는 2015년

1   정호기, 2013, 「역사박물관의 구성과 전시 그리고 재현 논리」, 『시민사회와 NGO』, 제11권 제2호, 148~60쪽.

2   〈한국일보〉 2014. 11. 6일자.

3   〈미디어 오늘〉 2015. 10. 13일자. http://www.mediatoday.co.kr/news/articleView.html?idxno=125522.

4   〈연합뉴스〉 2015. 12. 28일자.

※ 경상북도 내부자료 '구국의 지도자 『박정희 대통령 탄신 100주년 기념사업』 추진경과' 1페이지 내용.
'BH 등 관계기관 협의 중'이라는 대목이 눈에 띈다.

※ 자료: CBS 노컷뉴스 "기묘한 박정희 100주년사업, 靑의 작품?"(2016년 9월 23일자)

박정희 기념사업의 1/4도 안되는 금액이다. 게다가 2016년 새마을 운동 지원예산이 43억이나 더 많다. 그리고 이 예산들은 위안부 협상의 결과가 일회성임에 반해 매년 책정되는 예산들이다.

　더 놀라운 사실은 경상북도(구미시)가 추진 중인 '구국의 지도자 박정희 대통령 탄신 100주년 기념사업 추진경과'에 따르면 박정희 기념사업 예산이 1441억 원을 상회하는 것으로 나타났다. 물론 청와대(BH)의 예산지원도 병행된 것이다.

1_ 성장신화와 근거 없는 주술

　한국사회에서 박정희는 강력한 성장신화의 아이콘 그 자체다. 최근 종편이 허용된 이후 TV조선에 채널을 고정시키고 소일하는 한국의 특정 실버세대들에게 '박정희가 아니었다면 한국의 경제성장은 불가능했을까?'라고 묻는다면, 모르긴 몰라도 불경죄에 해당하는 곤욕을 치러야 할 것이다. 감히 대한민국의 숭고한 성장신화에 시비를 거는 도발행위로 간주될 것이다.

　물론 역사에 가정은 금물이라고 하지만, 한국 성장신화의 아이콘인 박정희 전 대통령에 대한 카리스마적 회고 심리가 그 영애(令愛)까지 대를 이어 대통령에 당선되도록 할 만큼 강력한 실체적 힘을 갖는 것이라면, 이 도발적 상상을 더 밀어붙여 볼 필요가 있을 것이다. 과연 '박정희가 아니었다면 한국의 경제성장은 불가능했나?' 대부분의 기성세대는 '그렇다'고 답할 것이다. 오래도록 그렇게 주입되어 왔기 때문이다. 박정희의 경제성장은 이미 한국사회에 사회적 관습화로 자리잡았다. 그러나 실제 그러한가? 박정희가 아니었다면 불가능했나? 사실이 그렇다면, 왜 2012년 12월 한국 대선에 관심을 가졌던 해외 언론에서는 박정희를 한국 경제성장의 영웅이 아니라 독재자로 기억하고 있을까?

　뉴욕타임즈는 당시 새누리당 박근혜 후보를 '전 독재자의 딸(Ex-Dictator's Daughter)'로 소개한 바 있다. 비지니스위크는 박 후보의 아버지인 박 전 대통령을 18년간 한국의 독재자로 묘사하였다(Park Geun Hye, whose father ruled South Korea as dictator for 18years). 영국의 BBC 방송 역시 박정희를 한국경제의 성공신화를 이룬 영웅이 아니라 '군부독재자(the daughter of former military strongman)'로 표제어를 뽑았다. 2012년 12월 29일자 볼티모어 선지도 '매파(Hawks)가 아시아를 접수했다(Hawks taking over in Asia)'는 기사를 실었다. 박근혜 정부의 집권 4년의 경과를 돌아보면, 불행하게도 이 예측은 정확히 적중했다.

2012년 9월 14~15일 흥미로운 주제(역사가, '유신시대'를 평하다)로 4개 학술단체의 연합학술대회가 열렸다. 이 자리에서 정태헌 교수는 〈경제발전을 위해 '반드시' 넘어야 하는 유신체제와 그 유산〉이라는 논문을 통해, "박정희 대통령이 없었다면 오늘날의 한국은 없다"는 주장은 한낱 근거 없는 주술에 불과하다고 일갈하였다. "박정희 시대의 주술화는 한국의 제대로 된 경제성장을 위해서 '반드시' 넘어야 할 장벽"이라는 것이다. 정 교수 주장의 요지는 한국사회가 "박정희가 없었다면 오늘날의 한국도 없다"는 근거 없는 주술에서 벗어나야 한국경제의 좌표와 과제를 제대로 설정할 수 있다는 것이다. "노동자들과 군인들, 일제강점기 하에서 목숨을 내놓아야 했던 선조들의 피와 땀이 어우러진 경제발전을 박정희 개인의 업적으로 대체해 놓고 나면, 대한민국은 사라지고 만다. 그의 업적이 친일행적, 유신독재, 인권탄압, 민주주의 억압 등의 실정을 상쇄하고도 남는 게 아니라, 그런 수준에서의 경제성장이었다"는 것이다.[5]

2 _ 한국의 근대성장과 식민지배

박정희의 성장신화를 검토하기에 앞서 먼저 한국 근대 자본주의 성장의 배경을 살펴보는 것이 순서일 것이다. 박정희 성장신화의 근저에는 이미 일제 강점기 친일협력활동으로 일관하며 일신상의 안위를 꾀했던 친일매국세력의 그림자가 강하게 투영되어 있기 때문이다. 한국의 근대 자본주의 성장에 대한 오랜 오해는 두 단계의 설명 도식을 취하고 있다. 첫째, 일본의 식민지배 덕분에 한국의 근대적 성장 기틀이 잡혔다는 것이다. 다음 단계는 박정희로 상징되는 '한강의 기적'이 오늘의 경제 강국 한국을 만들었다는 논리이다.

과연, 한국은 일본의 식민지배 덕분에 근대적 성장의 기틀이 잡혔는가? 아니면 일본의 식민지배에도 불구하고 근대적 성장을 구가할

---

5   정태헌, 「경제발전을 위해 '반드시' 넘어야 하는 유신체제와 그 유산」, 유신선포 40년 역사4단체 연합학술대회 지료집, 『역사가, 유신시대를 평하다』, 260쪽.

수 있었는가? 식민지근대화론자들은 근대화의 핵심을 근대적 경제 성장 지표 중심으로 해석한다. 지속적인 인구증가 외에 1인당 소득이 증가했느냐 여부를 중요한 지표로 삼는다.

식민지근대화론자들이 강조하는 것처럼 과연 조선(한국)의 경제성장이 일본의 식민지 덕분이었는지를 확인하기 위해서는 그들이 강조하는 경제적 '저점'을 확인할 필요가 있다. 조선이 경제적 저점 시기에 패망한 것인지를 살펴보고, 식민 시기에는 식민지근대화론자들의 설명과 같이 근대적 경제로의 반등을 이어갔는지 여부를 검토해보자는 말이다. 또한 식민시기에 근대적 경제로의 반등이 있었다면, 이 반등은 어느 정도 수준이었는지 여부를 검토하는 것이 중요하다. 이 반등의 수준은 일본과의 직접 비교를 통해 그 정도를 가늠해 볼 수 있을 것이다.

OECD 경제통계를 맡았던 메디슨(Maddison)이 산출한 아시아 각국의 1인당 GDP 통계를 보면 조선경제는 개항 훨씬 전인 1869년 이전에 이미 '저점'을 통과했다. 또한 조선 경제가 '내재적 파탄'[6] 상황에 직면하여 국권을 상실했다는 일각의 주장과 달리 고종시대 전반에 걸쳐 1인당 GDP는 성장 중이었다. 통계가 1년 전 상황을 반영하고 있는 것을 감안하고 본다면, 한일합방이 일어난 1910년의 GDP는 815달러였다. 이를 1870년 604달러와 비교해 보면, 1870년부터 1910년까지 40년간 조선의 GDP는 약 211달

---

6   김기봉, 2008, 「내재적 발전론과 식민지근대화론을 넘어서」, 교수신문 엮음, 『고종황제 역사청문회』, 푸른역사, 72쪽.

러 성장했다. 이를 성장률로 보면 약 35%의 성장세가 유지되었다고 할 수 있다. 이는 결코 낮은 성장세라 할 수 없는 수치이다.

동아시아 주요국가 1인당 GDP[7]
(1990년 국제Geary-Khamis달러)

	1700	1820	1850	1870	1911	1912	1913	1914	1915	1916
조선		600		604	815	843	869	902	1048	1018
중국	600	600	600	530			552			
일본	570	669	679	737	1356	1384	1387	1327	1430	1630
인도	550	533	533	533	691	689	673	709	691	710
인도네시아	580	612	637	578	839	838	874	864	866	870
필리핀		584		624	913	911	938	952	875	1003
타이		570		608			841			

※조선의 1820년 통계수치 600달러는 중국의 1인당 GDP와 같은 것으로 산정한 추정치이고, 조선의 1870년 통계는 인도네시아, 스리랑카, 타일랜드의 1870-1913년간의 1인당 GDP 평균치와 평행한 것으로 산정한 추정치임.[8]

일제강점기 동안 한국의 근대적 경제성장이 이루어졌다는 주장 또한 면밀히 검토해 보면 사실과 다르다. 아래의 표에서 보듯이,

---

7   Maddison, Angus, "Historical Statistics for the World Economy: 1-2008 AD.2"(http//www.ggdc.net/maddison/oriindex.htm. 최종검색일: 2012. 10.19). 이 통계는 최종검색일이 2012년 10월 19일이다. 그러나 2011년 검색했을 때는 조선의 1911년 1인당 GDP가 777달러로 되어 있었다. 2003년 출판된 Maddison의 *The World Economy-Historical Statistics*에도 777달러로 제시되어 있다. Maddison, 2003, *The World Economy-Historical Statistics*(Paris: Development Center of the OECD). p.180. 여기서 필자가 메디슨의 통계를 인용한 것은 황태연 교수의 학술적 성과에 힘입은 것이다. 메디슨 통계를 인용한 식민 시기에 대한 정치학적 해석에 대해서는 황태연, 2012, 「조선시대 국가공성의 구조변동과 근대화」, 『조선시대 공공성의 구조변동 국제학술심포지움 자료집』 참조.

8   Maddison, *The World Economy - Historical Statistics*, p.154.

반등의 반등을 기록해도 시원찮은 상황에서 일제 강점 10년 후인 1920년에 한국의 GDP는 하락하고, 1921년부터 1927년까지 등락을 거듭하다가 1928년부터 1932년까지 다시 하락한다. 1933년부터 반등하기 시작하여 1944년까지 이 반등세는 대체로 유지된다.

일본과 식민지 조선의 1인당 GDP[9]
(1990년 국제Geary-Khamis달러)

	1911	1912	1913	1914	1915	1916	1917	1918	1919	1920
조선	815	843	869	902	1048	1018	1118	1196	1265	1092
일본	1356	1384	1387	1327	1430	1630	1665	1668	1827	1696
	1921	1922	1923	1924	1925	1926	1927	1928	1929	1930
조선	1169	1065	1131	1129	1119	1152	1191	1190	1118	1049
일본	1860	1831	1809	1836	1885	1872	1870	1992	2026	1850
	1931	1932	1933	1934	1935	1936	1937	1938	1939	1940
조선	1046	1039	1247	1236	1337	1437	1561	1619	1439	1600
일본	1837	1962	2122	2098	2120	2244	2315	2449	2816	2874
	1941	1942	1943	1944	1945					
조선	1598	1566	1566	1476	683					
일본	2873	2818	2822	2659	1346					

이 반등세를 어떻게 해석해야 할까? 조선이 1912년부터 1929년 사이에 275달러 상승하는 사이 일본은 무려 642달러 포인트 상승하여, 일본의 1인당 국민소득(2,026달러)은 조선(1,118달러)의 거의 두 배가 되었다. 조선과 일본의 소득 차이에 미미한 변동이 있었지만, 전쟁기간에도 두 배에 가까운 이 소득격차는 계속 유지되었

9   Maddison, "Historical Statistics for the World Economy: 1-2008 AD.2."

고, 경제적 소득에 의해 조선인은 '2등국민'으로 전락하였다. 이 '2등국민' 담론은 일제에 의해 고착화되었고, 많은 지식인들이 사회진화론에 빗대어 조선의 국운을 일본의 팽창에 의존하도록 만드는 데 일조했다.

1911년 일본의 1인당 국민소득은 조선의 1.6638(1356 달러÷815 달러)배였으나, 1940~1944년 사이에는 무려 평균 1.9273배(14046 달러÷7806 달러)가 되었다.[10] 조선만 놓고 보면 성장했다고 볼 수 있으나 일본과 비교해 볼 때 조선의 성장은 달리 해석될 필요가 있다. 오히려 일제강점기 동안 근대적 경제성장을 한 것은 한국을 밟고 올라선 일본이었던 것이다. 그렇다면 식민 시기 한국의 근대화를 운운할 것이 아니라 한국의 식민지배를 통해 일본이 급격한 경제성장을 이루었음을 밝히는 것이 급선무일 것이다. 식민 시기 한국의 경제적 '성장'의 실체는 한마디로 '수탈형' 체제 외에 다른 것이 아니다.

이러한 수탈형 체제에서는 종속의 기간(식민지배기간)이 길어지면 길어질수록 착취국과 피착취국 사이의 갭이 커진다. 가령 1년간 조선이 3% 성장하고 일본이 18% 성장했다고 가정해보자. 동일한 성장 속도를 전제하면 5년 후 조선은 15%, 일본은 90% 성장한다. 종속이 시작된 지 얼마 지나지 않은 1년차에는 15%의 갭이었지만 5년 후에는 한국과 일본의 차이는 75%로 벌어지게 된다. 게

---

10   황태연, 2012, 「조선시대 국가공공성의 구조변동과 근대화」, 『조선시대 공공성의 구조변동 국제학술심포지움 자료집』, 253쪽.

다가 필자는 단순히 성장비율에 연도를 곱하는 계산법을 쓰고 있지만, 실제 성장의 측정은 원 경제규모에 해마다 성상분을 더한 것을 중심으로 비율을 산출하기 때문에 실질적 격차는 더 벌어지게 된다. 만일 식민지배의 기간이 좀 더 길어졌다면, 한국은 한국을 디딤돌로 한 일본의 경제성장세에 치여 회복불가능한 저성장체제로 도태되고 말았을 것이다.

사정이 이렇다면 결과는 자명하다. "얼마간 진행된 조선의 경제성장은 조선총독부 '덕택에' 가능했던 것이 아니라, 조선총독부(의 수탈)에도 '불구하고' 달성된 것이다."[11] 식민 시기에 조선의 경제가 성장세에 있는 것으로 지표상 확인되지만 이 성장세를 일본의 급격한 성장세에 비교해 본다면 오히려 크게 둔화되고 있다고 볼 수 있다. 이러한 경제지표를 통해 확인할 수 있는 사실은 만일 일제강점기를 미화할 의도가 아니라면, 한국이 일제강점기에 와서야 성장다운 성장을 한다고 주장해서는 곤란하다는 것이다. 역으로 일본이 한반도 강점을 통해 근대 자본주의적 고도성장을 이룩했다고 결론지어야 옳을 것이다.

3 _ 성장신화의 실체

박정희의 성장신화를 재검토하기 위해 해방 후 한국의 1인당

---

11   황태연, 같은 글, 253쪽.

국민소득 추이를 면밀하게 추적할 필요가 있다. 식민지 근대화론자들의 주장과 같이 식민 치하에서 성장한 근대적 경제구조가 지속적인 발전의 추세를 이어갔는지, 그리고 과연 박정희 정권 덕분에 한국 경제가 발전했는지를 확인해보자.

해방후 한국의 1인당 국민소득 추이[12]

1946	1947	1948	1949	1950	1951	1952	1953	1954	1955	1956
686	719	768	819	854	787	835	1072	1124	1169	1149

1957	1958	1959	1960	1961	1962	1963	1964	1965	1966	1967
1208	1234	1243	1226	1247	1245	1316	1390	1436	1569	1645

1968	1969	1970	1971	1972	1973	1974	1975	1976	1977	1978
1812	2040	2167	2332	2456	2824	3015	3162	3476	3775	4064

1979	1980 ...	1993 ~ 1997		1998 ~ 2003	2004 ~ 2008		
4294	4114	10232	13066	12282	16177	16873	19614

이 통계수치를 보면, 1946년 한국은 분단으로 인해 일제 군수산업이 집중되고 있던 북한이 떨어져 나감으로써 686달러대로 추락하여 초토화되었다는 것을 알 수 있다. 잠시 자력으로 1950년 854달러까지 상승국면을 맞았던 한국경제가 한국전쟁의 발발로 787달러대(1951년)로 다시 주저앉았다. 전후 제로베이스에서 연합국의 원조물자로 다시 일어설 수밖에 없었다. 그러나 한국은 휴전을 체결한 해(1953)부터 단번에 1,072달러 대를 회복하였다. 5·16 쿠데타 직전 1960년의 소득을 보여주는 1961년 수치는 1,247달러

12 Maddison, "Historical Statistics for the World Economy: 1-2008 AD.2."

에 달해 한국전쟁 후 겨우 6년 만에 일제 치하 1933년 수준(1,247달러)에 도달했다.[13] 일제 식민 시기 23년간의 성장 수준을 전후 세로베이스에서 '일본의 도움 없이도' 6년만에 추격한 것이다.

제4차 경제개발계획기간(1977~81) 동안의 외채현황 및 원리금 상환내역
(단위 달러)

		제3차개발계획 말년	제4차 개발계획 기간				
		1976	1977	1978	1979	1980	1981
신규도입	총 액	26억	26억	32억	70억	85억	72억
	중 장 기	20억	23억	34억	46억	44억	61억
	단 기	5억 2천만	-6천만	-7억	17억	30억	9억
	외환갑계정	1억	4억	5억	7억	11억	2억
외채잔액	총 액	105억	126억	149억	205억	274억	325억
	중 장 기	78억	89억	110억	139억	167억	208억
	단 기	27억	29억	26억	47억	76억	85억
	외환갑계정	4억	8억	13억	20억	30억	33억
원리금상환	총 액	10억	13억	21억	26억	29억	38억
	원 금	6억	8억	14억	16억	16억	19억
	이 자	4억	5억	7억	9억	14억	18억
	단기이자	1억 4천만	2억	3억	6억	13억	19억

※ 자료: 경제기획원, 〈주요제지표〉(1982) 및 한국은행, 〈경제통계년보〉(1982)

박정희 군사정부가 15년간 '조선총독부'식으로 밀어붙인 제1·2·3차 경제개발 5개년계획 기간(1962~76)의 경제동향을 보면, 이 기간에 한국의 1인당 GDP는 연평균 148.7달러씩 증가했다. 반면, 김영삼·김대중·노무현 민주정부 15년간(1993~2008) 경제규

---

13   황태연, 위의 글, 254쪽.

모 확대(자본의 유기적 구성도의 고도화)와 OECD 가입 충격으로 인한 외환위기를 겪었음에도 불구하고 1인당 GDP는 연평균 무려 635.3달러씩 증가했다.[14]

특히 1979년에 일부 물가가 폭등하고 경제가 악화된 것은 제2차 오일 쇼크에서 기인한 것이기도 하지만, 박정희의 의욕과잉과 과도한 중복투자도 큰 이유 중 하나였다. 그 동안 박정희 성장신화의 폭발력이 이러한 사실들을 은폐할 정도로 강력했기 때문에 이러한 사실들은 제대로 조명되지 못했다. 물론 충분한 정도의 데이터는 아니더라도 사실관계를 확인할 정도의 자료는 제시되어 있었지만 누구도 귀 기울여 듣지 못했던 것이다.

제4차 경제개발계획기간인 1977년부터 1981년 동안 신규 외채 도입은 위 표에서 보듯이, 1977년부터 해마다 몇 10억씩 늘어나서 1976년 100억을 돌파했던 외채잔액이 1979년부터 200억을 돌파하고 1981년에는 300억을 돌파하는 등 그 누적액이 급속하게 불어났다. 이 외채상환액을 신규도입액과 대비해 볼 때 1977년에는 도입액과 상환액(달러 기준)이 26억 대 13억, 1978년에는 32억 대 21억, 1979년에는 70억 대 26억, 1980년에는 85억 대 29억, 1981년에는 72억 대 38억이므로 경제적인 효과는 1977년 13억, 1978년 11억, 1979년 34억, 1980년 56억, 1981년 34억으로, 도입액은 늘어나면서도 도입효과는 점점 떨어져 갔다는 것을 주목할 필요가 있다.[15]

---

14   황태연, 같은 글, 254쪽.
15   한국기독교교회협의회 한국교회산업선교25주년기념대회, 1984, 『1970년대 노동현장과 증언』, 풀빛, 432쪽.

이 같은 외채의 격증이 수출주도의 경제정책을 가속화시켰을 것임은 두말할 필요가 없다. 수출주도 경제정책의 가속화 추세는 여성노동자들의 저임금 장시간 노동을 강제했고, 이것이 1970년대 후반 '한강의 기적'의 민낯이다. 이 기간에는 방위산업과 중화학공업 육성에 따른 수입수요도 폭발하여 엄청난 무역수지 적자를 기록하게 되었다. 아래의 표를 보면 제4차 경제개발계획 기간 동안의 급격한 중화학공업 추진이 무역수지 적자폭을 얼마나 확대시켰는지 알 수 있다.

제4차 경제개발계획기간 동안의 수출입 추이, 무역수지 및 수출입의존도
(단위 달러)

		수출	수입	무역수지	수출의존도(%)	수입의존도(%)
제3차계획 기간 말년	1976	77억	88억	-6억	34.5	36.9
제4차개발 계획기간	1977	100억	108억	-8억	37.2	37.8
	1978	127억	150억	-23억	36.2	39.5
	1979	151억	203억	-48억	32.5	40.2
	1980	175억	223억	-48억	39.0	48.8
	1981	212억	261억	-49억	–	–

※ 자료: 경제기획원

이 같은 중화학공업의 추진과정은 정부의 막대한 재정금융적 지원과 외국자본과의 유착하에서 이루어진 독점재벌 간의 치열한 경쟁전으로 나타났으며, 그것은 곧 엄청난 과잉투자, 중복투자를 빚었다. 1978년 재조업의 재고는 2.3% 감소한 데 반해 기계(52.6% 증), 전기기기(38.8% 증), 운수장비(49.0% 증) 등 중공업제품은 오히려 재고가 늘어났으며, 1979년 중에는 전체 제조업재고가

30.3% 증가했음에 반해 기계류는 55.3%, 전기기기 35.5%, 운수장비 93.1% 등으로 더욱 현저한 재고증가 추세를 나타냈다.

중화학공업의 추진은 엄청난 통화팽창을 유발하였다. 총통화공급량은 1976년 32.6%, 77년 39.3%, 78년 34.7%로 매년 30% 이상의 증가율을 보였다.[16] 특히 박정희 정권 말기인 1979~80년 중화학공업 가동율은 50% 안팎으로까지 떨어졌다. 중화학공업 투자가 재벌 랭킹에서 결정적 중요성을 가지면서 정부가 통제하기 힘들 정도로 각 기업이 정부보증을 통해 무리하게 차관을 끌어들여 투자함으로써 중복투자가 심해졌다.

급기야 박정희 정권은 1979년 5월 총투자 규모의 30%를 투자 보류시키거나 중지시키며 대규모 투자조정을 하지 않으면 안되었다. 성장률도 급격히 둔화되어 1976년 14.1%, 1977년 12.7%이던 것이 1978년에는 9.7%로, 그리고 1979년에는 6.5%로 크게 낮아졌다. 박정희의 총애를 받았던 전두환마저 1980년 물가상승률이 43%, 성장이 마이너스 5.6%라고 지적하면서[17] 박정희로부터 얼마나 나빠진 경제를 이어받게 되었는가를 불평했다고 한다.[18]

고용을 매개로 한 자본-임노동 관계는 한 쪽은 적게 주기를 원하고 다른 한 쪽은 많이 받기를 원한다는 점에서 대립적이다. 그러나 시각을 달리 해서 시장확대를 고려하면 상대적으로 많이 주고 많

16 한국기독교교회협의회 한국교회산업선교25주년기념대회, 위의 책, 433~34쪽.
17 김성익 편, 1992, 『전두환 육성증언』, 조선일보사, 283쪽.
18 서중석, 2012, 「박정희 유신체제의 정치적 성격」, 유신선포 40년 역사 4단체 연합학술대회 자료집, 『역사가, '유신시대'를 평하다』 254쪽.

1976년 6월 4일자 동아일보

이 받는 공존이 가능하다. 그런데 이 범주는 개별 기업 차원에서 해결하기 어렵고 국가 정책적 차원으로 풀어야 한다. 정책은 '민'의 힘, 즉 민주화 역량에 좌우될 수밖에 없다. 실제로 1970년대 이후 성장한 노동운동의 임금인상 요구 및 민주화 투쟁에 의한 소득 증대는 자동차와 전자제품 등의 내구소비재 시장 확대를 가능하게 만들었고 정부의 정책 또한 이러한 부문으로의 투자를 유도할 수 있었다.

물론 소비자들은 이들 상품의 수출경쟁력 제고를 위한 이중가격제(수출과 내수) 부담을 안는 희생을 감수해야 했다. 즉 1970년대 유신체제의 억압 속에서 쌓여가던 민주화 역량이 경제성장의 발목을 잡은 것이 아니라 궁극적으로 국내공업구조의 전환과 성장을 뒷받침한 것이다. 실제로 한국의 경제발전이 질적 변화를 보인 것은 민주화운동이 확대된 1980년대 이후였다.

지금까지 '민주화'가 경제성장과는 반비례 관계에 있는 것으

로 인식되는 것은 군부독재의 왜곡 선전에 책임이 있다. 민주주의
는 효율성과 반비례 관계에 있는, 성장의 기반 위에서만 작동하는
'관상'(觀賞)하는 한량들의 정치놀음이 아니다. 민주주의를 성장과는
정반대의 지점에 위치하도록 만든 민주화의 왜곡담론이 어디서 기
원하고 형성되었는지 정확히 가늠할 길은 없다. 그만큼 오랜 세월
권위주의 통치가 지속되었던 탓이다.

4 _ 경제성장과 민주화

민주화는 한국의 경제성장 과정에서 분배의 정의와 경제의 투
명성을 제고시킴으로써 사회적 통합을 가져오는 긍정적 기능을 수
행하였다. 민주화가 확산되는 1980년대 후반의 경제성장지표가 이
를 입증해준다. 민주화의 진척과 더불어 인적 · 물적 생산성도 커지
는 것은 자연스러운 현상이다. 자본축적의 대규모화는 오히려 민주
화 확대 과정에서 촉진된 인간능력 및 생산력의 발달과 더불어 본
격화되었다. 성장률 수치만 보더라도 1950년대나 1980년대 이후에
도 1960~70년대와 질적 차이는 없다. 역대 대통령 집권기간 동안
연평균 실질성장률은 박정희 정권기 8.5%, 전두환 정권기 9.3%, 노
태우 정권기 7.0%, 김대중 정권기 6.8%가 된다.

여기서 놓치지 말아야 할 것은 경제규모도 작았고 국제경제가
호황이었던 박정희 시기의 경제성장이 신화로 불릴 만큼 두드러진
것이 아니었다는 점이다. 형식적 민주주의가 제도적으로 정착하고

경제규모가 박정희 정권기와 비교도 안 될 만큼 커진 이후의 경제 성장은 훨씬 더 어렵다는 사실을 간과해서는 안된다. 이것은 쉬운 수학원리로 보자면 분모가 커지는데도 불구하고 성장세가 커진다는 말이고, 이때의 성장률을 유지하는 것은 그만큼 어렵다는 뜻이다.

그럼에도 불구하고 한국의 경제성장은 지속되었다. 박정희 정권 기의 무역적자 233억 달러에 반해, 재임기간이 1/4 정도에 불과한 김대중 정권기에는 846억 달러의 흑자를 보였다. 1인당 GNP는 박 정희 집권기간인 1962~78년간에 89달러→1천 달러로 증가했다. 이후 비슷한 기간이 지난 1994~5년에 1만 달러, 이후 IMF 외환위 기를 겪는 와중에서도 20여년이 지난 2007년에 2만 달러를 넘어서 게 되었다. 유신 붕괴 이후에 보인 10배, 20배에 달하는 경제성장의 증가율 지표는 박정희 시대 경제 규모와 비교할 수가 없을 만큼 큰 것이었다.[19]

한마디로 한국은 경제적으로 박정희 군부독재의 덕을 본 것이 아니라, 오히려 일본의 조선총독부식 군사독재 때문에 부의 편중과 분배정의, 창의적 산업부문 개척, 사회적 통합에 있어 큰 손해를 봤 다. 한국이 줄곧 4 · 19 민주체제 하에 있었더라면 어땠을까? 군사 쿠데타에 이은 15년 박정희 독재 기간 보다 더 가파른 성장을 이루 었을지 모를 일이다. 따라서 이런 사정을 고려하면 박정희 치하에 서 이루어진 산업화 성장이란 일제 치하의 경제성장처럼 ─ 군사정

---

19   정태헌, 「경제발전을 위해 '반드시' 넘어야 하는 유신체제와 그 유산」, 앞의 자 료집, 265쪽.

부 '덕택'이 아니라—군사정부에도 '불구하고' 이루어진 것이다.[20]

따라서 개념적 정의도 불분명한 채 뉴라이트에 의해 만들어진 신조어 '산업화 세력'이 한국의 민주주의를 잉태했다고 말해선 곤란하다. 뉴라이트 논자들의 주장처럼 이 산업화 세력을 굳이 따로 구분하는 것이 한국 현대사 이해에 어떤 득이 되는지 모르겠지만, 산업화 세력은 결국 최대한 민주화의 속도를 늦추고, 불공정한 부의 분배를 주도하며 자기 잇속을 챙겨 왔고, 작금의 일부 특정 세력을 미화하는 또 다른 신화의 현대판 가면이다.

20   황태연, 같은 글, 254쪽.

 { 에필로그 }

1970년대 여성노동자들의 이야기가 공론장에서 어떻게 취급되고 있을까? 헌법이 보장한 노동기본권을 유린하고, 강권적 저임금 정책으로 여성노동자들을 쥐어짜던 국가는 한 번도 여성노동자들에게 감사를 표한 적도, 사과한 적도 없다. 조악한 성장신화 외에 한국 경제성장의 민낯이 제대로 소개된 적이 없었다.

2010년 한창 무더웠던 8월 12일 밤 필자는 경기도 용인시 기흥구에 소재한 구성화원을 찾았다. 원풍모방의 박순애 전 부지부장이 화원을 하고 있어서 화원에서 구술 인터뷰를 진행하기 위해서였다. 폭우가 쏟아지던 한 여름 밤에 인터뷰를 마무리하면서 박순애 부지부장이 MBC의 '이제는 말할 수 있다'라는 프로그램을 아느냐고 물었다. 그 프로그램에 원풍모방이 나왔다는 것이다. 그리고는 한참을 혼자 큰 소리로 웃었다. '이제는 말할 수 있다'의 방송작가가 그동안 하고 싶었는데 못했던 말이 있는지를 물어왔다고 한다. 박 부지부장은 그 작가에게 이렇게 답했다고 한다. 이 말은 편집되어서 정작 본 방송에는 나오지 않았다.

"우리가 이제 말해야 할 게 있나? 우리는 여지껏 말해 왔는데 당신네가 이제 말하는 거야."

정말 그렇다. 1970년대를 살아 온 여성노동자들의 이야기가 그동안 한국의 공론장에서 제대로 소개된 적이 없다. 박부지부장의 이야기처럼 이제야 말하는 것은 방송국이지 여성노동자들이 아니다. 박정희의 성장신화가 그 자리를 꿰차고 있었다. 그리고 그 신화를 지탱하기 위해 지금도 수백억대의 국고가 투입되고 있다. 대한민국의 현대사가 박정희 성장신화의 부산물로 주조되는 동안 여성노동자들의 이야기가 들어설 여지는 없었다.

1970년대 유신체제의 말기, 침묵을 강요받은 한국사회는 앞만 보고 달리는 '차안대'(눈가면)를 찬 경주마로 내몰렸다. 앞뒤 가리지 않은 박정희 정권의 산업화 정책에 따라 1970년대 서울로, 서울로 올라온 예비 여성노동자들은 앞만 보고 내달렸다. 서울의 새로운 도시빈민층으로 유입된 여성노동자들의 일과표는 18시간 '곱빼기' 노동으로 채워졌다. 이 여성노동자들의 노동으로 한국경제는 성장을 구가했다. 동시에 폭압적 권위주의 통치가 만들어낸 '약육강식'의 '날림' 규범들이 사회 곳곳에 각인되었다. 그리고 이 약육강식

과 낡은 규범들이 1980년대의 군부-권위주의 통치를 거치며, 1990
년대 IMF와 2000년대 무한경쟁을 초래하였고, 거대 규모의 비정규
직을 양산한 채 한국 사회에 강력하게 잔존해 있다.

끝으로 아직도 다 전달 못한 여성노동자들의 속 깊은 이야기
들을 더 하고 싶다. 해태제과에서 8시간 노동제 싸움은 승리했지
만 정작 본인은 해직된 이복례 님의 이야기다. 해직되고 고향에 내
려가 있을 무렵 신문지상에 식품업계 8시간 노동제 관철 소식이 앞
다투어 보도되고 있을 무렵이다. 친언니가 물었다. "야 너 8시간 했
는데 전화 오는 사람도 없고, 어쩌면 밥 먹자는 사람이 하나도 없
어?" 정작 언니의 이 질문에 이복례님은 답을 할 수 없었다. 마음속
으로 "진짜 미안하기도 하고, 창피하기도 했다"고 한다. 왜 미안해
야 했을까? 이유를 알 수 없는 미안함의 감정은 가족을 향한 것이
다. 그리고 8시간 노동제를 관철시킨 주역 중 한 사람이라고 생각
했지만 해직된 채 현장으로부터 완벽하게 유리된 창피함의 감정이
뒤엉켰다.

한국 사회는 그 동안 8시간 노동제를 위해 싸우다 해직된 당사
자의 자긍심조차 빼앗았다. 그 고통과 힘겨움에 한 번도 제대로 화
답해주지 못했다. 30년도 훨씬 지난 지금에 와서야 이복례님은 필
자에게 우스갯소리로 이렇게 물었다. "(내가 한 일은) 노동청인가 그
런데서 이 일을 해야 되잖아요, 해줬으면 고맙다고 해야지, 그런데
왜 자르냐고? 빨간 방에다가 집어넣지를 않나 나 참 ···." 그리고
이 사건으로 인해 그녀는 변변한 곳에 취직조차 할 수 없었다.

YH의 영원한 '지부장 언니' 최순영님은 청춘을 서울에 다 바친 강원도 여인이다. 최순영님은 서울을 "겉으로 보기에는 가장 아름답고 휘황찬란하고 그렇지만, 돈 있는 사람에게는 참 좋은 곳인데 반해 가장 또 어렵고 힘든 사람들이 한 곳에 많이 모여 사는 곳"이라고 평가한다. 살아보니 그렇더라는 것이다. 그럼, 1970년대의 대한민국의 수도 서울과 2016년 서울은 다를까? 어렵고 힘든 사람들이 많이 모여 있지만 여전히 살기 어려운 곳 아닌가?

롯데의 해직 여성노동자 신미자님은 인터뷰 말미에 가난은 부끄러운 것이 아니지만 너무 불편해서 물려 주고 싶지 않다고 했다.

"행복은 비싼 옷 걸치고, 좋은 차타고, 이런 것은 아닌 것 같아요. 자기가 만족하고, 그 생활에 자신감 있고, 이런 티셔츠를 입었어도 만족하면 되는 것 같아. 누구하고 비교하지 않고. 노동자의 자식으로 태어나서, 아니 농민의 자식으로 태어나서 노동자의 어떤 삶으로 마감은 하지만 가난을 되물려 주고 싶지는 않아요. 가난이라는 게 부끄러운 것은 아니지만 너무 불편하고 불공평하잖아요? … 지금 배고파서 굶주리는 사람은 많이 없잖아요? 먹고, 입고 사는 게 풍요로운데 우리가 어려서 살 때만큼 행복하지는 않은 것 같아요. 부족해 보여요."

OECD 회원국이자 원조공여국이 된 한국사회에 이제 부족한 것이 없다고 답할 수 있을까? 우린 지금 행복하다고 할 수 있을까?

롯데제과에서 해고된 여성노동자 김순옥님이 2010년 민주화운동 관련자로 인정된 후, 큰딸이 "우리 엄마 참 대단해! 정말 대단해"라고 축하의 인사를 전했다. 그런데 둘째딸의 반응은 달랐다. "그래서 엄마한테 얻어진 게 뭐야?" "엄마가 중심이 돼서 3,700명한테 눈에 보이지 않는 혜택을 주고 살았다고 자부한다." 자부심은 개인의 쾌감이나 통감과 달리 사회라는 거울이 반응하여 만드는 사회적 감정이다. 김순옥님의 자부심이 공허한 자기위로나 자기부정이 되지 않도록 사회가 반응해야 할 때다.

'급식 네트워크' 대표로 해직 후의 삶을 시민사회에서 보내고 있는 배옥병님은 "공순이를 벗어나기 위해 대학생 폼을 잡아 보기도 하고 그랬던 시기를 생각해 보면 참 순진하기도 했지만, 내가 나를 스스로 부정한 것이었는데 그게 내가 잘못된 것이 아니라 그 시기에 사회가 노동자들에게 자기 삶의 자부심을 갖지 못하게 했던 문제가 있었다는 것을 뒤늦게 알게 되었다"고 한다. 그 동안 한국 사회는 여성노동자들에게 스스로의 삶을 부정하도록 강요한 무언의 가해자이기도 하다.

1970년대 여성노동자들은 한 번도 이 사회를 배척하지 않았다. 필자가 인터뷰한 여성노동자들은 사회가 자신들을 배제했을지언정 1970년대 현장의 여성노동자 시절 경험을 바탕으로 평생토록 사회에 의미 있는 일, 가치 있는 일을 하고 있다. 1970년대 노동현장의 삶과 경험이 그 원동력이라고 고백한다. 여성노동자들은 무엇을 잘못했는지 모르고 있는 국가와 사회를 탓하지 않고, 일방적으로 손을 내밀어 화해했다. 이제 국가와 사회가 화답할 차례다.

　1970년대 여성노동자들은 과학적 혁명론 같은 추상적 담론과 어울리지 않는다. 1970년대 공장 속에서 직접 부대낀 인간적 분노와 공분이 여성노동자들을 투쟁하도록 만들었다. 여성노동자들은 한국사회에 인간적 사랑과 사회적 정의가 어떻게 지켜져야 하는지 몸소 보여주었다. 이 책이 1970년대를 치열하게 살았던 여성노동자들의 삶을 이해할 수 있는 작은 징검다리가 될 수 있다면 더할 나위 없는 기쁨이겠다.

참 고 문 헌

● 단 행 본 · 논 문 · 자 료 집

강욱모, 1993, 「서울의 사회복지」, 『서울연구』, 한울.

교과서 포럼, 2008, 『대안교과서 한국 근현대사』, 기파랑.

권진관, 2005, 「1970년대 산업선교지도자들의 입장과 활동의 특징에 대한 연
  구」, 『1960~1970년대 노동자의 생활세계와 정체성』, 한울.

─── , 2006, 「집단적 배움의 과정으로서의 사회운동 : 1970년대 산업선교를
  중심으로」, 이종구 외 지음, 『1960~70년대 한국노동자의 계급문화와 정
  체성』, 한울아카데미.

김귀옥, 2004, 「1960, 70년대 의류봉제업 노동자 형성과정」, 『경제와 사회』(통
  권 61호).

─── , 2004, 「1960~1970년대 의류봉제업 노동자형성과정 : 반도상사(부평
  공장)의 사례를 중심으로」, 『경제와 사회』(61).

김기봉, 2008, 「내재적 발전론과 식민지근대화론을 넘어서」, 교수신문 엮음, 『고
  종황제 역사청문회』, 푸른역사.

김봉률, 1984, 「한국노동여성의 실태와 분석」, 황인오 · 박노해 외 『일터의 소리
  I』, 지양사.

김성익 편, 1992, 『전두환 육성증언』, 조선일보사.

김세중, 2011, 「권위주의적 산업화와 민주주의」, 『보수가 이끌다 : 한국 민주주의의 기원과 미래』, 시대정신.

김 원, 2006, 『여공 1970 : 그녀들의 반역사』. 이매진.

김은경, 2011, 「유신체제의 음악통제양상에 관한 연구」, 『민주주의와 인권』(제11권 2호).

김 준, 2006, 『1970년대 여성노동자의 일상생활과 의식』, 역사비평사.

김춘수, 2005, 「1960~1970년대 여성노동자의 주거공간과 담론」, 『역사연구』(15).

김현미, 2000, 「한국의 근대성과 여성의 노동권」, 『한국여성학』16(1).

김희송, 2014, 「5 · 18역사 왜곡에 대한 고찰」, 『민주주의와 인권』 제14권 3호.

마이클 샌들(M. J. Sandel), 2010. 『정의란 무엇인가』(이창신 역). 김영사.

박길성, 1999, 「1960년대 인구사회학적 변화와 도시화 : 사회발전론적 의미」, 『1960년대의 정치사회변동』, 백산서당.

박석분, 1989, 「차별의 사슬을 뚫고 전진하는 여성노동자운동」, 『여성』(3).

박세일, 1982, 「여성노동시장의 문제점과 남녀별 임금격차분석」, 『한국개발연구』(제4권 2호).

박승호, 2013, 「박정희는 경제발전의 공로자인가? : '산업화, 민주화' 담론과 '공과'론의 함정」, 『내일을 여는 역사』(52).

박정희, 1961, 『우리민족의 나아갈 길』, 동아출판사.

박해광, 2008, 「1960~70년대 노동자계급의 문화와 일상생활」, 이종구 외, 『1960~70년대 한국노동자의 계급문화와 정체성』, 한울아카데미.

방혜신, 1993, 「70년대 여성노동운동에서 여성특수과제의 실현조건에 관한 연구」, 서강대학교 대학원 사회학과 석사학위논문.

변화순, 1980, 「여성의 취업과 성역할 태도에 관한 연구」, 연세대 사회학과 대학원 석사학위논문.

새가정사 편집부, 1981, 「여성근로자의 현황」, 『새가정』(303).

서중석, 2008, 「한국현대사와 여순사건」, 여순사건 60주년 기념 학술심포지엄

(2008. 10. 17) 자료집, 『여순사건과 대한민국의 형성』.

──── , 2012, 「박정희 유신체제의 정치적 성격」, '유신선포 40년 역사 4단체

연합학술대회' 자료집, 『역사가, '유신시대'를 평하다』.

서희경, 2011, 「이승만의 정치 리더십 연구」, 『한국정치학회보』 45(2).

성공회대학교 사회문화연구소, 2002, 『1970년대 산업화 초기 한국 노동사연구

: 노동운동사를 중심으로』, 노동부.

손정목, 2005, 「6 · 25전쟁과 서울」, 『한국 도시 60년의 이야기 1』, 한울.

송소연, 2004, 「국가보안법 적용사」, 국가인권위원회, 『국가보안법 연구보고서』.

송영섭, 2011, 「노동인권침해사건 국가배상 소송의 의의와 경과」, 『70~80년대

노동탄압, 인권탄압 국가는 답하라』.

송효순, 1982, 『서울로 가는 길』, 형성사.

순점순, 1984, 『8시간 노동을 위하여 : 해태제과 여성노동자들의 투쟁기록』, 풀빛.

안병직 편, 2011, 『보수가 이끌다 : 한국 민주주의의 기원과 미래』, 시대정신.

우남숙, 2002, 「미국 사회진화론과 한국 근대 : 윤치호의 영향을 중심으로」, 『동

양정치사상사』(제11권 제1호).

원풍모방 해고노동자 복직투쟁위원회 엮음, 1987, 『민주노조 10년 : 원풍모방

노동조합활동과 투쟁』, 풀빛.

원풍모방노동운동사발간위원회 기획 / 김남일 정리, 2010, 『원풍모방노동운동

사』, 삶이 보이는 창.

윤용선, 2014, 「1960~1970년대 광부 · 간호사의 서독 취업에 대한 재해석」, 노

명환 · 윤용선 · 정흥모 외, 『독일로 간 광부 · 간호사 : 경제개발과 이주 사

이에서』, 대한민국역사박물관.

윤치호, 『영문일기』(1895. 5. 6).

이미경, 1986, 「여성노동과 여성운동」, 『현상과 인식』(제10권 4호).

이영순 외, 1989, 「민족민주운동과 여성운동(좌담)」, 『여성』(3), 창작과비평사.

이영재, 2009, 「정치권력의 헌정질서 유보 및 파괴에 관한 연구」, 『기억과 전망』(20).

―――, 2015, 「한국 민주주의의 공고화와 '5·18 특별법'」, 『민주주의와 인권』15(3).

―――, 2011. 「과거청산의 현실과 민주화보상위원회 10년에 대한 비판적 평가」, 『역사와 책임』. 창간호.

이옥지, 2001, 『한국여성노동자운동사』.

이완범, 1999, 「제1차 경제개발5개년계획의 입안과 미국의 역할」, 『1960년대의 정치사회변동』, 백산서당.

이재승. 2010. 『국가범죄』, 엘피.

이태호, 1984, 『불꽃이여 이 어둠을 밝혀라 : 한국여성노동자들의 투쟁』, 돌베개.

임대식, 1996, 「반민법과 4·19 : 5·16 이후 특별법 왜 좌절되었나」, 『역사비평』(34).

장미경, 2004, 「근대화와 1960~70년대 여성 노동자」, 『경제와 사회』(61권).

전 YH노동조합 한국노동자복지협의회 엮음, 1984, 『YH노동조합사』, 형성사.

정근식·이병천 엮음, 2012, 『식민지 유산, 국가형성, 한국 민주주의 1』, 책세상.

정미숙, 1992, 「70년대 여성노동운동의 활성화에 관한 경험세계적 연구 : 섬유업을 중심으로」, 이화여대 석사학위논문.

정태헌, 2012, 「경제발전을 위해 '반드시' 넘어야 하는 유신체제와 그 유산」, '유신선포 40년 역사 4단체 연합학술대회' 자료집, 『역사가, '유신시대'를 평하다』.

정현백, 1985, 「여성노동자의 의식과 노동세계 : 노동자 수기 분석을 중심으로」, 『여성1』, 창작과비평사.

정호기, 2013, 「역사박물관의 구성과 전시 그리고 재현 논리」, 『시민사회와 NGO』(제11권 제2호).

조문숙, 2011, 『5 · 18과 헌재 사망론』, 도서출판 be.

조순경, 1990, 「산업의 재편성과 여성노동운동」, 『아시아문화』(6).

조지송, 1993, 「새로운 전진을 위하여」, 『산업선교』 제21호.

진실 · 화해를위한과거사정리위원회, 2007. 「하반기 조사보고서」.

최철영. 2011, 「한 · 일 과거사 청산과 이행기 정의 개념의 적용」, 『성균관법학』
　　　　(제23권 제2호).

한국기독교교회협의회, 1984, 『1970년대 노동현장과 증언』, 풀빛.

한국여성개발원, 2001, 『근로여성 정책의 변화에 관한 연구』, 노동부.

한국여성유권자연맹, 1980, 「여성근로자 실태조사 보고서」.

한국혁명재판사편찬위원회, 1962, 『한국혁명재판사』(제1권)

허 종, 2008, 『반민특위의 조직과 활동: 친일파 청산 그 좌절의 역사』, 선인.

허영란, 2011, 「'사람'이 보이는 역사 : 여성노동자의 자기 이야기」, 『역사비평』(96).

황태연, 2012, 「조선시대 국가공공성의 구조변동과 근대화」, 『조선시대 공공성
　　　　의 구조변동 국제학술심포지움 자료집』.

───, 2015년, 『감정과 공감의 해석학2』, 청계.

『철학대사전』, 동녘.

● 구 술 자 료

국사편찬위원회, 2010년도 구술사료 수집 작업 〈1960~1970년대 도시로의 이
　　　　주와 노동자의 삶〉, 전 대일화학 여성노동자 김순회 구술자료.

───, 2010년도 구술사료 수집 작업 〈1960~1970년대 도시로의 이주와 노동
　　　　자의 삶〉, 전 대우어패럴 여성노동자 김준희 구술자료.

───, 2010년도 구술사료 수집 작업 〈1960~1970년대 도시로의 이주와 노동
　　　　자의 삶〉, 전 원풍모방 노동조합 부지부장 박순애 구술자료.

——, 2010년도 구술사료 수집 작업 〈1960~1970년대 도시로의 이주와 노동자의 삶〉, 전 서울통상 노동조합 지부장 배옥병 구술자료.

——, 2010년도 구술사료 수집 작업 〈1960~1970년대 도시로의 이주와 노동자의 삶〉, 전 대일화학 노동조합 대의원 송효순 구술자료.

——, 2010년도 구술사료 수집 작업 〈1960~1970년대 도시로의 이주와 노동자의 삶〉, 전 롯데제과 노동조합 부녀부장 신미자 구술자료.

——, 2010년도 구술사료 수집 작업 〈1960~1970년대 도시로의 이주와 노동자의 삶〉, 전 롯데제과 노동조합 지부장 신태웅 구술자료.

——, 2010년도 구술사료 수집 작업 〈1960~1970년대 도시로의 이주와 노동자의 삶〉, 전 해태제과 여성노동자 이복례 구술자료.

——, 2011년도 구술사료 수집 작업 〈1960-1970년대 '이촌향도'의 경험 : 노동자로서의 삶과 운동〉, 전 롯데제과 노동조합 부지부장 김순옥 구술자료.

——, 2011년도 구술사료 수집 작업 〈1960-1970년대 '이촌향도'의 경험 : 노동자로서의 삶과 운동〉, 전 반도상사 노동조합 지부장 장현자 구술자료.

——, 2011년도 구술사료 수집 작업 〈1960-1970년대 '이촌향도'의 경험 : 노동자로서의 삶과 운동〉, 전 남화전자 여성노동자 조분순 구술자료.

——, 2011년도 구술사료 수집 작업 〈1960-1970년대 '이촌향도'의 경험 : 노동자로서의 삶과 운동〉, 전 YH 노동조합 지부장 최순영 구술자료.

성공회대 노동사연구소, 노동구술자료 276번, 김귀옥·권진관, 〈황영환·허성례 구술녹취록〉(반도상사).

● 신 문

〈경향신문〉 1979. 8. 20 ; 1979. 9. 14 ; 1979. 11. 7자.

〈동아일보〉 1976. 6. 4 ; 1978. 10. 18 ; 1979. 4. 9 ; 1979. 8. 11 ; 1979. 8.

14 ; 1979. 8. 17 ; 1979. 8. 20 ; 1979. 9. 12 ; 1979. 11. 7 ; 1980. 5.
17 ; 2006. 7. 31자.

〈매일경제〉 1979. 11. 22 ; 1980. 5. 17 ; 1980. 6. 3자.

〈미디어 오늘〉 1979. 8. 22 ; 2015. 10. 13자.

〈서울신문〉 1980. 4. 11자.

〈연합뉴스〉 2015. 12. 28자.

〈중앙일보〉 1979. 8. 24자.

〈한겨레신문〉 1988. 6. 17 ; 2013. 1. 11자.

〈한국일보〉 1979. 10. 4 ; 2014. 11. 6자.

〈CBS 노컷뉴스〉 2016. 9. 23자.

● 기   타

민주화운동기념사업회, 아카이브시스템(http://db.kdemocracy.or.kr/). 〈정
부조사-대일화학 : 등록번호(00105363) 자료 생산일자 1979. 8. 19〉,
2013년 7월 23일 검색.

정순희, 부당노동행위구재재심신청 기각판정 취소청구 사건 〈준비서면(1981.
10. 28)〉(81 구 307호)

● 영 문 문 헌

Maddison, Angus, "Historical Statistics for the World Economy:
1-2008AD.2"(http//www.ggdc.net/maddison/oriindex.htm. 최종
검색일: 2012. 10.19).

──── , 2003, The *World Economy-Historical Statistics,* Paris: Development Center of the OECD.

Foucault, Michel, 1977, translated by Alan Sheridan, *Discipline and Punish: The Birth of Prison*, New York: Vintage Books.

──── , 1973, translated by Richard Howard, *Madness and Civilization: A History of Insanity in the Age of Reason*, New York: Vintage Books

Bentham, Jeremy, 1962, Panopticon, or, the Inspection House, in J. Bentham, *The Works of Jeremy Bentham,* Vol. 4. New York: Russell & Russell.

Habermas, Jürgen. 1984. translated by Thomas McCarthy, *The Theory of Communicative Action vol 1; Reason and The Rationalization of Society*, Boston: Beacon Press.

Hamel, G. & C. K. Prehalad, 1994, *Competing For the Future*, Harvard Business School Press.

Horkheimer, Max. & Adorno, Theodor W., 1969, *Dialektik der Aufklärung*(김유동 외, 1995, 「계몽의 변증법」, 문예출판사)

Hume, David. "That politics may be reduced to a science"(1741). In: David Hume, *Political Essays*, Edited by Knud Haakonssen. Cambridge · New York · Melbourne: Cambridge University Press, first Published 1994. Fifth printing 2006.

Cumberland, Richard. *De Legibus Naturae Disquistio Philosophica* (1672). 영역본: *A Philosophical Inquiry into the Laws of Nature*. In: Richard Cumberland, *A Treatise of the Laws of Nature*. Translated, with Introduction and Appendix, by John Maxwell (London: K. Knapton, 1727). Republished, edited and with a

Foreword by Jon Parkin. Indianapolis: Liberty Fund, 2005.

Westermark, E. 1912[1908], *The Origin and Development of the Moral Ideas*, vol. 1. 2nd ed. London: Macmillan.

de Waal, F.B.M. 2006. "Morally Evolved-Primate Social Instincts, Human Morality and the Rise and Fall of 'Veneer Theory'." In Stephen Macedo and Josiah Ober(ed.). *Primate and Philosopher: How Morality Evolved*, Princeton: Princeton University Press.

Teitel, Ruti G. 2003. "Transitional Justice Genealogy." *Harvard Human Rights Journal*, Vol. 16. pp. 70~93. downloaded from HeinOnline, Fri Jan 20. 2012.

Molton, Fisk. 1989, *The State and Justice: An Essay in Political Theory*, Cambridge: Cambridge University Press.

Lapsley, M. 1998, "Confronting the Past and the Creating the Future: The Redemptive Value of Truth Telling", *Social Research*, Vol. 65, No. 4.(winter 1998), pp. 741~758.

공장과 신화

1판 1쇄 인쇄 | 2016년 10월 20일
1판 1쇄 발행 | 2016년 10월 25일

지은이 | 이영재
기　획 | (사)민주화운동정신계승국민연대
고　문 | 김학민
펴낸이 | 양기원
펴낸곳 | 학민사

등록번호 | 제10-142호
등록일자 | 1978년 3월 22일

주소 | 서울시 마포구 토정로 222 한국출판콘테츠센터 314호(⊕ 04091)
전화 | 02-3143-3326~7
팩스 | 02-3143-3328

홈페이지 | http://www.hakminsa.co.kr
이메일 | hakminsa@hakminsa.co.kr

ISBN 978-89-7193-238-4 (03330), Printed in Korea

이 도서의 국립중앙도서관 출판시도서목록(CIP)은 e-CIP홈페이지(http://www.no.go.kr/ecip)와
국가자료공동목록시스템(http://nl.go.kr/kolisnet)에서 이용하실 수 있습니다.
(CIP제어번호 : CIP2016023885)

＊ 이 책의 판매수익금은 필자의 요청으로 과거청산과 민주정신계승사업의 기금으로 사용됩니다.